천주교의 유래

말씀과만남의 정신

도서출판 말씀과만남은 그리스도인들과 세상 모든 사람들이
하나님의 말씀과 만나 그 생각이 새로워지고 그 삶이 풍성해지도록 돕고 있습니다.

The Malsseum & Mannam Publishing House is helping Christians and men in the world to meet
with God's Word so that they may have their spirits renewed and have an abundant life.

천주교의 유래

지은이 / 우드로우
옮긴이 / 정 동 수

1판 1쇄 / 2003. 3. 25
발행처 / 말씀과만남
발행인 / 최 헌 근
꾸민이 / 정 희 숙, 이 신 애, 박 찬 숙, 명 희 선
등록번호 / 제20-444호
등록일자 / 1991. 6. 19

138-220 서울특별시 송파구 잠실동 339-3
Tel : (02) 3273-8369, Fax : (02) 3273-8367
전자우편 : mmpress@hanmail.net

ISBN 89-7508-040-4

정가 : 10,000원

잘못된 책은 바꾸어 드립니다

천주교의 유래

우드로우 저, 정동수 역

말씀과만남

Babylon
Mystery
Religion

— WOODROW —

◈ 일러두기

본서에 있는 성경 구절은 2001년도에 우리말로 출간된 『킹제임스 흠정역 성경』
(그리스도예수안에 출판사, www.InChristJesus.net)에서 모두 인용했습니다.

 성경은 처음부터 끝까지 바빌론 신비 종교에 대해 충분한 경고를 주고 있다. 바빌론 신비 종교는 노아의 대홍수 이후에 니므롯에 의해 창설된 사탄 숭배 종교로서 지난 4500년 동안 온 인류의 역사와 문화와 종교와 정치에 큰 영향을 미쳐왔다. 성경은 창세기에서 잃어버린 낙원에 대해 말하며 계시록에서 회복되는 낙원에 대해 말한다. 계시록은 낙원이 회복되기에 앞서 인류 역사의 맨 끝에 바빌론 신비 종교가 부흥하며 인류의 삶의 모든 영역에서 두각을 나타내다가 순식간에 패망할 것을 보여 준다(17, 18장).

 본서는 바빌론 신비 종교의 특성이 무엇이며 특별히 현대판 바빌론 신비 종교인 천주교의 본질이 무엇인지 구체적인 예를 들어가며 잘 보여 주고 있다. 1985년 복음을 확실히 안 뒤에 이 책을 접하고는 너무나 그 내용이 간결하고 정확해서 꼭 번역해야겠다는 결심을 하게 되었다. 번역 허가를 얻어 주신 구영재 선교사님께 감사를 드린다.

 부디 이 책을 통해서 성경 신자들이 바빌론 신비주의의 본질을 확실히 깨닫고 주변의 친지들과 자녀들에게 이에 대한 경각심을 일깨워 주기를 바란다. 특별히 종교통합을 추구하는 뉴에이지 시대에 바빌론 신비 종교의 잔재가 우리의 교회와 예배 속에 단 하나라도 존재하지 않도록 세심한 주의를 기울이기 바란다. 왜냐하면 우리의 창조자 하나님은 거룩하시기 때문이다. 이제 말세를 만난 우리 성도들은 하나님의 진심 어린 권고에 신중하게 귀를 기울여야 할 것이다.

 내가 바빌론에서 벨을 벌하고 그가 삼킨 것을 그 입에서 꺼내리니 민족들이 다시는 그에게로 다 같이 흘러가지 아니할 것이요, 참으로 바빌론 성벽이 무너지리라. 내 백성아, 너희는 그녀의 한가운데서 나올지어다. 각 사람이 주의 맹렬한 분노로부터 자기 혼을 건질지어다. (렘 51:44-45)

그가 우렁찬 음성으로 힘차게 외쳐 이르되, 무너졌도다, 무너졌도다, 저 큰 바빌론이여, 그녀가 마귀들의 거처가 되고 온갖 더러운 영의 요새가 되며 온갖 부정하고 가증한 새들의 집이 되었도다. 이는 모든 민족들이 그녀의 음행으로 인한 진노의 포도즙을 마셨고 또 땅의 왕들이 그녀와 음행하였으며 땅의 상인들도 그녀의 넘치는 사치로 말미암아 치부하였음이라, 하더라. (계 18:2-3)

내 백성아, 그녀에게서 나와 그녀의 죄들에 참여하는 자가 되지 말고 그녀가 받을 재앙들을 받지 말라. 이는 그녀의 죄들이 하늘에까지 닿았고 하나님께서 그녀의 불법들을 기억하셨음이라. (계 18:4-5)

목 차

제1장　바빌론 – 거짓 종교의 근원

　　바빌론 신비 종교는 성경의 마지막 책에 음녀(淫女)로서 상징적으로 묘사되어 있다.

　　또 일곱 대접을 가진 일곱 천사 중의 하나가 와서 내게 이야기하며 이르되, 이리로 오라. 많은 물들 위에 앉은 큰 음녀가 받을 심판을 내가 네게 보여 주리라. 땅의 왕들이 그녀와 음행하였고 땅의 거주하는 자들도 그녀의 음행의 포도주에 취하게 되었도다, 하고 영 안에서 나를 이끌어 광야로 가니라. 내가 보니 한 여자가 주홍색 짐승 위에 탔는데 그 짐승은 신성 모독하는 이름들로 가득하고 일곱 머리와 열 뿔이 있으며 그 여자는 자주색 옷과 주홍색 옷을 차려 입고 금과 보석들과 진주들로 꾸미고 그 손에 금 잔을 가졌는데 가증한 것들과 그녀의 음행으로 인한 더러운 것이 가득하더라. 그 여자의 이마에 한 이름이 기록되어 있으니, **신비라, 큰 바빌론이라, 땅의 창녀들과 가증한 것들의 어미라**, 하였더라. 또 내가 보매 이 여자가 성도들의 피와 예

수님의 순교자들의 피에 취하였으므로 내가 이 여자를 보고 매우 놀라며 이
상히 여기니 (계 17:1-6)

성경이 상징적 언어를 사용할 때 '여자' 라는 단어는 교회를 상징
할 수 있다. 예를 들어 참 교회는 성경에서 신부, 순결한 처녀, 점과
흠이 없는 여자로 묘사된다(엡 5:27; 계 19:7-8). 그러나 지금 읽은
계시록에서는 이와는 현저한 차이를 보이는 아주 대조적인 부정한
여자, 더럽혀진 여자, 음녀 혹은 창녀가 묘사되고 있다. 만일 위에
서 언급되고 있는 여자에 대한 상징주의를 교회 혹은 교회 조직에
적용할 수 있다면 아마도 그것은 더럽혀지고 타락한 교회를 의미함
이 분명하다! 성경은 굵게 대문자로 그녀를 가리켜 '신비 바빌론'
이라 부른다.

사도 요한이 계시록을 썼을 때 바빌론은 구약의 대언자들이 오래
전에 예고한 대로(사 13:19-22; 렘 51-52장) 이미 멸망당해 폐허가
되어 도시로서 혹은 제국으로서의 모습을 갖지 못했다. 그럼에도
불구하고 바빌론에서 시작된 종교적 개념들과 관습들은 역사를 통
해 계속해서 이어져 내려왔고 이 세상의 많은 나라들의 종교 속에
잘 반영되어 있다. 과연 고대 바빌론 신비 종교는 무엇인가? 어떻
게 바빌론 종교가 시작되었는가? 지금 이 시대에는 그것이 어떤 의
미와 중요성을 지니고 있는가? 사도 요한이 쓴 계시록의 내용과 이
러한 모든 것이 어떠한 관계를 갖고 있는가?

시간을 거슬러서 노아의 홍수 바로 이후 시대로 올라가면 사람들
이 동쪽에서부터 이주하기 시작했음을 알 수 있다.

사람들이 동쪽에서부터 이동하다가 시날 땅에 있는 평야를 만나 거기 거하
니라. (창 11:2)

바로 여기에 바빌론이라는 도시가 세워지게 되었고 이 땅은 바빌
론으로 또는 후에 메소포타미아로 알려지게 되었다.

유프라테스강과 티그리스강이 이 지역에 땅의 풍요로운 퇴적물을 쌓아 주었으므로 그 당시 사람들은 그 땅에서 풍성하게 곡물을 생산할 수 있었다. 그러나 거기 거주하게 된 사람들에게는 몇 가지 문제가 있었다. 무엇보다도 먼저 그 땅에는 들짐승이 들끓어 끊임없이 거기 살고 있는 사람들의 안전과 평화에 위협을 주고 있었다(출애굽기 23장 29-30절 참조).

이러한 야수들로부터 그들을 보호해 줄 수 있는 사람은 분명히 큰 찬사와 환호를 받을 수 있었을 것이다.

바로 이 시점에서 크고 힘있는 사람 즉 니므롯이란 이름을 가진 사람이 그 땅에 나타났다. 그는 들짐승들을 잡는 강력한 사냥꾼으로 유명하게 되었으며 성경은 우리에게 다음과 같이 말해주고 있다.

구스가 니므롯을 낳았더니 그가 땅에서 처음으로 강력한 자가 되었더라. 그가 *주* 앞에 강력한 사냥꾼이었으므로 *사람들이* 이르기를, *아무개는 주* 앞에서 니므롯같이 강력한 사냥꾼이로다, 하였더라. (창 10:8-9)

강력한 사냥꾼으로 성공하게 되면서부터 니므롯은 고대 사람들 사이에 유명한 인물이 되었음에 틀림이 없다. 그는 땅에서 '강력한 자'가 되었으며 세상일에서 유명한 지도자가 되었다. 이러한 명성을 얻은 뒤에 그는 좀 더 사람들을 잘 보호할 수 있는 수단들을 고안하였다. 끊임없이 들짐승과 싸우게 하는 대신 사람들로 하여금 도시들을 만들게 하고 그것들을 보호 벽으로 에워싸면 얼마나 좋을 것인가, 그리고 나서 이러한 도시들을 하나의 왕국으로 조직하면 더더욱 좋지 않겠는가? 분명히 니므롯은 이런 것을 생각하였음에 틀림이 없다. 왜냐하면 그가 바로 이러한 왕국을 만들었다고 성경이 우리에게 말해 주고 있기 때문이다.

그의 왕국은 시날 땅에 있는 바벨과 에렉과 악갓과 갈네에서 시작되었으며 (창 10:10)

실로 니므롯의 왕국은 성경에 처음으로 나타나는 왕국이었다. 니므롯이 추진한 일은 무엇이든 다 잘 되었으며 또 좋은 것이었음에 틀림이 없지만 그는 경건치 못한 통치자였다. 니므롯이라는 이름은 '마라드'(marad)에서 유래되었는데 이는 "그가 반역했다."는 뜻이다. 그가 "주 앞에서(before) 강력한 자였다."라는 표현은 적대적인 의미를 전달할 수도 있는데 그 이유는 '앞에' 라는 단어가 종종 '대적하는' 이라는 의미로 사용되기 때문이다.[1] 『유대백과사전』은 니므롯이 "모든 백성들로 하여금 하나님을 대적하여 반역하도록 만든 사람이다."라고 말한다.[2]

유명한 유대인 역사가 요세푸스는 다음과 같이 기록했다.

그 당시 사람들을 선동해서 하나님을 모독하고 경멸하게 한 사람은 분명히 니므롯이었다 … 그는 또한 점차적으로 정부를 폭군전제정치로 전환시켰는데 그 이유는 사람들로 하여금 하나님을 두려워하지 못하게 만들 다른 방법이 없음을 스스로 깨달았기 때문이었다 … 사람들은 즉시로 기꺼이 니므롯의 결심을 따를 준비가 되어 있었다 … 그들은 탑을 쌓았으며 그 일을 할 때에 어떠한 고통도 수고도 아끼지 아니하였고 조금도 그 일을 태만히 하지 않았다. 그리고 그 탑을 쌓기 위해 많은 사람들이 수고했기 때문에 그 탑은 금방 매우 높이 올라가게 되었다 … 그들이 그 탑을 쌓은 장소가 바로 지금 바빌론으로 불린다.[3]

지금까지 우리에게 전해 내려오는 역사와 전설 그리고 신화 자료 등에 기초해서 히슬롭은 자신의 저서 『두 개의 바빌론』에서 바빌론 신비 종교가 니므롯과 그의 아내 세미라미스 그리고 그녀의 아들 담무스에 관한 전통들을 기초로 해서 발전되어 온 과정을 상세히 기록하고 있다.[4] 고대 이야기에 따르면 니므롯이 죽었을 때 그의 몸은 여러 조각으로 잘려서 불살라졌고 여러 지역으로 보내졌다고

---

1) 클락(Clarke), 『클락 주석』(*Clarke's Commentary*), 제1권, p.86.
2) 『유대백과사전』(*The Jewish Encyclopedia*), 제9권, p.309.
3) 요세푸스(Josephus), 『유대인의 고대 기원』(*Antiquities of the Jews*), 제1권, 4:2-3.
4) 히슬롭(Hislop), 『두 개의 바빌론』(*The Two Babylons*).

한다. 사실 이와 유사한 일은 성경에
도 언급되고 있다(삿 19:29; 삼상
11:7).

담무스

그가 죽은 것을 매우 슬퍼하였고
그의 아내 세미라미스는 이제 니므
롯이 태양신이 되었다고 주장하였
다. 후에 그녀가 아들을 낳았을 때
그녀는 자기의 아들 즉 담무스라는
이름을 가진 그 아들이 곧 그들의 영
웅이던 니므롯이 다시 탄생한 것이
라고 주장했다. 옆의 그림은 고대 예
술품에 나타난 담무스의 형상이다.

아마도 담무스의 어머니는 앞으로
여자에게서 메시아가 나올 것이라는 예언을 들었을 터인데 그 이유
는 이러한 진리가 이 땅이 처음 시작되면서부터 알려졌기 때문이다
(창 3:15). 그녀는 자기의 아들이 초자연적으로 수태되었으며 따라
서 그가 그 약속된 씨 즉 '구원자' 라고 주장했다. 그러나 그 이후에
더 발전된 종교에서는 어린아이뿐만 아니라 어머니도 경배의 대상
이 되었다!

바빌론에서 행해진 예배 의식의 많은 부분은 신비한 상징들을 통
해 수행되었다. 이것이 바로 '신비' 종교인 것이다. 사람들이 니므
롯을 신처럼 추앙하고 또 태양신으로 믿었기 때문에 불은 지상에서
그를 나타내는 상징물로 간주되었다. 우리가 곧 보게 되겠지만 이
런 이유로 불이 촛불과 예식에서 그를 기념하기 위해 사용되었다.
그를 나타내는 다른 상징물로는 태양, 물고기, 나무, 기둥, 그리고
짐승 등이 있다.

수세기 후에 바울 사도는 고대 바빌론 사람들이 추구하던 바를
정확히 다음과 같이 묘사했다.

그 까닭은 그들이 하나님을 알되 그분을 하나님으로 영화롭게 하지도 아니하고 감사하지도 아니하며 오히려 자기의 상상 속에서 허망해지며 어리석은 마음이 어두워졌기 때문이요, 또 스스로 지혜 있다 선언하나 어리석은 자가 되어 썩지 아니할 하나님의 영광을 썩을 사람이나 새나 네 발 달린 짐승이나 기어다니는 것들과 같은 형상으로 바꾸었기 때문이니라. 그러므로 하나님께서도 그들을 그들 마음의 정욕대로 부정함에 내어 주사 자기 몸을 서로 욕 되게 하셨으니 이는 그들이 하나님의 진리를 거짓으로 바꾸고 창조주보다 피조물을 더 경배하고 섬겼음이라. 하나님은 영원히 찬송받으실 분이시로다. 아멘. 이러한 까닭에 하나님께서 그들을 수치스런 애정에 내어 주셨으니 이는 심지어 그들의 여자들도 본래대로 쓸 것을 본성에 어긋나는 것으로 바꾸었으며 (롬 1:21-26)

이러한 우상 제도가 바빌론에서 나와 세계의 여러 나라로 확산되었는데 그 이유는 바로 이 지역으로부터 사람들이 나와서 온 지면에 흩어졌기 때문이다(창 11:9). 그들은 바빌론을 떠나 다른 곳으로 가면서 어미와 아이를 숭배하는 자기들의 종교도 함께 가져갔고 신비주의의 다양한 상징들도 가지고 갔다. 세계적인 여행가로서 고대의 유명한 역사가인 헤로도토스는 여행을 통해 수많은 나라에서 신비 종교와 신비 종교의 의식들을 목격하고 어떻게 바빌론이 모든 우상 제도의 첫 근원지가 되었는가에 대해 말하고 있다. 분셈은 이집트의 종교 제도가 아시아로부터 그리고 '원시 바빌론 제국' 으로부터 유래되었다고 말한다. 레이야드는 자신의 유명한 책 『니느웨와 그 유적들』에서 가장 오랜 종교 제도를 가진 바빌론 지역에서 우상숭배가 시작되었다는 것은 하나님의 역사와 세속 역사가 동일하게 증언하는 바라고 말하였다. 히슬롭은 이러한 역사가들의 진술을 다 인용하였다.[5]

로마가 세계 제국이 되었을 때 자신의 통치 하에 있던 여러 이교도 국가들로부터 그들의 신들과 종교들을 도입하여 자기의 종교 제도에 흡수하였다는 것은 잘 알려져 있다.[6]

---

5) 동일문서, p.12.

그런데 바빌론이 이러한 국가들의 이교주의의 근원이었기 때문에 우리는 초기 이교도들의 로마 종교가 바빌론식 예배 체제 즉 이교도 나라들에서 다양한 형태와 이름으로 발전된 바빌론식 예배 체제에 불과했음을 쉽게 알 수 있다.

이러한 것들을 염두에 둔 채 우리는 바로 이교도 국가 로마가 세계를 통치하던 그 기간에 참되신 구원자 예수 그리스도께서 태어나시고 사람들과 함께 사시며 십자가에서 죽으시고 부활하시며 승천하시고 땅에 신약 교회를 세우셨다는 사실에 주목해야 한다. 이 얼마나 영광스러운 시대인가! 하나님께서 이 시대에 자신의 백성에게 얼마나 큰 복을 주셨는지 알기 원하면 사도행전을 읽기 바란다. 이때에 수많은 사람들이 교회에 더하여졌으며 하나님께서는 자신의 말씀을 확증하시기 위해 큰 기적과 이적들을 많이 이루셨다.

성령님의 기름부음을 받은 기독교는 초원의 불길처럼 전 세계를 휩쓸었다. 기독교는 산을 에워싸고 대양을 건너갔으며 왕들을 떨게 하였고 폭군들을 두렵게 만들었다. 이렇게 초대 그리스도인들은 온 세계를 뒤엎은 것이다! 실로 그들의 메시지와 그들의 영은 권능으로 충만하였다(행 17:6).

그러나 여러 해가 가기 전에 몇몇 사람들은 성령님을 대신해서 하나님의 백성 위에 앉아 왕 노릇을 하기 시작했다. 이들은 초기 시대와 같이 영적인 방법과 진리로 성도들을 치리하지 않고 자기들의 사상과 방법으로 치리하며 스스로 성령님을 대체하기 시작했다. 사도 바울이 '불법의 신비'가 이미 역사하고 있다고 언급한 것을 보면 이교주의를 기독교와 합치려는 시도들이 심지어 신약성경이 기록되던 때에도 있었음을 알 수 있다. 또한 그는 '배교하는 일'이 있을 것이며 몇몇 사람들이 "믿음에서 떠나 유혹하는 영들과 마귀들의 교리에 주의를 기울일 것"이라고 경고한 바 있는데 이는 곧 이교

---

6) 베일리(Bailey), 『로마의 유산』(*The Legacy of Rome*), p.245.

도들의 가짜 교리들을 경고한 것이다(살후 2:3, 7; 딤전 4:2).

그때 성도 유다가 유다서를 기록했는데 이는 다음과 같은 이유 때문이다.

> 사랑하는 자들아, *우리가* 공통으로 얻은 구원에 관하여 내가 너희에게 편지를 쓰려고 열심을 내던 차에 성도들에게 단 한 번 전달된 믿음을 위해 힘써 싸우라고 편지하여 너희에게 권고할 필요를 느꼈노니 이는 알지 못하는 가운데 기어 들어온 자들이 몇 있기 때문이라. 그들은 옛적부터 이 정죄를 받도록 *주께서* 미리 정하신 자들이요, 경건치 아니한 자들이니 곧 우리 하나님의 은혜를 색욕거리로 바꾸고 유일하신 주 하나님과 우리 주 예수 그리스도를 부인하는 자들이라. (유 3-4)

이제 기독교는 로마 제국에 파고 들어온 여러 형태의 바빌론 이교주의에 직면하게 되었다. 초대 그리스도인들은 바빌론 이교주의의 관습이나 믿음과 상관하는 것을 거부하였으며 그 결과 많은 박해를 받게 되었다. 많은 그리스도인들이 거짓되이 고소를 당하고 사자 굴에 던져졌으며 화형대에서 화형을 당했다. 그 당시에 실로 그리스도인들이 여러 가지 방법으로 고문을 당하고 순교를 당했지만 그 뒤에 큰 변화가 일어났다. 로마의 황제가 기독교로 개종하였다고 공포한 것이다. 또한 로마의 황제는 로마의 전역에서 기독교 박해를 중지하라는 명령을 발표했다.

그 결과 주교들(감독들)은 높은 명예를 얻게 되었으며 교회도 세속적인 인정과 권력을 받을 수 있게 되었다.

그러나 이러한 모든 것을 얻기 위해 비싼 값을 치러야만 했다! 기독교와 이교주의 사이에 많은 타협이 이루어졌다. 이로써 교회는 세상으로부터 분리되어 거룩하게 되기보다는 이 세상 제도의 한 부분이 되어 버렸다. 황제는 호의를 보이면서 교회에서 지도력을 발휘하고자 했는데 그 이유는 이교주의에서 황제는 신으로서 믿음의 대상이기 때문이다. 이 시점에서부터 이교주의가 도맷값으로 혼합되어 기독교에 들어오게 되었으며 특별히 이 일은 로마에서 더 많

순교 당하는 크리스천

이 일어나게 되었다.

　이제부터 우리는 이러한 혼합주의 혹은 혼합물이 오늘날 로마 카톨릭 교회로 알려진 사악한 종교 체제를 낳은 장본인임을 살펴보게 될 것이다. 우리는 로마 카톨릭 교인들 가운데 훌륭하고 신실하며 경건한 사람이 많음을 의심하지 않는다. 또한 우리는 이 책에서 결코 우리와 믿음이 다른 사람들을 얕잡아 보거나 비난하려 하지 않는다. 다만 우리는 이 책을 통해 종교/의식에 빠진 모든 사람들이 진실을 보고 고무되어 자기의 종교나 종파를 벗어나 바빌론 신비주의의 교리를 다 던져 버리고 궁극적으로 성도들에게 단 한 번에 전달된 믿음 즉 예수 그리스도를 통한 구원을 얻게 하는 믿음으로 돌아오기를 바랄 뿐이다.

어미와 아기 숭배

제2장

바빌론 이교 신비주의가 오늘날까지 지속되어 오는 것을 보여 주는 두드러진 실례 중 하나는 고대의 어미 여신 숭배를 대체한 마리아 숭배에서 찾아볼 수 있다.

어미와 아기 이야기는 고대 바빌론에 널리 알려졌으며 체계가 잡힌 숭배 사상으로 발전되어 갔다. 바빌론의 수많은 기념비들은 어미 여신 세미라미스가 자기 아들 담무스를 팔에 안고 있는 모습을 보여 준다.[1]

바빌론 사람들이 세상의 여러 지역으로 흩어졌을 때 그들은 거룩한 어미와 아기 숭배도 함께 가져갔다. 이것은 참 구원자 예수 그리스도께서 이세상에 태어나기 수세기 전에 많은 국가들이 여러 형태로 어미와 아기를 숭배하게 된 이유를 설명해 준다. 이러한 숭배가 퍼져 나간

여신 세미라미스와
아들 담무스

---

1) 『종교백과사전』(*Encyclopedia of Religions*), 제2권, p.398.

많은 국가들에서 어미와 아기는 다른 이름으로 불렸는데 그 이유는 우리가 잘 알고 있듯이 사람들의 언어가 바벨 탑 사건을 계기로 혼잡(混雜)해졌기 때문이다.

중국 사람들은 어미 여신을 '싱무'(Shingmoo) 즉 '거룩한 어머니'(Holy Mother: 성모)라고 부른다. 이 성모는 아기를 팔에 앉은 채 머리 둘레에 영광의 광채의 모습을 하고 있는 것으로 묘사된다.[2]

고대 독일 사람들은 팔로 아기를 안고 있는 처녀 헤르타를 숭배했다. 스칸디나비아 사람들은 아기를 안고 있는 여인을 디사라고 불렀으며, 에투루리아 사람들은 그녀를 누트리아라고 불렀고, 드루이드 교도들은 '비르고-파티투라'를 '하나님의 어머니'로 숭배했다. 한편 인도에서는 그녀가 인드라니로 알려졌는데 그림에서 보는 바와 같이 그녀는 팔로 아기를 안고 있다.

인드라니와 아기

어미 여신이 그리스 사람들에게는 아포디테 또는 케레스로 알려졌으며 수메르 사람들에게는 나나로 그리고 고대 로마 시대에는 그녀를 숭배하는 자들 사이에 비너스 혹은 포투나로 알려졌고 그녀의 아기는 주피터로 알려졌다.[3] 아시아에서는 어미 여신이 키벨레로 아기는 데오이우스로 알려졌다. 한 작가는 이렇게 말한다.

> 그녀의 이름이나 신분에 관계없이 그녀는 바알의 아내였으며 하늘의 여왕이요 처녀로서 수태할 수 없었음에도 불구하고 아기를 낳았다.[4]

---

2) 그로스(Gross), 『이교도들의 종교』(*The Heathen Religion*), p.60.
3) 히슬롭, 『두개의 바빌론』, p.20.
4) 바크(Bach), 『이상한 종파와 기이한 분파들』(*Strange Sects and Curious Cults*), p.12.

옆의 그림은 어미 데바키와 아기 크리쉬나를 보여 준다. 인도에서는 오랫동안 '위대한 여신' 이시와 그녀의 아기 이스와라가 그들을 숭배하기 위해 세워진 사원들에서 숭배의 대상이 되어 왔다.[5]

이스라엘 백성이 하나님을 떠나 배도했을 때 그들 역시 어미 여신 숭배로 말미암아 매우 더럽혀졌다. 사사기 2장 13절에는 다음과 같은 말씀이 있다.

데바키와 크리쉬나

그들이 **주**를 버리고 바알과 아스다롯을 섬기니라.

여기 나오는 아스다롯 혹은 아스도렛은 이스라엘 백성에게 잘 알려진 어미 여신의 이름이다. 참 하나님을 알았던 하나님의 백성이 그분을 버리고 떠나서 이방 여신을 숭배했다는 사실은 참으로 슬픈 일이다. 그렇지만 그들은 반복해서 이러한 행위를 계속했다(삿 10:6; 삼상 7:3-4, 12:10; 왕상 11:5; 왕하 23:13). 그들이 알고 있던 그 여신의 칭호 중 하나는 '하늘의 여왕' 이었다.

무엇이든지 우리 입에서 나간 것을 반드시 이행하여 우리가 지금까지 행하던 대로 곧 우리와 우리 조상들과 우리 왕들과 우리 통치자들이 유다의 도시들과 예루살렘의 거리들에서 행하던 대로 하늘의 여왕에게 분향하고 그 여왕에게 음료 헌물을 부으리라. 이는 그때에는 우리에게 양식이 풍부하고 넉넉하여 아무 재난도 보지 아니하였으나 우리가 하늘의 여왕에게 분향하고 그 여왕에게 음료 헌물 붓는 일을 그만둔 뒤부터는 모든 것이 궁핍하고 칼과 기근으로 진멸을 당하였음이니라, 하며 또 우리가 하늘의 여왕에게 분향

---

5) 히슬롭의 글에서

하고 그 여왕에게 음료 헌물을 부을 때에 어찌 우리 남자들의 허락도 없이 그 여왕에게 납작한 빵을 만들어 경배하고 음료 헌물을 부었으리요? 하니 라. (렘 44:17-19)

예레미야 대언자는 그 여신을 숭배하는 그들을 책망했지만 그들은 계속해서 예레미야의 경고를 거역하고 반역하였다.

한편 에베소에서 이 위대한 어미 여신은 다이아나로 알려졌는데 그 도시에 세워져서 그녀에게 봉헌된 신전은 고대 세계의 일곱 가지 불가사의 중 하나였다! 에베소뿐만 아니라 전 아시아와 세계를 통해 이 여신은 큰 숭배를 받았다(행 19:27).

이시스와 호루스

이집트에서는 이 어미 여신이 이시스로, 아기는 호루스로 알려졌는데 이집트의 종교적인 기념비에서 이시스의 무릎 위에 앉아 있는 아기 호루스를 보는 것은 매우 흔한 일이다. 바빌론으로부터 많은 나라들로 여러 가지 다른 이름과 형태로 확산된 거짓 우상숭배는 결국 로마에서 그리고 로마 제국 전역에서 체제를 갖추어 하나의 종교 체제로 확립되게 되었다. 한 유명한 작가는 이 시기에 관하여 다음과 같이 말했다.

위대한 어미 여신 숭배는 로마 제국에서 매우 인기가 높았다. 비문들은 이 두 존재 즉 어미와 아기가 신적인 영예를 누렸음을 증명하고 있으며 이런 일은 이탈리아와 로마에서뿐만 아니라 다른 지방들 즉 아프리카, 스페인, 포르투갈, 프랑스, 독일 그리고 불가리아 등에서도 일어났다.[6]

---

6) 프레이저(Frazer), 『황금가지』(*The Golden Bough*), 제1권, p.356.

어미 여신 숭배가 최고조에 달했던 바로 그 시대에 우리의 구원자 예수 그리스도께서 이 세상에 오셔서 신약 교회를 설립하셨다. 기독교 초기에 이 교회는 참으로 영광스러운 교회였다. 그러나 3세기와 4세기 경이 되었을 때에 소위 '교회'라고 알려진 단체는 여러 면에서 초대 교회의 믿음을 떠나 사도들이 경고했던 배교로 빠져들어가게 되었으며 이러한 배교가 일어났을 때에 이교도들의 이교 주의와 기독교가 혼합하게 되었다. 그 결과 회심하지도 않은 이교도들이 말로만 믿음을 고백하는 교회 안으로 들어왔으며 많은 경우 교회는 그런 사람들이 그들 고유의 이교 의식과 행습을 계속해서 행하는 것을 허락하였다. 다시 말해 그 당시 교회는 그들의 이교적인 믿음이 기독교 교리에 좀더 유사하게 보이도록 수정할 것을 요구했고 그런 것 자체를 금하지 않았던 것이다.

이교주의와 기독교의 혼합을 보여 주는 가장 좋은 실례 중 하나는 배교한 교회가 단지 형태와 이름만 약간 다르게 바꾼 채 계속해서 저 위대한 어미 여신을 숭배하게 한 것이다. 우리가 잘 알고 있듯이 많은 이교도들이 개종해서 기독교로 들어왔을 때 그들의 어미

하늘의 여왕 마리아

여신 숭배 사상은 너무나 강했기 때문에 그들은 어미 여신을 버릴 수가 없었다. 그 당시 세상과 타협한 교회 지도자들은 만일 이교도들이 기독교 내에서 그들의 어미 여신 숭배와 유사한 것을 발견할 수 있다면 쉽게 교인 수를 늘일 수 있을 것이라고 생각했다. 그런데 이교주의의 위대한 어미 여신을 누구로 대체할 것인가가 가장 큰 문제가 되었다.

물론 마리아는 그들이 선택할 수 있는 가장 논리적인 인물이었다. 그래서 배교한 지도자들은 이렇게 생각했다. "이교도들로 하여금 단지 그 어미 여신을 마리아라고 부르면서 계속해서 그녀에게 기도하며 헌신할 수 있도록 허락하면 어떻겠는가? 그러면 교인 수가 늘지 않겠는가?" 분명히 그들은 이러한 논리를 적용했으며 그래서 이러한 일이 분명하게 이루어지게 되었다. 이로써 이교도들의 어미 여신 숭배가 조금씩 조금씩 마리아에게로 옮겨가게 되었다.

그러나 마리아 숭배는 결코 원래의 크리스천 믿음이 아니었다! 마리아가 우리의 구원자 예수님을 수태하는 일에 선택되었다는 점을 볼 때 그녀가 훌륭하고 헌신적이며 경건한 여인이었다는 점은 분명하지만 예수 그리스도나 그분의 사도 중 어느 누구도 마리아 숭배에 대한 암시를 주지 않았다. 『브리태니커 백과사전』(혹은 대영 백과사전)이 진술하는 바와 같이 처음 1세기 동안 교회는 마리아에 대해 그 어떤 것도 강조하지 않았다.[7] 이 점은 『카톨릭 백과사전』도 시인하고 있으며 구체적으로 그 내용은 다음과 같다.

> 우리가 우리의 복된 여인(마리아)에게 헌신하는 것을 궁극적으로 분석해 보면 그것은 사실 '성인들의 통공' 교리를 실제적으로 적용한 것으로 볼 수 있다. 이러한 교리가 초기 형태의 사도신경에 분명하게 포함되지 않았음을 볼 때에 1세기 기독교에서 저 복된 여인 마리아에 대한 명확한 숭배의 흔적을 찾지 못한다 해도 전혀 놀랄 필요는 없다. 마리아 숭배는 나중에 발전된 것이다.[8]

---

7) 『브리태니커 백과사전』(*Encyclopedia Britannica*), 제14권, p.309.
8) 『카톨릭 백과사전』(*The Catholic Encyclopedia*), 제15권, p.459, '동정녀 항목'.

주후 4세기 초 콘스탄틴 황제 때에야 비로소 사람들은 마리아를 여신으로 보기 시작했다. 그러나 심지어 이 기간에도 이러한 숭배는 눈살을 찌푸리게 하는 일이었는데 이는 트레이스와 아라비아 그리고 다른 지방의 어떤 사람들이 마리아를 여신으로 숭배하고 그녀의 신전에서 과자를 제물로 드린 것을 보고 에피파니우스가 이를 비난한 것을 보면 명백히 알 수 있다. 그는 이렇게 말하였다. "마리아를 존경할 수는 있지만 어느 누구도 그녀를 숭배할 수는 없다."9) 그렇지만 수년 내에 마리아 숭배는 배교한 교회에서 너그럽게 수용되었을 뿐만 아니라 주후 431년에 열린 에베소 공회에서는 교회의 공식 교리로 채택되었다!

마리아 숭배가 에베소에서 교회의 공식 교리로 채택된 것에는 무슨 의미가 있는가? 위에서도 언급했듯이 에베소는 고대로부터 처녀와 어미 여신으로 숭배를 받아온 다이아나의 도시였다!10) 여신 다이아나는 자연의 생식력을 상징하는 것으로 알려졌으며 따라서 많은 젖가슴을 가진 것으로 묘사되었다. 또한 다이아나의 머리는 바벨탑의 상징인 탑 모양의 왕관으로 장식되어 있다.

수세기 동안 사람들이 믿어온 것을 버린다는 것은 쉬운 일이 아니다. 그래서 에베소에 있는 교회 지도자들은 배교가 시작되었을 때에

에베소의 다이아나

---

9) 동일문서, p.460.
10) 파우셋(Fausset), 『파우셋의 성경백과사전』(*Fausset's Bible Encyclopedia*), p.484.

만일 이교도들로 하여금 그들의 어미 여신 숭배를 허락하고 기독교에 이 사상을 혼합시켜 마리아라는 이름으로 그녀를 대체시킨다면 많은 수의 개종자를 얻을 수 있을 것이라고 추론했다. 그러나 이것은 결코 하나님의 방법이 아니었다.

바울 사도는 복음 선포 초기에 에베소에 이르러 말씀을 선포하며 이교주의와는 어떠한 타협도 하지 않았다. 그곳 사람들은 진실로 회개하였고 그 어미 여신의 우상을 파괴시켜 버렸다(행 19:24-27). 그런데 그로부터 수세기 후에 에베소 교회가 타협을 시도하여 어미 여신 숭배를 채택했다는 것은 얼마나 비극적인 일인가! 더욱이 에베소 공회에서 드디어 이것을 교회의 공식 교리로 수용했다니 얼마나 슬픈 일인가! 이러한 결정을 하는데 있어서 이교도들의 영향이 컸음은 분명하다.

마리아 숭배가 고대 이교도들의 어미 여신 숭배로부터 발전되었다는 점은 그녀에게 붙여진 칭호에서도 잘 드러난다. 마리아는 종종 '마돈나'로 불려지는데 히슬롭에 따르면 이 표현은 바빌론 여신의 것으로 알려진 칭호 중 하나를 번역한 것이라 한다. 신성을 띤 존재라는 측면에서 니므롯은 바알로 알려지게 되었으며 그의 아내 즉 그 여신의 호칭은 바알티와 같은 것이었다. 영어로 이 단어 즉 바알티는 '나의 부인'(My Lady)을 의미했으며 라틴어로는 '메아도미나'였고 궁극적으로 이탈리아어로는 온 세상에 잘 알려진 '마돈나'로 정착되었다.[11]

페니키아 사람들 사이에서는 어미 여신이 '바다의 부인'으로 알려졌는데[12] 심지어 이 명칭은 마리아와 바다 사이에 아무런 관계도 없는데도 불구하고 마리아에게 적용되고 있다.

성경은 하나님과 사람 사이의 중보자는 사람이신 예수 그리스도 단 한 분밖에 없다고 분명히 말한다(딤전 2:5). 그렇지만 로마 카톨

---

11) 히슬롭의 글에서.
12) 밀러(Miller), 『하퍼의 성경사전』(*Harper's Bible Dictionary*), p.47.

릭 교회는 마리아도 중보자라고 가르치고 있다. 그래서 마리아에게 기도드리는 것은 로마 카톨릭 교회의 예배에서 중요한 부분을 차지하고 있다. 이러한 사상은 성경적 근거가 전혀 없으나 어미 여신과 연결되어 있기 때문에 그리 생소한 것은 아니었다. 마리아는 또한 '밀리타' 라는 이름을 가졌는데 이것은 즉 '여성 중보자' 또는 '중보자' 를 의미한다.

마리아는 종종 '하늘의 여왕' 으로 불리지만 예수님의 어머니 마리아는 결코 하늘의 여왕이 아니다. '하늘의 여왕' 은 마리아가 태어나기 수세기 전 이교도들이 숭배했던 어미 여신의 칭호였다. 대언자 예레미야 시대로 거슬러 올라가면 분명히 백성들은 하늘의 여왕을 숭배했고 그녀를 위해 구별된 의식들을 행했다. 예레미야서 7장 17-20절은 다음과 같이 말한다.

너는 그들이 유다의 도시들과 예루살렘의 거리들에서 무슨 짓을 하는지 보지 못하느냐? 자녀들은 나무를 모으고 아버지들은 불을 피우며 여인들은 가루를 반죽해서 납작한 빵을 만들어 <u>하늘의 여왕</u>에게 바치고 다른 신들에게 음료 헌물을 부음으로 나의 분노를 일으키느니라. **주**가 말하노라. 그들이 과연 나의 분노를 일으키는 것이냐? 그들 스스로가 자기 얼굴에 혼동이 일어나게 하는 것이 아니냐? 그러므로 주 **하나님**이 이같이 말하노라. 보라, 내가 나의 분노와 나의 격노를 이곳과 사람과 짐승과 들의 나무와 땅의 열매 위에 쏟아 부으리니 그것이 불타며 꺼지지 아니하리라.

이시스의 것으로 알려진 칭호 중 하나는 '하나님의 어머니' 였는데 후에 이 칭호는 알렉산드리아의 신학자들에 의해 마리아에게 적용되었다. 물론 마리아는 예수님의 어머니였지만 이것은 단지 그분의 인간적인 본성 즉 인성의 측면에서만 그러하였다. '하나님의 어머니' 란 칭호의 원래 의미는 이 같은 의미 그 이상의 것이다. 다시 말해 이 같은 칭호는 어미 여신에게 영광스러운 지위를 부여한 것인데 사실 로마 카톨릭 교회는 자기 교인들에게 이와 동일한 방식으로 마리아를 생각하도록 가르쳐 왔다!

한 작가에 따르면 아기를 팔에 안고 있는 어미 여신의 형상이 이교도들의 마음 속에 너무 강하게 새겨졌기 때문에 배교의 날이 이르렀을 때에 "어미 여신 이시스와 아기 호루스의 고대 초상화는 궁극적으로 대중들의 의견뿐만 아니라 공식적인 감독의 공식적인 재가를 얻어 처녀와 아기의 초상화로 수용되었다고 한다."[13] 이시스와 그녀의 아이 호루스는 종종 꽃으로 둘러싸인 채 나타나는데 중세 예술을 연구하는 사람들이 잘 알고 있는 것처럼 이러한 행습 역시 마리아에게 적용되었다.

아스타르테

페니키아 사람들의 다산의 여신인 아스타르테는 고대의 메달이 보여 주는 바와 같이 초승달과 관련이 있다. 한편 이집트의 다산의 여신인 이시스의 머리 주위는 별들로 둘러싸여 있으며 그녀는 초승달 위에 서 있는 모습으로 나타난다.[14] 유럽 전역의 모든 로마 카톨릭 교회에서는 이와 동일한 방식으로 표현된 마리아의 모습을 쉽게 볼 수 있다. 『카톨릭 소요리 문답』 소책자에 나와 있는 오른쪽 그림은 마리아를 보여 주는데 열두 별이 그녀의 머리를 두르고 있고 그녀의 발 아래에는 초승달이 있다.

기독 교회의 배교를 이끈 지도자들은 여러 방법으로 마리아를 이교주의의 여신과 유사하게 만들려고 노력했으며 그녀를 신의 수준으로 높이려고 노력하였다. 그래서 그들은 이교도들이 여신상을 가지고 있는 것처럼 '마리아' 상을 만들었던 것이다. 어떤 경우에는 이시스와 그녀의 아기로 숭배를 받던 바로 그 형상이 단순히 마리

---

13) 스미스(Smith), 『인간과 그의 신들』(Man and His Gods), p.216.
14) 켄리크(Kenrick), 『이집트』(Egypt). 제1권, p.425. 블라바츠키(Blavatsky). 『이시스의 정체』(Isis Univeiled), p.49.

아와 아기 예수 그리스도로 이름만 다시 붙여진 채 숭배의 대상이
되었다. 어떤 작가는 이렇게 말했다.

기독교가 승리하였을 때 이러한 그림들과 상징들은 곧바로 마돈나와 그녀의 아
기를 나타내는 그림들과 상징들이 되었다. 사실 어떤 고고학자도 이러한 것들
이 이교도들의 상징인지 마돈나와 그 아기인지 구별할 수 없다.[15]

이렇게 다시 이름이 붙여
진 상징물 가운데 많은 것
들이 보석으로 장식되었고
또 왕관을 쓰게 되었는데
이것은 마치 힌두교와 이집
트의 처녀 형상들과 비슷하
다. 그러나 예수님의 어머
니인 마리아는 그럴 정도로
부유하지 않았다(눅 2:24;
레 12:8). 그렇다면 과연 이
러한 마리아 형상들에서 볼
수 있는 보석과 왕관은 어
디로부터 왔단 말인가?

『카톨릭 소요리 문답』에 나오는 마리아

명백히 눈에 보이는 타협이든 드러나지 않는 타협이든 이런 타협
을 통해 고대의 어미 여신 숭배는 배교한 교회 안에서 단지 이교도
들이 섬기던 옛 여신의 이름이 마리아로 대체된 채 지금까지 계속
되고 있다.

---

15) 웨이갈(Weigall), 『기독교 내의 이교주의』(*The Paganism in Our Christianity*), p.129.

제3장   마리아 숭배

　마리아 숭배가 옛 이교도들의 어미 여신 숭배로부터 발전되었음을 보여 주는 가장 뚜렷한 증거는 아마도 이교도들의 종교에서 어미가 아기보다 훨씬 더 많이 경배를 받았다는 사실에서 잘 드러난다! 이러한 사실은 우리로 하여금 지금 이 시간 바빌론의 신비를 해결할 수 있도록 도움을 주는 훌륭한 단서를 제공해 준다.

　참된 기독교는 주 예수 그리스도가 다음과 같은 분임을 가르친다. 즉 그분만이 유일한 길이요 진리요 생명이시며 그분만이 죄를 용서해 주는 권세를 가지고 있으며 땅에 살았던 모든 사람들 가운데 그분만이 결코 죄로 오염되지 않는 삶을 사셨다. 따라서 그분만이 그리스도인들의 경배의 대상이며 그분의 어머니는 경배의 대상이 아니다. 그러나 로마 카톨릭 교회는 여러 방법으로 그분의 어머니 또한 경배의 대상으로 높이고 있는데 이것은 곧 이교주의가 로마 카톨릭 교회의 발전에 영향을 끼쳤음을 보여 주는 증거이다.

　세계를 여행해 보면 대성당이든 혹은 조그만 마을 예배당이든 로마 카톨릭 교회에서는 마리아 상이 가장 좋은 위치에 있음을 누구나 쉽게 발견할 수 있다. 로사리오(묵주 기도)를 암송할 때 "성모 마리아여" 하고 외치는 것은 주기도문을 암송할 때와 마찬가지로 아홉 번이나 반복된다. 로마 카톨릭 교인들은 마리아에게 기도함으로써 그녀가 그들의 청원을 자기 아들 예수에게 가져갈 수 있으며 또 그녀가 예수의 어머니이기 때문에 예수님께서 그녀를 위해 그 기도에 응답하실 것이라고 배운다. 아마도 이러한 추측은 마리아가 그녀의 아들 예수보다 훨씬 더 동정심이 많으며 이해심도 많고 긍휼히 여기는 마음이 깊다고 믿는 데서 비롯된 것으로 볼 수 있다. 그러나 이것은 분명히 성경과 다르다. 그럼에도 불구하고 이러한 사상은 종종 로마 카톨릭 교회의 저작물에서도 반복되고 있다.

유명한 로마 카톨릭 작가 리구오리는 그리스도에게 기도하는 것보다 마리아에게 기도하는 것이 훨씬 더 효과적이라고 장황하게 말한다. 이 리구오리는 1839년 교황 그레고리 14세에 의해 '성인'으로 추대되었고, 교황 비오 9세에 의해 로마 카톨릭 교회의 '박사'로 선포되었다. 리구오리는 자기의 저술물의 한 부분에서 죄 많은 사람이 하늘에서 내려온 두 개의 사다리를 보고 있는 상상의 장면을 묘사하였다.

마리아에게 기도드림
(1490년의 목판화)

마리아는 한 사다리의 꼭대기에 있었고 예수님은 다른 사다리의 꼭대기에 있었다. 그런데 어떤 죄인이 한 사다리를 오르려고 하다가 그리스도의 노한 얼굴을 보고는 좌절하여 밑으로 떨어져 버렸다. 그러나 마리아의 사다리의 경우 그는 매우 쉽게 올라갈 수 있었고 마리아는 공개적으로 그를 환영했으며 곧 그를 하늘로 인도해서 그리스도에게 나아가게 했다. 그리하여 이 모든 것이 잘되었다는 것이다. 이 이야기는 마리아를 통해 그리스도에게로 가는 것이 훨씬 더 쉽고 효과적이라는 사실을 보여 주기 위해 고안된 것이다.[1]

리구오리는 죄인이 감히 그리스도에게 직접 나아가게 되면 그분의 분노의 두려움에 접할 것이라고 말하며 반면에 그가 동정녀 마리아에게 기도하면 그녀가 자기 아들에게 젖을 먹인 '젖가슴'을 보이게 되고 그러면 그 아들의 분노가 즉시 진정된다고 말한다![2]

그러나 이러한 추론은 성경 말씀과 직접적으로 위배된다. 누가복음 11장 27-28절은 다음과 같이 기록한다.

> 예수님께서 이것들을 말씀하실 때에 무리 중의 어떤 여자가 목소리를 높여 이르되, 당신을 밴 태와 당신이 빤 젖이 복이 있나이다, 하거늘 그분께서 이르시되, 그러하다. 그러나 하나님의 말씀을 듣고 지키는 자들이 복이 있느니라, 하시니라.

사실 젖가슴에 대한 이러한 사상은 이교도들의 어미 여신을 숭배하는 자들에게 전혀 생소한 것이 아니었다. 땅에서 발굴된 그녀의 형상을 보면 젖가슴이 그녀의 몸에 비해 훨씬 더 큰 것으로 나타나는 경우가 많다. 다이아나의 경우에도 그녀의 다산 능력을 상징하기 위해 백 개나 되는 많은 젖가슴이 붙어 있다.

로마 카톨릭 교회에서 마리아를 영광스러운 위치로 놓으려는 시도들은 마리아의 '무염시태' 교리에서 찾아볼 수 있다. 이 교리는 1854년 교황 비오 9세가 발표하고 정의를 내린 교리로서 "복된 동정녀 마리아는 그녀가 처음에 그녀의 어머니 몸에 수태되었을 때 원죄의 모든 오염으로부터 면제되어 완전하게 보존되었다는 것이다."[3] 이러한 가르침은 단지 마리아가 보다 밀접하게 이교주의의 여신을 닮았음을 보여 주려는 시도로 보인다. 왜냐하면 고대 신화에서는 여신이 초자연적으로 수태된 것으로 믿기 때문이다! 여신 신화 이야기는 다양하지만 다 한결같이 그녀가 세상에 들어온 사건을 초자연적 일이라 말하며 따라서 그녀가 일반 사람보다 우월하고

---

1) 뵈트너(Boettner), 『로마 카톨릭 사상 평가』(*Roman Catholicism*), p.147.(기독교문서선교회에서 발간됨)
2) 히슬롭, 『두 개의 바빌론』, p.158.
3) 『카톨릭 백과사전』, 제7권, p.674, '무염시태' 항목.

신적인 존재라고 주장한다. 그리하여 배교한 교회는 점차적으로 마리아가 이교도들의 어미 여신들보다 열등하지 않다는 것을 보여 주기 위해 세상에 마리아가 들어온 데는 초자연적인 요소들이 있었다는 것을 가르칠 필요가 있었다!

그렇다면 마리아가 원죄의 오염 없이 태어났다는 것이 성경적인가? 우리는 『카톨릭 백과사전』 그 자체의 말로 이에 대한 답을 내리도록 하겠다. "이 교리가 성경으로부터 나왔음을 보여 주는 직접적이고 절대적이며 설득력 있는 증거란 전혀 없다. 오히려 이러한 사상들은 로마 카톨릭 교회 내에서 점차적으로 발전된 것이라 할 수 있다."4)

바로 여기에서 우리는 기독교에 대한 로마 카톨릭 교회의 견해와 일반적인 프로테스탄트 교회의 견해 사이의 근본적인 차이점을 설명할 수 있을 것이다. 로마 카톨릭 교리는 부분적으로 성경에 기초하고 있고 또 부분적으로는 교부라 불리는 교회 지도자들이 넘겨 준 전통이나 사상에 근거를 두고 있으며 또 부분적으로 이교도들의 믿음을 기독교화 시킬 수 있는 경우 이교주의로부터 차용한 믿음들에 근거를 두고 있다. 이러한 원천들의 개념들이 서로 혼합되고 발전되어 마침내는 수세기에 걸쳐 로마 카톨릭 교회의 여러 공회에서 교리로 만들어진 것이다. 그러나 종교개혁자들이 회복시키려고 애썼던 견해는 교리에 대한 건전한 기초가 되는 성경으로 되돌아가고 후대에 발전된 사상들에는 전혀 강조점을 두지 않으려는 것이었다.

성경으로 돌아가 보면 마리아의 무염시태 사상은 전혀 있지도 않을 뿐만 아니라 오히려 그와는 반대되는 증거만이 있을 뿐이다. 마리아가 주님의 그릇으로 선택되었을 때 그녀는 실로 경건하고 덕스런 여인이었지만 그럼에도 불구하고 그녀는 아담의 가족에 속한 다른 모든 사람과 마찬가지로 죄 있는 사람이었다. 바울은 이렇게 기

---

4) 동일문서, p.675.

록하고 있다. "모든 사람이 범죄하여 하나님의 영광에 이르지 못하더니"(롬 3:23) 여기에서 예외가 되는 인물은 오직 예수 그리스도뿐이시다. 모든 사람과 같이 마리아도 구원자를 필요로 했으며 그녀 자신도 기꺼이 이 사실을 인정했다. 누가는 이에 대해 다음과 같이 말한다.

> 마리아가 이르되, 내 혼이 주를 드높이고 내 영이 하나님 곧 내 구원자를 기뻐하였나니 (눅 1:46-47)

만일 마리아가 구원자를 필요로 했다면 그녀는 결코 구원자가 아니었다. 만일 그녀가 구원자를 필요로 했다면 그녀는 구원받을 필요가 있으며 죄들의 용서를 얻고 구속받을 필요가 있는 존재였다. 사실 우리 주 예수님의 신성은 그분의 어머니가 신적인 존재라는 데 달려 있는 것이 아니었다. 그분께서는 영원 전부터 스스로 존재하신 삼위일체 한 하나님의 세 위격 중 하나이다. 그분의 신성은 누가 부여한 것이 아니라 스스로 가지고 계신 것이다.

마리아가 다른 사람보다 우월하다는 사상은 예수님의 가르침이 아니다. 한번은 어떤 사람이 그분의 어머니와 형제들에 대해 언급했는데 그때에 예수께서는 다음과 같이 대답하셨다.

> 예수님께서 아직 사람들에게 말씀하실 때에, 보라, 그분의 어머니와 형제들이 그분과 말하고자 하여 밖에 서 있더니 이에 한 사람이 그분께 이르되, 보소서, 선생님의 어머니와 형제들이 선생님과 말하고자 하여 밖에 서 있나이다, 하거늘 그분께서 자기에게 말한 사람에게 대답하여 이르시되, 누가 내 어머니냐? 누가 내 형제들이냐? 하시고 손을 내밀어 자기 제자들을 가리켜 이르시되, 내 어머니와 내 형제들을 보라! 이는 누구든지 하늘에 계신 내 아버지의 뜻을 행하는 자 곧 그가 내 형제요 자매요 어머니이기 때문이라, 하시더라. (마 12:46-50)

그러므로 하나님의 뜻을 행하는 자는 진정한 의미에서 누구나 마리아와 동일한 수준에 있는 것이다!

매일 전세계의 로마 카톨릭 교인들은 성모송과 그 밖에 마리아에게 드리는 기도를 암송한다. 이 기도의 수와 기도문을 암송하는 로마 카톨릭 교인의 숫자를 곱하면 마리아는 1초당 46,296번의 간구와 청원을 들어야만 할 것이라고 한 사람이 간단한 계산을 통해 보여 주었다! 분명히 전능하신 하나님 그분을 제외하고는 어느 누구도 이러한 일을 행할 수 없다. 그럼에도 불구하고 로마 카톨릭 교인들은 마리아가 이 모든 기도를 듣는다고 믿고 있으며 따라서 그들은 어쩔 수 없이 마리아 숭배가 성경적이든 그렇지 않든 그녀를 신적인 존재로 높여야만 하는 것이다!

마리아를 높이는 일을 정당화하기 위해 어떤 사람들은 천사 가브리엘이 마리아에게 전해 준 말을 인용하곤 한다. "네가 여자들 가운데 복이 있도다"(눅 1:28). 그러나 마리아가 여자들 가운데 복이 있다 해도 그런 표현이 그녀를 신적인 존재로 만들 수는 없다. 왜냐하면 이러한 일이 있기 수세기 전에 그와 동일한 복된 말씀이 야엘이라는 여인을 위해서도 선포되었기 때문이다. 이 사실에 대해 성경은 다음과 같이 말한다.

> 겐 족속 헤벨의 아내 야엘은 *다른* 여인들보다 복을 받을지니 그녀가 장막에 거한 여인들보다 더 많이 복을 받을 것이로다. (삿 5:24)

오순절 이전에 마리아는 다른 제자들과 함께 성령님의 약속을 기다리고 있었다. 우리는 성경에서 다음과 같은 기록을 본다. "여자들과 예수님의 어머니 마리아와 예수님의 형제들과 함께 한 마음이 되어 기도와 간구를 계속하더라"(행 1:14). 로마 카톨릭주의는 『공식 볼티모어 요리문답』에서 나온 다음 그림에서 볼 수 있듯이 항상 마리아를 중심적인 위치에 놓으려고 시도하고 있다.[5] 이 경우에는 마리아 위에 성령이 비둘기처럼 내리는 것으로 되어 있다. 그러나 오

---

5) 『공식 볼티모어 요리문답』(*Official Baltimore Catechism*), No 2(11과).

순절 당시에 제자들은 결코 마리아에게 관심을 주지 않았다. 그들은 자기들에게 성령님을 선물로 부어 주실 분 즉 부활하여 승천하신 예수 그리스도를 보고 있었다. 이 그림에서 비둘기 모습의 성령님이 마리아 위에 강림하고 있지만 성경은 분명하게 성령님께서 비둘기 같은 모습으로 예수님의 머리 위에 강림하셨음을 보여 준다! 그런데 주노라는 이름의 이교도들의 동정녀 여신은 아스타르테, 키벨레 그리고 이시스 여신 등과 마찬가지로 늘 비둘기를 머리 위에 지닌 존재로 묘사된다![6]

마리아를 영화롭게 하기 위한 또 다른 시도들은 로마 카톨릭 교회의 '영원한 동정녀' 교리에서 엿볼 수 있다. 이 교리는 한마디로 마리아가 그녀의 일생 동안 처녀로 남아 있었다는 가르침이다. 그러나 『브리태니커 백과사전』이 설명하듯이 마리아의 영원한 동정녀 교리는 그리스도께서 승천하신 후 300년이 지나서야 비로소 확립된 교리이다. 이 터무니없는 교리는 주후 451년 칼케돈 공회에서 비로소 로마의 공식 인준을 얻게 되었다.[7]

성경에 따르면 예수님은 땅에서의 아버지 없이 초자연적으로 수

---

6) 도안(Doane), 『성경 신화들』(*Bible Myths*), p.357.
7) 『브리태니커 백과사전』, 제14권, p.999.

태되셨다(마 1:23). 그러나 예수님께서 태어난 이후에 마리아는 여러 명의 자녀들을 낳았다. 이 자녀들은 그녀가 자기의 남편 요셉과 연합하여 얻은바 본성에 속한 자녀들이었다. 성경은 분명하게 예수님을 가리켜 마리아의 맏아들 즉 첫 번째 태어난 아들이라고 기술하고 있다(마 1:25).8) 성경은 결코 예수님이 마리아의 외아들이라고 말하지 않는다. 예수님께서 마리아의 맏아들이므로 우리는 그녀가 후에 두 번째, 세 번째 아이를 가졌다고 분명히 추론할 수 있는 것이다. 이는 분명한 사실인데 왜냐하면 그분의 네 형제들의 이름 즉 야고보, 요세, 시몬, 유다가 성경에 분명하게 언급되고 있기 때문이다(마 13:55).

한편 그분의 누이들도 언급되고 있다. 나사렛 사람들은 이렇게 말했다. "그의 누이들은 다 우리와 함께 있지 아니하냐?"(마 13:56) 여기 나오는 '누이들'이란 단어는 물론 복수이다. 따라서 우리는 예수님께 최소 한두 명 또는 그 이상의 누이들이 있었음을 알 수 있다. 왜냐하면 마태복음 13장 56절에는 '다'(all)라는 단어가 나오기 때문이다. 우리가 단지 두 사람만 언급할 때는 '둘'(both)을 사용하며 '다'(all)를 사용하지 않는다. 그렇다면 본 구절을 통해 우리는 그분에게 최소한 세 명의 누이가 있었음을 알 수 있다. 만일 우리가 예수님의 세 누이들과 네 형제들 즉 마리아를 통해 태어난 예수님의 반쪽 형제 및 반쪽 자매들을 다 더해 보면 마리아에게 최소한 여덟 명의 자녀가 있었음을 알 수 있다. 성경은 분명히 다음과 같이 말한다.

이에 요셉이 잠에서 깨어 일어나 주의 천사가 지시한 대로 행하여 자기 아내를 데려오고 그녀의 맏아들을 낳기까지 그녀를 알지 아니하다가 마침내 낳으니 그의 이름을 예수라 하니라. (마 1:25)

---

8) 『한글개역성경』은 천주교 사본에서 번역되어 맏아들의 '맏'(first born)을 생략함.

요셉은 예수님께서 태어날 때까지 마리아와 연합하지 아니하였지만 그 후에 마리아와 요셉은 남편과 아내로서 자녀들을 낳고 함께 살았다.

따라서 요셉이 자기의 아내 마리아를 평생 처녀로 남겨 두었다는 사상은 분명히 비성경적인 것이다.

교회의 배교가 진행되는 동안에 마리아를 좀 더 이교도들의 어미 여신과 동일한 존재로 만들기 위해 어떤 사람들은 마리아의 몸이 결코 부패되지 않았다고 가르쳤으며 또한 그녀가 승천하여 지금은 '하늘의 여왕'이 되었다고 가르쳤다. 그러나 마리아의 몽소승천 교리가 공식적으로 로마 카톨릭 교회의 교리로 선포된 것은 20세기의 일이다. 1951년 교황 비오12세는 마리아의 몸이 부패되지 않았고 부활하여 승천하였다고 선포하였다.[9]

성 버나드(혹은 베르나)는 로마 카톨릭 교회의 입장을 다음과 같이 요약하여 말해 준다.

마리아가 죽은 뒤 사흘째 되는 날 사도들이 그녀의 무덤 주위에 모였는데 그 때에 그들은 마리아의 무덤이 비어 있음을 발견했다. 그녀의 거룩한 몸이 하늘의 낙원으로 올려진 것이다. 무덤은 죄와 흠이 없는 마리아에게 어떠한 권능도 발휘하지 못했다. 그러나 마리아가 하늘로 올림을 받았다는 것만으로는 충분하지 않다. 그녀는 심지어 가장 높은 천사장도 미칠 수 없는 위엄을 가지고 있었다. 마리아는 영원하신 아버지로부터 하늘의 여왕이라는 왕관을 받아 쓰게 되었으며 그래서 자기 아들의 오른쪽에 왕좌를 가지고 있는 것이다. 그녀는 지금 매일 매시간 우리를 위해 기도하고 있으며 우리를 위해 은혜를 얻고 있고 우리를 위험으로부터 보존하며 우리를 유혹으로부터 보호해 주고 우리 위에 복을 내려 준다.

마리아에 관한 이 모든 사상은 그녀가 몸을 입고 하늘로 올라갔다는 신앙과 연결되어 있다. 그러나 성경은 마리아의 몽소승천에 관해 단 한 마디도 언급하고 있지 않다. 이와는 반대로 요한복음 3

---

9) 동일문서, 제2권, p.632, '몽소승천' 항목.

장 13절은 다음과 같이 말한다. "하늘에서 내려온 자 곧 하늘에 있는 사람의 아들 외에는 하늘에 올라간 자가 없느니라." 예수 그리스도 바로 그분께서 하나님의 오른편에 계시고 그분만이 우리의 유일한 중보자이시며 그분만이 우리 위에 복을 부어 주시는 분이시다. 그분의 어머니 마리아는 결코 이런 일을 할 수 없다.

마리아께 기도를 드리는 사상과 밀접하게 관련을 갖고 있는 것이 로사리오라 불리는

마리아의 승천

기구이다. 로사리오 염주는 15개의 작은 염주를 세트로 모은 것으로서 긴 줄처럼 만들어져 있고 각 세트마다 큰 염주가 달려 있다. 그리고 이 목거리의 끝은 마리아의 형상을 새긴 메달과 연결되어 있으며 바로 이 끝에서 십자가의 끝까지 짧은 줄로 연결되어 있다. 이 로사리오에 있는 염주들은 기도들을 세기 위한 것인데 이 기도들은 계속해서 반복된다. 비록 이러한 도구가 로마 카톨릭 교회 내에서 넓게 사용되고 있기는 하지만 이것은 분명히 기독교에서 나온 것이 아니며 많은 이교도 나라들에서 잘 알려진 우상숭배 기구이다.

『카톨릭 백과사전』은 이렇게 말한다. "거의 모든 나라에서 우리는 기도 수를 세게 해 주는 어떤 것 혹은 로사리오 염주와 같은 것을 찾아볼 수 있다." 그리고 나서 이 백과사전은 레이야드가 언급한 바 있는 고대 니느웨의 조각을 포함하여 거룩한 나무 앞에서 로사

리오를 들고 기도하는 두 날개를 가진 여인들의 조각품 같은 예들을 보여 준다. 수세기 동안 이슬람교도들은 33개, 66개 또는 99개의 염주로 구성된 염주 체인을 알라 신의 이름을 세기 위해 사용하였다. 13세기에 마르코폴로는 말라바르왕이 기도를 세기 위해 값비싼 돌로 된 로사리오를 사용하고 있는 것을 보고 깜짝 놀랐다. 성 사비에르와 그의 동료들 역시 일본의 불교도들이 대개 로사리오에 친숙한 것을 보고 놀랐다.[10]

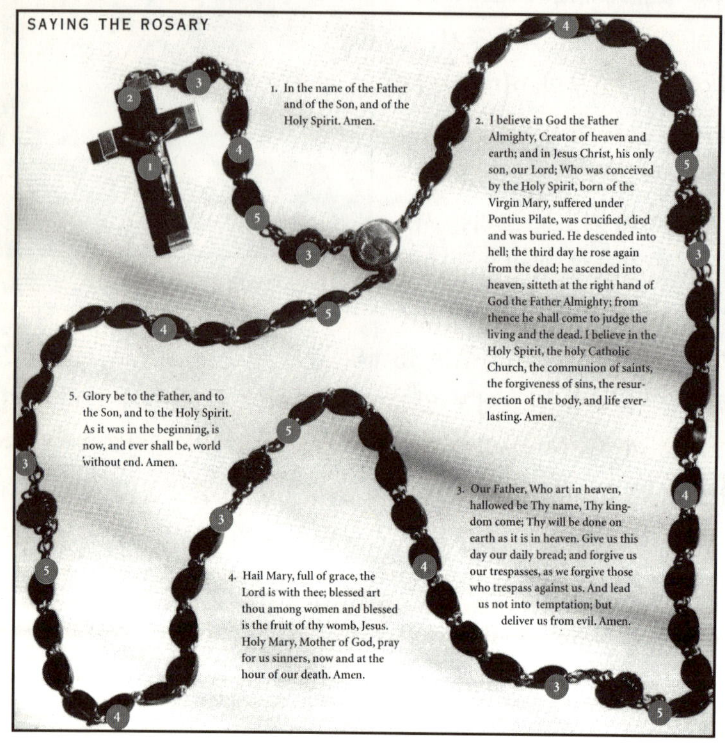

로사리오 기도
1번: 아버지와 아들과 성령의 이름으로. 아멘., 2번: 사도신경,
3번: 주기도문, 4번: 마리아 찬양, 5번: 아버지와 아들과 성령 찬양

---

10) 『카톨릭 백과사전』, 제13권, p.185, '로사리오' 항목.

주전 800년경 페니키아 사람들은 로사리오를 닮은 원형의 염주를 어미 여신 아스타르테를 숭배하는 데 사용했다.[11] 이 로사리오는 몇몇 초기 페니키아 동전에서도 나타난다. 인도의 브라만들은 초기 시대부터 수십 개 또는 수백 개의 염주로 된 로사리오를 사용해 왔다. 비쉬누라는 신을 숭배하는 자들은 자기 자녀들에게 108개의 염주로 된 로사리오를 주었다. 인도나 티베트에 사는 수백만 명의 불교도들 역시 이와 비슷한 로사리오를 사용해 왔다. 시바 신을 숭배하는 자들은 가능한 한 자기들이 섬기는 1008개 신의 이름을 다 반복해서 말하기 위해 로사리오를 사용했다.[12]

이 로사리오를 통해 가장 많이 되풀이되는 기도와 주된 기도는 다음과 같은 '성모송'이다. "은혜가 충만한 성모 마리아여, 주께서 그대와 함께 계시나이다. 그대는 여인들 중에 복이 있으며 그대 태의 열매 예수도 복이 있나이다. 하나님의 어머니인 성모 마리아여, 지금부터 우리가 죽을 때까지 우리 죄인들을 위해 기도하소서. 아멘." 『카톨릭 백과사전』은 다음과 같이 말한다. "주후 1050년 이전에는 성모송이 공식적으로 수용된 기도 형식임을 보여 주는 흔적이 거의 없다."[13] 완전한 로사리오에는 성모송 53번, 주기도문 6번, 성체송 5번, 성체 묵도송 5번, 영광송 5번 그리고 사도신경 5번을 반복하는 것이 포함되어 있다.

마리아에게 드리는 기도가 주님께서 제자들에게 가르쳐 준 기도보다 무려 9배나 더 많이 반복된다는 사실에 주의하도록 하라. 사람들이 고안한 마리아에게 드리는 기도가 예수님께서 하나님께 드리라고 가르치신 기도보다 9배나 더 중요하고 효력이 있단 말인가?

다이아나 여신을 숭배하던 자들은 종교적인 구절을 되풀이하여

---

11) 세이무어(Seymour), 『전통과 역사와 예에 나타난 십자가』(*The Cross in Tradition, History, and Art*), p.21.
12) 『카톨릭 백과사전』, 제3권, p.203-205.
13) 『카톨릭 백과사전』, 제7권, p.111, '아베마리아' 항목.

반복하였다. "그들은 그가 유대인인 줄 알고 모두 한 목소리로 소리 질러 이르되, 위대하시도다. 에베소 사람들의 다이아나여, 하기를 두 시간쯤이나 하더니"(행 19:34) 예수님께서는 반복하는 기도를 가리켜 이교도들이 하는 기도라고 말씀하시면서 다음과 같이 명령하셨다.

> 오직 너희는 기도할 때에 이교도들과 같이 헛된 말을 되풀이하지 말라. 이는 그들이 말을 많이 하여야 들으실 줄 생각하기 때문이라. 그러므로 이교도들과 같이 되지 말라. 이는 너희가 구하기 전에 너희 아버지께서 너희의 필요한 것을 아시기 때문이라. (마 6:7-8)

위의 성경 구절에서 예수님께서는 자기를 따르는 자들에게 분명히 이런 짧은 기도를 계속해서 되풀이하지 말라고 말씀하셨다. 이러한 경고를 하신 후에 바로 다음 구절에서 '주기도문'을 말씀하셨다는 것은 매우 중요하다.

> 그러므로 너희는 이런 식으로 기도하라. 하늘에 계신 우리 아버지여, 아버지의 이름이 거룩히 여김을 받으시오며 아버지의 왕국이 임하옵시며 아버지의 뜻이 하늘에서 이루어진 것같이 땅에서도 이루어지이다. 오늘 우리에게 일용할 양식을 주옵시고 우리가 우리에게 빚진 자들을 용서하는 것같이 우리의 빚을 용서하옵시며 우리를 인도하사 시험에 들지 말게 하옵시고 다만 악에서 구하옵소서. 이는 왕국과 권능과 영광이 영원토록 아버지의 것임이니이다. 아멘. (마 6:9-13)

그렇지만 로마 카톨릭 교인들은 이 기도를 수도 없이 되풀이하라고 배우고 있다. 만일 이 기도문을 되풀이할 필요가 없다면 사람이 만든 바 마리아에게 드리는 기도는 훨씬 더 되풀이하지 말아야 할 것이 아니겠는가! 사실 로사리오 염주를 세면서 계속해서 되풀이하는 암송 기도는 마음에서 자발적으로 행하는 기도가 아니라 '암송 시험 기도'라 해야 더 맞을 것이다.

성인 숭배

제4장

　로마 카톨릭 교인들은 마리아에게 기도를 드리고 헌신할 뿐만 아니라 여러 성인들(saints)을 높이고 그들에게 기도한다. 여기서 말하는 성인들이란 순교자들 또는 교회의 유명한 자들로서 이미 죽은 사람들을 말한다.

　많은 사람들은 '성인'이란 단어가 거룩함의 측면에서 어떤 특별한 위치에 도달한 자 혹은 다른 사람과는 달리 독특하게 그리스도를 따른 자를 언급하는 것으로 생각한다. 그러나 성경에 의하면 진실한 그리스도인은 다 성인이다. 좀 슬픈 일이긴 하지만 영적 성숙도나 지식이 부족한 자라도 구원받은 사람은 다 성인이다. 사도 바울은 에베소, 빌립보, 고린도, 로마에 있는 그리스도인들에게 편지를 보내면서 그곳 '성도들에게'(to the saints) 은혜가 있기를 기원했다(엡 1:1 등). 이 모든 경우에 성경이 말하는 성인들 즉 성도들은 다 살아 있는 사람들이며 결코 죽은 사람들이 아니다.

　성경적으로 볼 때 만일 우리가 성인들의 기도를 원한다면 살아 있는 사람들과 접촉해야 한다. 만일 우리가 죽은 사람들과 교통하기를 원한다면 이것이야말로 강신술의 한 형태가 아니고 무엇이겠는가? 성경은 거듭해서 죽은 자들과 교통하려는 모든 시도에 대해 경고하고 있다(이사야 8장 19-20절 등 참조). 『카톨릭 백과사전』은 다음과 같이 말한다.

죽은 자들을 위해 기도하는 것에 관한 로마 카톨릭 교회의 가르침은 사도신경의 항목인 '성인들의 교통'이라는 교리와 밀접하게 연결되어 있으며 따라서 성인들과 순교자들에게 집단적으로 또는 특별히 그들 중 몇몇에게 기도할 것을 권고하고 있다.[1]

트렌트(혹은 트리엔트) 공회에서는 실제로 다음과 같은 어구를 만들었다.

루터의 종교개혁을 반대하기 위해 열린 트렌트(트리엔트) 공회

그리스도와 함께 통치하는 성인들이 사람들을 위하여 하나님께 그들 자신의 기도를 올리고 있다. 하나님으로부터 은총을 얻기 위하여 성인들을 불러 그들에게 기도하며 도움을 의지하고 호소하는 것은 유용하고도 좋은 일이다.[2]

이런 신앙을 반대하는 이유는 무엇인가? 우리는 『카톨릭 백과사

---

1) 『카톨릭 백과사전』, 제4권, p.653, 655, '죽은 자를 위한 기도' 항목.
2) 동일문서, 제8권, p.70, '중재' 항목.

전」그 자체가 답을 내도록 하자.

성인들의 중재와 성인들을 부르는 것을 반대하는 주된 이유는 이런 교리들이 오직 하나님만을 믿고 신뢰해야 한다는 기독교 신앙과 정면으로 배치되기 때문이다. 또한 그런 것들은 성경적으로 입증할 수도 없다.[3]

우리는 『카톨릭 백과사전』의 이 진술에 동의한다. 성경 어느 곳에서도 살아 있는 사람이 이미 죽은 자들에게 기도하거나 또는 그들을 통해 기도함으로 축복을 받거나 은혜를 입는다는 것을 보여 주는 구절은 찾아볼 수 없다. 사실 여러 측면에서 성인들을 숭배하는 로마 카톨릭 교리는 과거의 이교도들이 '거짓 신들'에 대해 취했던 이교주의 사상과 매우 유사하다.

거짓 신비 종교의 '어미'인 바빌론에게로 돌아가 보면 우리는 그 체제 하에서 사람들이 여러 신들을 영화롭게 하고 또 그들에게 기도했다는 사실을 발견할 수 있다. 사실 바빌론 종교 제도는 발전 과정을 거치면서 약 5,000명의 남신과 여신을 갖게 되었다.[4]

로마 카톨릭 교인들이 믿는 것과 마찬가지로 바빌론 사람들 역시 한때 이 신들이 지상에 살던 영웅들이었으며 지금은 좀더 높은 경지에 있다고 믿었다.[5] "매달 그리고 매일 그들은 특별한 신의 보호 아래 있었다."[6] 그들에게는 문제마다 그것을 풀 수 있는 신이 있었으며 직업마다 신이 있었고 이것에 대해 또 저것에 대해 각각 다른 신이 있었다.

심지어 중국의 불교도들도 다양한 신들을 숭배했는데 예를 들어 그들은 뱃사공의 여신, 전쟁의 신, 특별한 이웃이나 또는 직업의 신들을 숭배했다.[7]

---

3) 동일 문서.
4) 헤이스(Hays), 『처음에』(*In the Beginnings*), p.65.
5) 『종교백과사전』, 제2권, p.78.
6) 윌리암스(Williams), 『역사가를 위한 세계 역사』(*The Historians' History of the World*), 제1권, p.518.

시리아 사람들은 어떤 신들의 능력이 어떤 지역에 제한된다고 믿었는데 성경에도 이런 것이 기록되어 있다. 시리아 왕의 신하들이 왕에게 이르되, 그들의 신들은 산의 신들이므로 그들이 우리보다 강하였거니와 우리로 하여금 평야에서 그들과 싸우게 ·하소서. 우리가 반드시 그들보다 강할 것이니이다. (왕상 20:23)

로마가 세계를 정복했을 때 이와 동일한 생각들이 많은 증거로 드러났다. 브라이트는 대장장이와 시(詩)의 여신이었으며 주노 레지나는 여인됨과 결혼의 여신이었다. 미네르바는 지혜와 장인과 음악가의 여신이었으며 비너스는 성적인 사랑과 출생의 여신이었다. 베스타는 빵 굽는 사람과 거룩한 불의 여신이었으며 오프스는 재물의 여신이었다. 케레스는 옥수수와 밀 그리고 농사의 여신이었다(참고로 곡물을 뜻하는 영어 단어 'cereal'이 이 여신의 이름으로부터 나왔다). 헤라클레스는 기쁨과 포도주의 신이었으며 머큐리는 연설가의 신이었는데 고대 우화에 따르면 그는 또한 뛰어난 연설가였다고 한다. 이와 같은 이야기는 루스드라 사람들이 바울을 머큐리 신으로 생각한 이유를 잘 설명해 준다(행 14:11-12). 카스토르와 폴룩스 신은 로마를 보호하고 바다에서 여행하는 사람들을 지키는 신이었다(사도행전 28장 11절 참조). 크로누스는 서약을 지키는 신이었으며 야누스는 문(門)들의 신이었다. "인간의 삶의 모든 순간을 관할하는 많은 신이 있었다. 즉 집과 정원의 신, 음식과 음료의 신, 건강과 질병의 신들이 있었다."[8]

인생의 여러 사건과 관련이 있는 남신 및 여신 체제가 이교도 국가 로마에서 자리를 잡았으므로 결국 이런 개념들이 한 발자국 더 나아가 로마 카톨릭 교회로 들어가는 것은 큰 문제가 아니었다. 이교도 신앙에서 돌이킨 자들은 기독교 안에서 그에 상응하는 것들을

---

7) 도빈스(Dobbins), 『세계의 예배 이야기』(Story of the World's Worship), p.621.
8) 두란트(Durant), 『문명의 역사: 카이사르와 그리스도』(The History of Civilization: Caesar and Christ), p.61-63.

찾기까지 자기들의 신들을 버리려 하지 않았으므로 그들의 신들은 새로운 이름과 함께 '성인들' 이라 불리게 되었다. 어떤 직업이나 어떤 날과 관련을 맺고 있는 옛 신들에 대한 사상이 로마 카톨릭 교회 안에서 성인들과 성인들의 날 신앙으로 계속해서 이어져 내려오게 되었다. 다음의 표는 이 사실을 분명하게 보여 준다.

천주교 성인들의 날

	직 업	성 인	날 짜
1	배우	성 게네시우스	8월 25일
2	건축가	성 토마스	12월 21일
3	천문학자	성 코미닉	8월 4일
4	운동 선수	성 세바스찬	1월 20일
5	빵 굽는 사람	성 엘리자베스	11월 19일
6	은행원	성 마태	9월 21일
7	거지	성 알렉시우스	7월 17일
8	책 판매원	하나님의 성 요한	3월 8일
9	벽돌공	성 스티븐	12월 26일
10	건축업자	성 빈센트페러	4월 5일
11	정육업자	성 하드리안	9월 28일
12	택시 운전사	성 피아르체	8월 30일
13	초 만드는 사람	성 버나드(베르나)	8월 20일
14	코미디언	성 비투스	6월 15일
15	요리사	성 마르다	7월 29일
16	치과의사	성 아폴로니아	2월 9일
17	의사	성 누가	10월 18일
18	편집인	성 요한 보스코	1월 31일

19	어부	성 안드레	11월 30일
20	정원사	성 도로시	2월 6일
21	모자 만드는 사람	성 야고보	5월 11일
22	주부	성 앤	7월 26일
23	사냥꾼	성 후베르트	11월 3일
24	노동자	성 야고보	7월 25일
25	변호사	성 이베스	5월 19일
26	도서관원	성 제롬	9월 30일
27	상인	성 프란시스	10월 4일
28	광부	성 바바라	12월4일
29	음악가	성 세실리아	11월 22일
30	공증인	성 마가	4월 25일
31	간호사	성 캐더린	4월 30일
32	화가	성 누가	10월 18일
33	약사	성 젬마 갈가니	4월 11일
34	석고공	성 바돌로매	8월 24일
35	인쇄업자	하나님의 성 요한	3월 8일
36	선원	성 브렌단	5월 16일
37	과학자	성 알베르트	11월 15일
38	가수	성 그레고리	3월 12일
39	철강 노동자	성 엘리구이스	12월 1일
40	학생	성 아퀴나스	3월 7일
41	외과의사	성 코스마스와 성 다미안	9월 27일
42	양복 만드는 사람	성 보니파스	6월 5일
43	세무원	성 마태	9월 21일

　로마 카톨릭 교회에는 또한 다음과 같은 성인들이 있다. 임신을 못하는 여인(성 안토니), 맥주를 마시는 사람(성 니콜라스), 어린이(성

도미니크), 집안의 동물(성 안토니), 이민자(성 프란시스), 애인(성 라파엘), 독신녀(성 안드레), 가난한 자(성 로렌스), 임신한 여인(성 게라드), 텔레비전(성 클레어), 도둑을 체포하는 것(성 게르바세), 남편을 얻는 것(성 요셉), 아내를 얻는 것(성 앤), 잃어버린 물건을 찾는 것(성 안토니) 등.

또한 로마 카톨릭 교회에서는 다음과 같은 병이나 고통으로부터 도움을 얻기 위해 특별 '성인들'에게 기도할 것을 가르친다. 관절염(성 야고보), 개에게 물림(성 후베르트), 뱀에게 물림(성 힐라리), 눈 먼 것(성 라파엘), 암(성 페레그린), 경련(성 무리스), 귀 먹은 것(성 카독), 가슴 병(성 아가싸), 눈병(성 루시), 목구멍병(성 블라세), 간질(성 비투스), 열병(성 조오지), 발병(성 빅터), 담석증(성 리베리우스), 통풍(성 안드레), 두통(성 데니스), 심장병(하나님의 성 요한), 정신이상(성 딤프나), 피부병(성 로치), 불임(성 길레스) 등.

이러한 모든 것을 고려해 볼 때 로마 카톨릭 교회의 보호 성인 제도는 날과 직업과 그리고 인간의 삶의 여러 가지 필요를 채워 주는 이교도 신들에 대한 초기 신앙에서 발전되었음이 거의 명백하다.

그러나 그리스도인들이 하나님께 직통으로 나아갈 수 있는데 왜 성인들에게 기도해야 한단 말인가? 로마 카톨릭 교회에서는 교인들이 성인들에게 기도함으로써 하나님께서 주시지 않는 도움을 얻을 수 있다고 가르친다! 그들은 하나님께 경배한 뒤 "먼저 성모 마리아에게, 그리고 거룩한 사도들에게, 그리고 거룩한 순교자들에게, 그리고 모든 하나님의 성인들에게 자기들을 친구로, 보호자로 여겨 줄 것을 위해 기도하며 곤경에 처했을 때 그들의 도움을 간청하고 배운다. 그러면서 그들은 하나님께서 그 보호 성인에게 다른 방법으로는 주지 않는 무엇인가를 주실 것을 바라라고 배운다."[9]

성 후베르트는 주후 656년경에 태어났다. 회심하기 전 그는 거의

---

9) 『카톨릭 백과사전』, 제4권, p.173, '성인들의 통공' 항목.

**사냥꾼의 수호 성인
후베르트**

모든 시간을 사냥하는 데 보냈다. 전설에 따르면 성금요일 아침 그는 커다란 숫사슴을 쫓고 있었는데 이 숫사슴이 갑자기 돌아섰을 때 사슴의 뿔 사이에서 십자가를 보았으며 하나님께 돌아오라는 소리를 들었다고 한다. 그 뒤 그는 사냥꾼의 수호성인이 되었고 광견병을 치료하는 성인으로 지정되었다.

이교주의의 신들과 관련을 갖는 고대의 많은 전설들이 성인들에게로 옮겨졌다. 심지어 『카톨릭 백과사전』은 다음과 같이 말한다. "이러한 전설들은 기독교 이전 시대의 종교 이야기들에서 발견되는 개념들을 반복하고 있다 … 전설은 기독교적이지 않으나 단지 기독교화 된 것이다 … 많은 경우에 전설은 신화와 동일한 기원을 갖고 있음이 명백하다. 영웅들에 대해 그 본질적인 요소를 이해하지 못할 때에는 고대의 원천으로 거슬러 올라가는 것처럼 성인들에 대한 많은 전설의 경우도 이와 같다 … 고대 사람들이 자기들의 영웅에 대해 간직했던 개념들을 취해 기독교 순교자들에게 적용하는 것은 매우 쉬운 일이었다. 이러한 변화는 기독교 성인들이 지역의 신이 되고 기독교 예배가 고대의 지역 신 예배를 대신해서 들어서게 되는 경우가 많이 발생함으로써 자연스럽게 증진되었다. 이는 (고대의) 신들과 성인들 사이에 유사성이 매우 많음을 잘 설명해 준다."[10]

이교주의와 기독교가 혼합됨으로써 때때로 성인들은 그들이 대

---

10) 동일문서, 제9권, p.130-131, '전설' 항목.

체하는 이교도들의 남신이나 여신의 이름과 유사한 발음을 갖는 이름을 갖게 되었다. 바쎄스-알페스의 빅토리아 여신은 성 빅토르라는 이름이 붙여졌고, 케론은 성 케라노스로, 아르테미스는 성 아르테미도스로, 디오니수스는 성 디오니수스 등으로 이름이 붙여졌다. 태양신의 딸로 자기 팔에 어린아이를 안고 있는 모습으로 묘사되곤 하는 브라이트 여신은 자연스럽게 성 브리제트라는 이름을 갖게 되었다. 이교도들의 시대에 킬다레에 있던 브라이트 여신의 주요 신전에는 거룩한 불을 지키는 베스타 처녀들이 이 여신을 섬기고 있었다. 그런데 후에 이 여신의 신전은 수녀원이 되었고 베스타 처녀들은 수녀로 변했다. 그들은 의식에 쓰이는 불을 지키는 일을 계속했는데 이제 이 불은 '성 브리제트의 불' 이라 불리고 있다.[11]

현재 로마에 남아 있는 신전 중 가장 잘 보존된 고대 신전은 — 주랑 위의 비문에 쓰여진 글에 따르면 — '요브와 모든 신들' 에게 바쳐진 고대의 판테온이다. 그런데 이것은 교황 보니파스 4세에 의해 '성모 마리아와 모든 성인들' 에게 다시 성별되어 봉헌되었다. 이러한 관습들은 흔히 있는 일이었다. "교회와 교회의 폐허들이 원래 이교도들의 신전이나 성당들이 있었던 자리에서 종종 발견되곤 했다 … 때때로 크리스천 성당에서 성인에게 도움을 구하는 것은 이전에 그곳에서 거룩한 존재로 지내던 신에게 도움을 구하던 것과 외적으로 유사하다는 것은 어느 정도 믿을 만한 사실이다. 그러므로 아테네에 있던 치료자 아스클레피오스의 성당은 후에 그것이 교회가 되었을 때 아테네의 그리스도인들이 성스럽게 여긴 기적의 치료자 코스마스와 다미안 두 성인들에게 성별되어 봉헌되었다.[12]

제롬에 의하면 예수님께서 탄생한 장소로 알려진 베들레헴 동굴은 실제로 바빌론의 신 담무스를 숭배했던 바위 성당이었다고 한

---

11) 울린(Urlin), 『축제, 거룩한 날들 그리고 성인의 날들』(*Festivals, Holy Days, and Saint's Days*), p.26.
12) 『카톨릭 백과사전』, 제2권, p.44, '아테네' 항목.

판테온 신전의 내부

다. 사실 성경은 예수님께서 동굴에서 태어났다고 한 마디도 언급하지 않는다.

로마 제국을 통해 이교주의는 한 형태로 없어졌지만 다시 로마 카톨릭 교회 안에서 소생했다. 그들은 고대 신들을 새로운 형태로 숭배하였을 뿐만 아니라 또한 이러한 신들의 형상을 사용했다. 몇몇 경우에는 이교도들의 신들로 숭배를 받았던 동상들이 기독교 성인들의 동상들로 다시 이름이 붙여졌다. 여러 세기를 거치면서 보다 많은 성상들이 만들어졌고 그 결과 오늘날의 유럽 교회에는 2,000-4,000개의 성상을 갖고 있는 교회들도 있다.[13] 매우 인상적인 큰 성당을 비롯해서 작은 예배 처소와 길거리의 소성당과 심지어는 자동차의 계기반 등에서도 로마 카톨릭 교회의 우상들을 많이 발견할 수 있다.

로마 카톨릭 교회가 이러한 우상들을 사용했다는 사실은 현대 바빌론의 신비를 풀 수 있는 또 다른 단서를 제공해 준다. 왜냐하면 헤로도토스가 언급했던 바와 같이 바빌론이야말로 모든 국가로 흘러 들어간 모든 우상 체제의 원천이기 때문이다. 어떤 이들은 마리아와 성인들의 형상과 '우상'이란 단어를 연결시키는 것이 좀 너무한 것이라 말할지 모르지만 이렇게 말하는 것이 전적으로 틀렸단

---

13) 『헤스팅의 종교 윤리 백과사전』(*Hasting's Encyclopedia of Religion and Ethics*), '신상과 우상' 항목.

말인가?

『카톨릭 백과사전』에 있는 기사들은 형상들을 사용하는 이유가 그것들이 그리스도나 성인들을 대표하기 때문이라고 설명하려 한다. "그것들에게 바치는 영예는 그것들이 나타내는 대상과 관련된 것이다. 따라서 형상들에게 입맞추고 그 앞에서 모자를 벗고 무릎을 꿇는 것을 통해 우리는 그 형상들이 나타내고 있는 그리스도와 성인들에게 경배하고 그들을 흠모하는 것이다."14) 그러나 모든 그리스도인들이 이런 설명이 다음과 같은 말씀을 무시해도 좋을 만큼 충분한 이유가 된다고 믿지는 않는다.

> 너는 너를 위하여 어떤 새긴 형상도 만들지 말고 또 위로 하늘에 있는 것이나 아래로 땅에 있는 것이나 땅 아래 물 속에 있는 것의 어떤 모습이든지 만들지 말며 그것들에게 절하지 말고 그것들을 섬기지 말라. 이는 나 곧 **주** 네 하나님이 질투하는 하나님이기 때문이니 *나*는 나를 미워하는 자들에게는 아버지들의 불법을 자손들에게 벌하여 삼사 대까지 이르게 하거니와 (출 20:4-5)

구약 시대에 이스라엘 사람들이 이교도들의 도시나 국가를 정복했을 때 그들은 이방인들의 우상들을 자기들의 종교 안으로 받아들여서는 안 되었다. 이러한 우상들이 은이나 금으로 덮여 있을지라도 그들은 그것들을 파괴해야만 했다!

> 너는 그들의 신들을 새긴 형상들을 불로 태우고 그것들에 입힌 금이나 은을 탐내지 말며 취하지 말라. 두렵건대 네가 그것으로 인하여 올무에 걸려들까 하나니 그 까닭은 그것이 **주** 네 하나님께 가증한 것이기 때문이니라. (신 7:25)

그들은 또한 이교도 신들의 그림들도 다 부수어야만 했다.

> 그 땅의 모든 거주민을 너희 앞에서 몰아내며 그들의 그림과 부어 만든 형

상을 다 멸하고 그들의 산당을 다 허물며 (민 33:52)

이러한 교훈들을 신약 시대에 어느 정도까지 지켜야 하는가에 대해서는 많은 논의가 있어 왔다. 『카톨릭 백과사전』은 이러한 사실에 대한 역사적 개요를 제시해 주는데 사람들은 이러한 문제로 싸우고 심지어는 죽이기까지 했으며 특히 8세기에는 이것이 매우 심했음을 보여 준다. 이 사전은 형상과 그림을 사용하는 것을 지지하면서도 수세기 동안 그리스도인들 가운데 성화를 싫어하는 사람도 있었고 그것들을 사용함으로써 우상숭배에 이를지도 모른다고 생각하는 자들도 있었으며 또 몇몇 로마 카톨릭 주교들이 이러한 견해를 말했음을 지적한다.[15] 이러한 문제로 사람들이 서로 싸우고 죽이는 것은 — 그들이 어느 편에 속했든지 관계없이 — 분명히 그리스도의 가르침에 위배되는 것이다. 로마 카톨릭 성인들의 그림들을 보면 보통 성인들의 머리 주위에 원이나 또는 후광이 있는데 이것은 마치 고대 바빌론의 예술가나 조각가들이 어떤 존재를 남신이나 여신으로 나타내기 원했을 때 그들의 머리 주위에 원이나 후광을 둘렀던 것과 비슷하다.[16] 로마 사람들은 태양의 여신 키르케를 묘사하면서 그 여신의 머리 주위에 원을 그렸다. 그림 자체로는 중요한 의미는 없다 할지라도 키르케, 부처, 성 어거스틴의 그림을 비교해 보면 그들의 머리 둘레에 원이 그려져 있는데 이것은 이런 원을 사용한 것이 기독교 이전 관습에 의해 영향을 받은 것임을 보여 준다.

처음 4세기 동안 교회는 그리스도를 그린 성화를 사용하지 않았다. 성경은 그분을 정확히 보여 주는 그분의 신체적 특징에 대해 전혀 암시하지 않고 있다. 따라서 마리아나 성인들의 성화와 마찬가지

---

15) 동일문서, p.621, '우상 파괴' 항목.
16) 인맨(Inman), 『고대 이교주의와 현대 기독교의 상징주의』(*Ancient Pagan and Modern Christian Symbolism*), p.35.

성 어거스틴

키르케

부처

로 그리스도의 성화도 예술가들의 상상에서 나왔음이 명백하다. 간단하게 종교 예술을 연구해 보면 여러 세기에 걸쳐 많은 나라에서 여러 사람들이 수많은 그리스도의 성화를 그렸음을 발견하게 된다. 거기 나타난 그분의 모습은 다 다르므로 분명히 이 모든 것들은 그분의 모습을 나타내지 않는다! 또한 지금 그분은 승천하셨기 때문에 우리는 더 이상 그분을 '육체대로'(고후 5:16) 알지 아니하며 또 그분께서 영화롭게 되사(요 7:39) 영화로운 몸을 입으셨으므로(빌 3:21) 세상에서 가장 뛰어난 화가라 할지라도 그 아름다운 왕의 모습을 그릴 수 없다. 심지어 어떤 성화가 최고로 잘 그린 그림이라 할지라도 그분의 실제적인 놀라운 모습을 보여 주기에는 역부족이다.

제5장 오벨리스크 숭배

고대의 이교도들은 사람의 형태로 남신이나 또는 여신의 형상을 만들었을 뿐만 아니라 오벨리스크 같이 신비스런 의미를 지닌 다른 상징물도 만들어 이교도 숭배의 한 부분으로 사용했다. 디오도루스는 바빌론의 세미라미스 여왕이 세운 40미터 높이의 오벨리스크에 대해 말하며[1] 성경 역시 높이가 대략 30미터, 너비가 3미터 정도 되는 오벨리스크 형태의 형상에 대해 언급한다.

> 느부갓네살 왕이 금으로 한 형상을 만들었으니 그 높이는 육십 큐빗이요, 넓이는 육 큐빗이라 … 모든 백성들과 민족들과 언어들이 엎드려서 느부갓네살 왕이 세운 금 형상에게 경배하니라. (단 3:1-7)

그러나 오벨리스크를 가장 많이 사용한 곳은 초기 신비 종교의 본거지였던 이집트였다. 그래서 지금도 이집트에는 이러한 오벨리스크들이 여전히 많이 있으며 그 중 몇 개는 다른 나라로 옮겨졌다. 이렇게 옮겨진 오벨리스크 가운데 하나는 미국 뉴

---

1) 『종교백과사전』, 제3권, p.264.

욕의 센트랄 파크로 다른 하나는 영국으로 그리고 그 밖의 많은 것
들은 로마로 이송되었다.

원래 오벨리스크는 태양 숭배와 관련이 있었다. 참된 창조주 하
나님에 대한 지식을 거절한 고대 사람들은 태양이 식물과 인간에게
생명을 주는 것을 보고 태양을 위대한 생명을 주는 신으로 간주했
다. 또 그들은 오벨리스크 같은 우뚝 선 대상물이 성적 의미를 갖는
것으로 생각했다. 그들은 남녀의 성적 결합을 통해 생명이 생산되
는 것을 보고 남성의 성기를 태양과 더불어 생명의 상징으로 간주
했다. 바로 이러한 것들이 오벨리스크가 보여 주는 믿음이었다.[2]

성경에 나오는 '형상'이란 단어는 몇 개의 히브리어로부터 번역
되었는데 이러한 단어 중 하나가 '마트제바'(matzebah)로서 이것은
'서 있는 형상' 또는 오벨리스크를 의미한다(왕상 14:23; 왕하 18:4,
23:14; 렘 43:13; 미 5:13). 또 다른 단어는 '함마님'(hammanim)인데
이것은 '태양 형상' 즉 태양이나 오벨리스크에게 바쳐진 형상이다
(사 17:8, 27:9).

오벨리스크가 나름대로의 의도된 상징을 제대로 나타내기 위해
서는 똑바로 곧게 세워져야 했기에 그것들은 태양을 향해 곧게 세
워졌다. 남성 성기의 상징으로서 똑바로 곧게 세워진 것은 분명한
의미를 가졌다. 이러한 사실을 고려하면서 하나님께서 그릇된 우상
숭배를 대적하며 심판을 선포하셨을 때 이러한 형상들 즉 오벨리스
크들이 서지 못하고 무너질 것이라고 말씀하신 것은 참으로 흥미로
운 일이다(사 27:9).

대언자 에스겔 시대에 이스라엘 백성은 자기들의 종교에 이교 숭
배를 들여와 혼합시키면서 성전 입구에 '질투의 형상'을 세웠는데
(겔 8:5) 아마도 이 형상은 남성의 성기를 상징하는 오벨리스크였을
것이다. 왜냐하면 스코필드가 말한 것처럼 "그것들이 남성 성기를

---

2) 동일문서, 제3권, p.33, 인맨, 『고대 이교주의와 현대 기독교의 상징주의』, p.99.

숭배하는 이단 종파의 전유물이 되었기 때문이다."[3] 그 당시에 오벨리스크를 이교 신전의 입구에 세워 두는 것은 매우 흔한 일이었다. 오벨리스크 중 하나는 툼의 신전 입구에 세워졌고 다른 하나는 '호루스(담무스)가 거처하는 곳'인 하쏘르의 신전 입구에 세워졌다.[4]

옆의 그림에서 볼 수 있듯이 로마의 성 베드로 광장 입구에 오벨리스크가 있다는 것은 매우 흥미로운 일이다. 이 오벨리스크는 단순히 이집트의 오벨리스크를 본뜬 모조품이 아니라 고대 이집트에 서 있던 바로 그 오벨리스크이다. 이교도들의 시대에 신비 종교가 로마에 들어

성 베드로 광장의 오벨리스크

오면서 사람들은 로마에 오벨리스크들을 만들어 세웠을 뿐만 아니라 황제들은 막대한 비용을 들여 이집트에서 진짜 오벨리스크들을 운반해서 원하는 곳에 세웠다. 주후 37-41년에 칼리굴라 황제는 현재 바티칸에 있는 오벨리스크를 이집트의 헬리오폴리스에서 가져다가 지금 성 베드로 광장이 서 있는 바티칸 언덕의 원형 경기장으로 옮겼다.[5] 헬리오폴리스는 벧세메스의 그리스식 이름인데 이곳은 고대에 이집트 태양신 숭배의 본거지였다. 구약성경을 보면 거기 서

---

3) 스코필드(Scofield), 『스코필드 관주성경』(Scofield Reference Bible), p.847.
4) 『종교백과사전』, 제3권, p.33.
5) 밀러, 『하퍼의 성경사전』, p.500.

있던 오벨리스크들이 '벧세메스의 형상들' (렘 43:13)로 언급되고 있
는데 이는 참으로 놀라운 일이 아닐 수 없다.

> 그가 또 이집트 땅에 있는 벧세메스의 형상들을 부수고 이집트 사람들이 섬
> 기는 신들의 집들을 불태우리라, 하셨다, 할지니라, 하니라. (렘 43:13)

고대 이집트 이교주의의 본거지였던 고대 신전에 세워진 그 오벨
리스크가 이제는 로마 카톨릭주의의 성모 교회 앞에 세워졌다! 이
것을 단순히 우연의 일치라 하기에는 미심쩍은 부분이 많지 않은
가!

바티칸의 붉은 색 화강암 오벨
리스크는 그 자체만으로도 높이
가 24미터이며(기초까지 합하면
40미터 높이임) 무게가 무려 320
톤이나 된다. 주후 1586년 성 베
드로 광장에 있는 교회 앞 중앙
으로 그것을 옮기려는 시도가
있었는데 그때에 교황 식스투스
5세의 명령으로 현재의 위치로
운반되었다. 그 오벨리스크를
세우는 작업 당시에 이렇게 거
대한 오벨리스크를 옮기는 일은
매우 어려운 일이었다. 많은 사
람들이 이 위업을 시도하는 것을
거절하였는데 그 이유는 교황이

오벨리스크를 세우는 작업

이 오벨리스크를 옮기다가 만일 그것을 떨어뜨려 깨뜨리는 날에는
그러한 자들을 사형에 처하기로 했기 때문이다.[6]

---

6) 피그나토레(Pignatorre), 『고대 로마의 기념비들』(*Ancient Monuments of Rome*), p.175.

결국 폰타나라는 사람이 이 책임을 맡고는 45개의 감아 올리는 기계와 160마리의 말과 800명의 작업대원을 이끌고 과업을 시작했나. 이 역사가 시작된 날은 1500년 9월 10일이었다. 많은 사람들이 거대한 광장 앞에 몰려들었으며 이들은 오벨리스크를 옮기는 동안 조용히 침묵을 지키고 있었다. 왜냐하면 실수하는 날에는 사형에 처해지기 때문이다. 그러나 오벨리스크가 성공적으로 옮겨져서 제자리에 세워지자 수백 개의 종소리와 대포 함성이 울려 퍼졌고 군중들은 커다란 환호성을 질렀다. 결국 이집트의 우상이 십자가를 위해 바쳐졌으며 — 오벨리스크 꼭대기의 십자가는 원래 예수님이 달렸던 십자가의 조각을 포함하고 있는 것으로 알려짐 — 미사가 거행되었고 교황은 작업대원들과 말들에게 복을 선포하였다.[7]

다음 그림은 성 베드로 광장의 모습과 그 앞에 있는 원형 광장의 모습을 보여 주고 있다. 이 광장의 한가운데에는 오벨리스크가 서 있으며 또 이 광장에는 248개의 도리스식 기둥이 세워져 있는데 이런 스타일은 일반적으로 이교도들의 신전 설계에 사용되던 것이다.

오벨리스크와 마찬가지로 이교도들의 기둥들도 종종 남성 성기의 '신비' 형태로 간주되었다. 히에라폴리스에 있는 여신의 이교

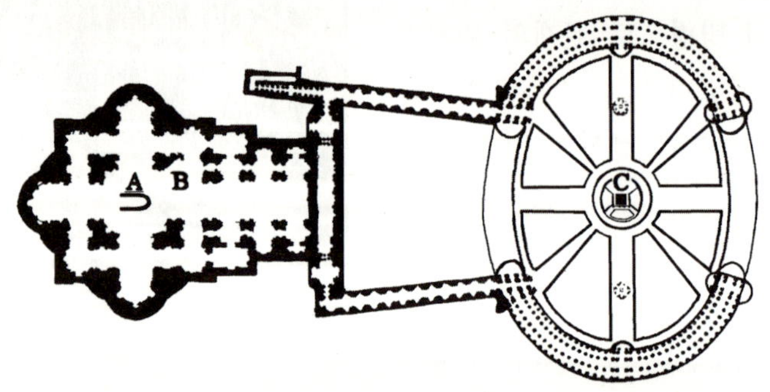

성 베드로 광장의 조감도
(A) 대제단, (B) 베드로 동상, (C) 오벨리스크

---

7) 동일문서, p.177.

신전 현관에는 다음과 같은 비문이 적혀 있다. "나 디오니수스는 이 남성 성기들을 나의 서모 헤라에게 바친다."[8]

로마 카톨릭 교회의 지도자들이 이교주의로부터 여러 사상들을 차용했으므로 이교도들처럼 웅장하고 값비싼 신전을 건축하는 것을 관례로 여긴 것은 전혀 놀랄 일이 못 된다. 세속적인 생각을 지니고 있던 종교 지도자들은 고대 로마 종교의 신전들보다 훨씬 위대하고 휘황찬란한 신전을 지어야 한다고 생각했다.

우리는 구약 시대에 하나님께서 솔로몬의 지휘 아래 성전을 지으라고 지시한 사실과 그분께서 친히 거기에 임재(臨在)하시기를 원했다는 사실을 알고 있다. 그러나 신약 시대에는 성령님께서 더 이상 사람의 손으로 만든 성전에 거하시지 않음이 명백하다(행 17:24). 이제 하나님께서는 자신의 백성 안에 즉 자신의 참된 교회 안에 성령님을 통하여 거하신다! 바울은 다음과 같이 말한다.

너희가 하나님의 성전인 것과 하나님의 영께서 너희 안에 거하시는 것을 너희가 알지 못하느냐? (고전 3:16)

성령님으로 충만했던 초대 교회는 이러한 위대한 진리를 이해하였기 때문에 결코 돌이나 쇠로 성전을 짓지 않았다. 그들은 복음을 선포하기 위해 밖으로 나갔으며 돈을 모으거나 강압적인 서약을 하여 거리에 있는 성전보다 더 크고 화려한 건축물을 지으려 하지 않았다. 『핼리의 성경 핸드북』에 따르면 주후 222-235년 전에 교회 건축물이 세워졌다는 기록을 찾아볼 수 없다고 한다!

이것은 결코 교회 건물을 짓는 것 자체가 바르지 못함을 암시하지 않는다. 초기에 교회 건물이 세워지지 않은 이유는 1세기 그리스도인들이 박해를 받았으므로 재산을 소유하는 것이 허락되지 않았기 때문일 것이다. 그러나 만일 초대 그리스도인들이 이러한 특권

---

8) 『헤스팅의 종교 윤리 백과사전』, '남근숭배' 항목.

을 허락 받았다면 외적 전시 목적의 건물이 아니라 아주 단순한 건물을 지었을 것으로 우리는 확신한다. 그들은 에베소에 있는 다이아나 시전이나 로마의 판테온 같이 휘황찬란하고 돈이 많이 드는 이교도 신전들과 경쟁하려고 더 큰 신전을 지으려 하지 않았을 것이다.

그러나 콘스탄틴 통치 하에서 교회는 정치 권력과 부를 가지게 되었고 그 뒤로 화려한 건물들과 값비싼 교회 건물들을 세우는 습관이 형성되어 지금까지 계속해서 이어져 내려오고 있다. 이러한 사상이 사람들의 마음 속으로 파고 들어가서 이제는 대부분의 사람들이 '교회'란 사람이 아니라 건물을 의미하는 것으로 이해하게 되었다. 그러나 성경에서 교회라는 단어는 성령님께서 거하시는 성전 즉 성도들의 모임이나 집회를 뜻한다. 좀 이상하게 들릴지 모르지만 교회 건물은 완전히 파괴될 수 있어도 실제 교회 즉 사람들은 여전히 남아 있다.

수세기에 걸쳐 건축된 대부분의 값비싼 교회들은 탑을 갖고 있다. 교회 건물을 짓는 건축업자들은 단순히 전 시대의 교회 형태를 그대로 모방해서 건축을 했으며 아마도 탑을 지어야 한다는 생각의 기원에 대해서는 의문을 갖지 않았던 것 같다. 어떤 탑들은 건축하는데 큰 돈이 들었지만 그렇다고 해서 거기에 어떤 특별한 영적 가치가 더해진 것은 아니다. 물론 예수님께서도 지상에 계실 때에 이러한 건물을 짓지도 않았고 더욱이 이 세상을 떠나신 후에 그런 것들을 지으라고 지시를 주시지도 않았다. 그렇다면 어떻게 교회 건축에서 이러한 탑 전통이 시작되었는가?

만일 독자께서 이 시점에서 우리에게 자유를 허락한다면 우리는 바빌론으로 거슬러 올라가는 이론을 제안할 것이다. 물론 우리는 다 바벨탑을 기억하고 있다. 그 때에 사람들이 다음과 같이 말했다.

그들이 서로 이르되, 자, 벽돌을 만들어 견고히 굽자, 하고 이에 돌 대신 벽돌을 취하고 회반죽 대신 진흙을 취하며 또 이르되, 자, 우리가 우리를 위하여 도시와 탑을 세우고 탑의 꼭대기를 하늘까지 닿게 하며 우리가 우리를 위하여 이름을 내고 이로써 온 지면에 널리 흩어짐을 면하자, 하더니 (창 11:3-4)

'하늘까지' 란 표현은 벽돌로 쌓은 도시들이 "하늘에까지 닿았다" (신 1:28)는 표현과 마찬가지로 탑이 매우 높음을 의미한다. 우리는 바벨탑을 쌓은 건축자들이 하나님의 왕좌가 있는 하늘에까지 그것을 쌓으려 했다고 생각해서는 안 된다. 대신에 탑 — 보통 지구랏이라 불림 — 이 태양 숭배와 관련을 갖는 그들의 종교와 관계가 있음을 보여 주는 증거가 많이 있다.

바빌론의 높이 치솟은 모든 기념비 가운데 '지구랏' 탑은 틀림없이 그 시대에 만들어진 가장 장엄한 건축물 중 하나였을 것이다. 그것은 천 개의 탑으로 만들어진 거대한 성벽 위에 장엄하게 솟아올랐으며 … 거대한 광장 주위에는 '지구랏' 을 돌보는 사제들과 또 순례자들을 위해 구별된 방들이 있었다. 콜데위는 이러한 건물들을 집합적으로 모은 것을 '바빌론의 바티칸' 이라 불렀다.[9]

사람들은 '아쉬트타르트' 로 기록된 '아스타르테' (세미라미스) 여신의 이름이 지니는 의미 중 하나가 '탑들을 만든 여자' 라고 말하곤 했다.[10] 키벨레 여신 — 이 여신 역시 세미라미스와 동일함 — 은 여신을 지닌 탑으로 알려졌는데 특별히 오비드는 그녀가 도시들 안에 탑들을 처음으로 세운 장본인이며 그래서 마치 다이아나처럼 머리 주변에 탑 같이 생긴 왕관을 쓴 모습으로 묘사된다고 말한다. 로마 카톨릭 교회의 상징주의에서 탑은 동정녀 마리아를 상징한다.[11] 이 모든 것이 어느 정도 관련을 갖고 있지 않은가?

우리가 다 알고 있는 바와 같이 고대 탑들 중 어떤 것들은 군사적 목적 즉 망대로 쓰이기 위해 세워졌다. 그러나 바빌론 제국에 건설

---

9) 챔프도르(Champdor), 『고대의 도시들과 신전들』(*Ancient Cities and Temples*), p.22.
10) 히슬롭, 『두 개의 바빌론』, p.307.
11) 커롯(Cirlot), 『상징 사전』(*A Dictionary of Symbols*), p.326.

된 많은 탑들은 전적으로 종교적 목적의 탑으로서 신전과 관련을 갖고 있었다. 그 시대에 바빌론의 도시에 들어가는 어떤 나그네라도 신전을 찾는데 어려움이 없었는데 그 이유는 우리가 들은 바와 같이 지붕이 평평한 집들 위에 높이 치솟아 오른 그 탑을 쉽게 볼 수 있었기 때문이었다.[12] 『카톨릭 백과사전』도 다음과 같이 말한다. "대부분의 바빌론의 도시들이 신전-탑을 가지고 있었다는 것은 참으로 놀라운 사실이다."[13]

바빌론이 우리가 언급한 다른 것들의 근원이 될 뿐만 아니라 종교 목적의 탑들의 근원이 된다는 것이 가능한 일인가? 우리는 사람들이 흩어지기 시작한 것이 거대한 바벨탑을 쌓기 시작한 때였음을 기억한다. 그렇다면 사람들이 여러 지역으로 이주할 때 탑에 대한 생각도 가지고 갔다고 추론하는 것이 아주 불가능한 것은 아니다. 이러한 탑들은 여러 나라에서 다양한 형태로 발전되었지만 그럼에도 불구하고 여전히 한 형태 또는 다른 형태로 남아 있다!

중국 사람들의 종교에서도 이 탑들이 오랫동안 중요한 요소로 자리를 잡아왔다. 옆의 그림은 남경에 위치한 '파고다'를 보여주는데 '파고다'란 단어 역시 '여신'이란 단어와 관련을 갖고 있다.

힌두교에서도 "대사원 경내 위로 커다란 파고다들 또는 탑들이 산재해 있으며 그것

**남경에 위치한
'파고다'**

---

12) 버리(Bury), 『캠브리지 고대 역사 – 이집트와 바빌론』(*The Cambridge Ancient History-Egypt and Babylonia*), 제1권, p.533.
13) 『카톨릭 백과사전』, 제2권, p.185, '바빌로니아' 항목.

들은 주변 지역 위로 우뚝 치솟아 있으므로 어느 곳에서든지 사람들이 볼 수 있다. 그래서 그들은 더 헌신적으로 우상숭배를 하게 되었다. 이러한 파고다들 가운데 어떤 것들은 수십 미터 이상 높이 치솟아 올랐으며 신전의 신들의 생애나 유명한 성인들의 생애를 그린 모습의 조각들로 덮여 있다."[14]

비록 형태는 다르지만 이슬람 교도들도 자기들의 종교 안에 탑을 가지고 있음을 볼 수 있다. 밑의 그림은 메카에 있는 건물로 미나렛이라 하는 수많은 뾰족탑을 보여 주고 있다. 그런데 이와 동일한 양식의 탑들은 콘스탄티노플에 있는 성 소피아 교회에도 있다.

카톨릭이든 프로테스탄트든 기독교계에서도 탑들을 세웠다. 쾰른의 대성당 탑은 땅에서부터 150미터나 위로 솟아 있고 또 독일에 있는 울름 성당의 탑은 155 미터나 위로 솟아 있다.

메카의 뾰족탑

심지어 작은 예배 처소라 할지라도 일종의 탑을 가지고 있다. 바로 이것은 좀처럼 사람들이 의문을 제기하지 않는 기독교계의 전통이다.

많은 교회 탑들의 꼭대기에 있는 뾰족탑은 종종 하늘을 향하고 있다. 몇몇 저술가들은 정당한 이유를 가지고 뾰족한 부분과 뾰족탑이 고대 오벨리스크와 관련이 있다고 말한다. 어떤 사람은 이렇

---

14) 도빈스, 『세계의 예배 이야기』, p.14.

중세 성당의 모습

게 말한다. "우리 교회들의 뽀족탑이 고대 신전 외부에 있던 오벨리스크나 똑바로 세워진 건물들에 그 기원을 두고 있음을 보여 주는 증거들이 있다."[15]

또 다른 사람은 다음과 같이 말한다. "오늘날에도 본래 남성의 성기를 상징하는 모델들이 여전히 뚜렷하게 존재하고 있다 … 교회의 뽀족한 부분들과 오벨리스크들은 다 남성 성기를 숭배한 우리 조상들의 영향을 보여 주고 있다."[16]

---

15) 브라운(Brown), 『성 숭배와 원시 부족들의 상징주의』(*Sex Worship and Symbolism of Primitive Races*), p.38.
16) 아이클러(Eichler), 『인류의 관습들』(*The Customs of Mankind*), p.55.

십자가 숭배

십자가는 로마 카톨릭 교회의 가장 중요한 상징들 가운데 하나로 인식되고 있다. 십자가는 대개 지붕이나 탑 꼭대기에 세워져 있으며 또한 제단이나 가구나 성직자의 의복 등에서도 볼 수 있다. 대부분 로마 카톨릭 교회의 평면도는 십자가 모양으로 되어 있으며 또한 카톨릭 가정, 병원 그리고 학교들도 십자가로 장식한 벽을 가지고 있다. 이와 같이 십자가는 모든 곳에서 외적으로 여러 방법을 통해 높임을 받고 숭배를 받고 있다.

유아에게 물을 뿌리며 세례를 줄 때 카톨릭 사제는 유아의 머리에 십자가 표시를 그리고 다음과 같이 말한다. "네 이마 위에 십자가 표시를 받아라." 견진성사 때에도 성사를 받으려는 지원자들은 십자가 표시를 받는다. 매해 부활절 기간에 지키는 재 수요일에도 이

마에 십자가 표시를 하기 위해 재가 사용된다. 로마 카톨릭 교회의 신도들은 성당에 들어갈 때에 오른손의 집게손가락을 '거룩한 물'에 담그고 이마에, 가슴에, 왼쪽과 오른쪽 어깨에 대며 십자가 모양으로 신을 긋는다. 또한 식사를 할 때에도 동일한 표시를 한다. 미사 때에 사제는 16번 십자가 표시를 하고 또 제단을 축복하기 위해 30번 십자가 표시를 한다.

대부분 프로테스탄트 교회들은 손가락으로 십자가 표시를 하는 것을 믿지 않으며 십자가 앞에서 몸을 구부려 절하지도 않고 그것들을 경배의 대상으로도 사용하지 않는다. 그들은 이러한 것들이 비성경적이며 미신적이라고 인식하지만 그래도 십자가는 여전히 뾰족탑이나 강대상 등에서 여러 가지 장식용으로 사용되고 있다.

초대 교회 그리스도인들은 예수님께서 죽으신 십자가를 덕스러운 상징물로 생각하지 않았으며 오히려 '저주받은 나무'로 '사형 장치'로 '수치물'(히 12:2)로 여겼다. 그들은 옛날의 그 누추하고 거친 십자가를 신뢰하지 않았으며 대신 예수님께서 십자가에서 단번에 성취하신 일을 믿었으며 이러한 믿음을 통해 충분하고도 완전하게 죄들이 용서되었음을 알았다. 바로 이러한 의미에서 사도들은 십자가를 선포하고 그것을 자랑스럽게 여겼던 것이다(고전 1:17-18). 그들은 결코 십자가가 작은 사슬에 매는 나무 조각이나 손에 가지고 다니는 보호물 혹은 부적 같은 것이라고 말하지 않았다. 사실 이런 용도로 십자가를 사용한 것은 후대의 일이다.

기독교가 이교주의와 혼합되어 이교화 되기 시작했을 때에야 비로소 — 어떤 이들은 이교주의가 기독교화 되었다고 표현하는 것을 좋아함 — 십자가 형상은 그리스도 교회의 상징물인 것처럼 인식되었다. 교회와 교회 안의 방들에 십자가가 도입된 것은 주후 431년이었고 뾰족탑 위에 십자가가 사용된 것은 주후 586년이었다.[1] 또

---

1) 『하퍼의 사실에 관한 책』(*Harper's Book of Facts*).

한 주후 6세기에 십자가 형상이 로마 교회에 의해 재가되었으며[2] 제2차 에베소 공회 때에야 비로소 각 가정이 십자가를 소유해야 한다는 법규가 공식적으로 결정되었다.[3]

만일 십자가가 그리스도교의 상징이라면 그 기원이 기독교 내부에 있었다고 말하는 것은 정확하지 않다. 왜냐하면 이미 십자가가 이런 저런 형태로 기독교 시대 이전에 비기독교인들 사이에서 오랫동안 거룩한 상징물로 사용되어 왔기 때문이다. 『신약 단어 강해 사전』에 따르면, 십자가는 아몬 신 고대 갈대아 사람들로부터 유래되었다고 한다.

아몬 신

> 교회가 사용하는 두 개의 대들보로 된 십자가 형태는 고대 갈대아에 그 기원을 두고 있으며 그것은 그 국가와 이집트를 포함하는 근접 국가들에서 담무스 신 ― 담무스는 영어로 Tammuz이며 이 단어의 첫 글자 T가 신비스런 타우 십자가로 사용됨 ― 의 상징으로 사용되었다 … 타락한 교권 제도의 세력을 증대시키기 위하여 교회는 믿음으로 거듭나는 체험도 없는 이교도들을 수용하였고 또 그들이 사용하던 부호나 상징들을 그대로 유지하는 것을 대개 허용하였다. 이에 따라 그 당시 가장 자주 사용되던 형태인 타우(ㅓ)나 또는 T 모양이 조금 변형되어 그리스도의 십자가로 채택되었다.[4]

고대 기념비나 고대 신전의 벽을 보여 주는 이집트에 대한 책에서 누구든지 쉽게 타우 십자가를 발견할 수 있다. 위의 그림은 타우 십자가를 쥐고 있는 이집트의 신 아몬을 보여 준다.

이집트의 테베에 있는 아메노피스 4세의 건물에서 취한 다음 그

---

2) 『파우셋의 성경백과사전』, p.145.
3) 세이무어, 『전통과 역사와 예술에 나타난 십자가』, p.22, 26.
4) 바인(Vine), 『신약어휘 주해사전』(*An Expository Dictionary of New Testament Words*), p.256.

림은 왕이 기도하는 모습을 보여 준다. 부디 십자가에 달린 둥근 태
양 원과 그 밑에 있는 태양신의 신비 형태를 주목하기 바란다. 한
유명한 역사가는 이집트에 대해 다음과 같이 언급한 바 있다.

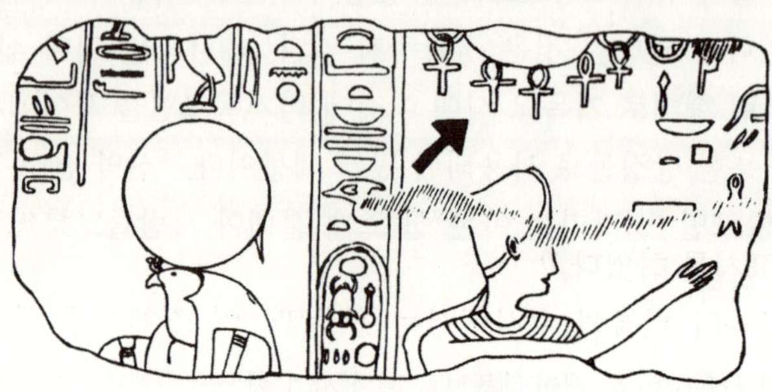

이집트 테베의 십자가

우리는 가장 신성한 상형문자들 가운데서 여러 형태의 십자가 즉 수천 년 동안
거의 바뀌지 않은 상징물을 발견하게 된다 … 그러나 특히 '이집트의 십자가'
로 잘 알려진 십자가나 또는 타우 십자가는 문자 T와 같은 모양을 취하고 있으
며 또 종종 원을 가지고 있거나 혹은 그 위에 알 모양을 가지고 있다. 그렇지만
이 신비한 상징물은 이 나라에서만 특별한 것이 아니었으며 갈대아 사람들, 페
니키아 사람들, 멕시코 사람들, 그리고 남반구와 북반구에 살던 모든 고대 사람
들이 이것을 경배했다.[5]

십자가 상징이 여러 민족에게 퍼졌을 때 그것은 여러 방법으로
사용되었다. 중국 사람들은 이 십자가를 아주 오랜 시대의 고안물
가운데 하나로 인식했고 그것들을 자기들의 파고다 벽에 그렸으며
자기들 신전의 가장 신성한 은신처를 밝히기 위해 사용된 전등 위
에도 그렸다.[6]
　또한 십자가는 인도에서 수세기 동안 비그리스도인들 사이에 거

---

5) 세이무어의 글에서, p.22, 26.
6) 동일문서, p.13.

룩한 상징이 되어 왔다. 십자가는 갠지스 강에서 취한 거룩한 물을 담는 항아리를 표시하는 데도 사용되었으며 또한 몸이 없이 둥둥 떠다니는 것으로 알려진 자이나(Jaina) 성인들의 상징으로도 사용되었다. 인도의 중앙 지역에서는 거친 두 개의 돌 십자가가 발견되었는데 그 돌의 연대는 기독교 이전 시대로 거슬러 올라간다. 그 중 하나는 높이가 3.3미터가 넘고 다른 하나는 2.4미터가 넘는다. 또한 불교와 인도의 여러 다른 종파들에서는 그 신봉자들의 머리에 십자가 표시를 하였다.[7]

아프리카의 대륙의 수사에서는 원주민들이 깃체강에 십자가를 던지며 카빌레 여인들은 비록 이슬람 교도들이지만 눈 사이에 십자가 문신을 하고, 완얌위지의 벽에도 십자가가 장식되어 있다. 니제르로부터 나일강까지 일련의 왕국을 수립한 야리크 사람들도 자기들의 방패에 십자가 형상을 그렸다.[8]

프레스 코트는 스페인 사람들이 멕시코에 처음 상륙했을 때의 상황을 다음과 같이 기록했다. "그들은 자기들의 신앙의 상징인 거룩한 십자가가 아나후악 신전에서 경배의 대상으로 솟구친 것을 보았을 때 크게 놀랄 수밖에 없었다. 스페인 사람들은 기독교의 빛을 전혀 받지 못한 이교도 민족들이 그렇게 오래 전부터 십자가를 경배의 상징으로 사용했음을 알지 못하였다."[9]

멕시코의 팔렌퀘에는 기독교 시대가 시작되기 9세기 전에 보탄이 세운 '십자가의

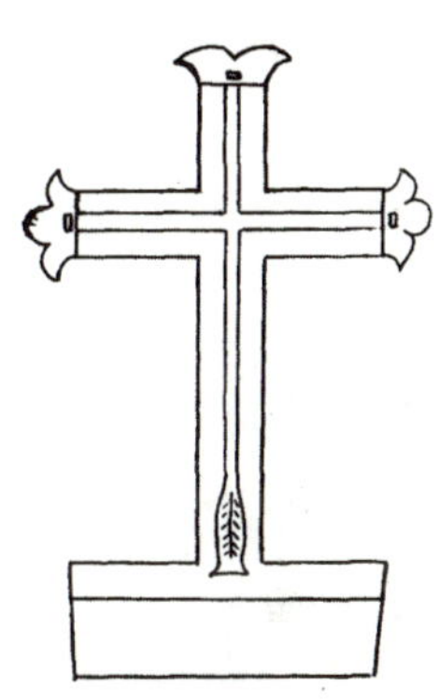

팔렌퀘에 있는 기독교
시대 이전의 십자가

---

7) 동일문서, p.10, 12.

8) 동일문서, p.9.

9) 프레스코트(Prescott), 『멕시코 정복의 역사』(*History of the Conquest of Mexico*), 제1권, p.242.

신전'이라는 신전이 있는데 그 석판 제단 위에는 가로가 2미터, 세로가 3.3미터인 십자가가 중앙에 새겨져 있다. 『카톨릭 백과사전』은 이 십자가의 그림을 담고 있는데 그 그림 밑에는 '팔렌퀘에 있는 기독교 시대 이전의 십자가'라는 말이 적혀 있다.[10]

고대 멕시코 사람들은 십자가를 '토타' 즉 '우리의 아버지'로 숭배하였는데 나무 조각을 '아버지'라 부르는 것은 성경에도 언급되어 있다. 이스라엘 사람들이 자기들의 종교에 우상숭배를 혼합시켰을 때 그들은 나무에게 "너는 내 아버지라."(렘 2:27)라고 말했다. 그러나 나무 조각이나 사제를 '아버지'라 부르는 것은 성경에 위배된다(마 23:9).

이탈리아에서도 아주 오래 전 문명 사회의 예술에 대한 어떤 것이 알려지기 전에도 사람들은 십자가를 종교적 상징으로 믿고 있었다. 십자가는 보호자로서 간주되었고 그래서 무덤 위에 놓여지곤 했다. 주전 46년 로마의 동전에는 주피터가 끝에 십자가가 있는 긴 홀을 쥐고 있는 모습이 있다.[11] 이교도 국가 로마의 베스타 동정녀들은 오늘날 로마 카톨릭 그리스 사람들의 십자가 즉 교회의 수녀들과 같이 목에 십자가를 걸고 다녔다.[12]

그리스 사람들의 십자가

그리스 사람들은 바빌론 사람들의 담무스에 상응하는 자기들의 신의 머리띠에 십자가를 그렸다. 포르셀리는 이시스가 그녀의 머리에 십자가를 갖고 있는 것으로 나타난다고 말한다. 이시스를 섬기는 사제들은 그녀를 숭배하면서 행렬용 십자가를 운반했다. 알렉산드리아에 있는 세라피스 신전 위에도 십자

---

10) 『카톨릭 백과사전』, 제10권, p.253, '멕시코' 항목.
11) 세이무어의 글에서, p.22, 26.
12) 히슬롭, 『두 개의 바빌론』, p.198.

가가 덮여 있으며 스핑크스의 신전을 발굴했을 때 그것이 십자가 형태를 지녔음도 밝혀졌다. 또한 주전 335년 경 페르시아 사람들은 알렉산더 대제와의 전투 때에 십자가 형태의 깃발을 운반하곤 했다.

고대 남아프리카의 아보리 사람들은 종교적 상징물로 십자가를 사용했는데 이들은 새로 태어난 어린아이를 악한 영들로부터 보호하기 위해 십자가 밑에 아이를 두었다. 파타고니아 사람들도 자기들의 이마에 십자가 모양의 문신을 하였으며 페루의 고대 도자기에도 종교

아시리아 왕의 십자가

적인 상징을 지닌 십자가 모형이 있음이 발견되었다. 이집트 사람들과 전쟁하던 외국인들이 목에 십자가를 걸었던 것처럼 아시리아 왕들도 목에 십자가를 걸고 있는 모습을 보여 주는 기념비들이 있다.[13]

십자가는 또한 기독교 시대가 시작되기 15세기 전에 로튼노의 의복에 상징적으로 그려졌다.[14]

『카톨릭 백과사전』은 "십자가라는 기호 즉 두 개의 선이 직각으로 만나는 기호는 동양이나 서양에서 기독교가 소개된 것보다 훨씬 전에 있었으며 그 기원은 인간 문명의 매우 초기로 거슬러 올라간다."는 사실을 인정하고 있다.[15]

어떤 사람들은 다음과 같이 질문할지 모른다. "예수님께서 십자

---

13) 『종교백과사전』, 제1권, p.386, 494.
14) 히슬롭의 글에서, p.198.
15) 『카톨릭 백과사전』, 제4권, p.517, '십자가' 항목.

가에서 돌아가셨기 때문에 십자가가 기독교의 상징물이 되는 것 아닙니까?" 지금 대부분의 사람들은 마음 속으로 십자가가 그리스도와 관련을 갖고 있다고 생각한다. 그러나 십자가의 역사와 특히 지난 수세기 동안 그것이 미신적인 방법으로 사용되어 온 것을 아는 사람들은 동전의 또 다른 면을 볼 수 있을 것이다. 좀 거북하게 들릴지 모르지만 어떤 사람은 이렇게 물었다. "만일 예수님께서 총살당했다고 가정한다면 바로 이 사실로 인해 우리가 목에 총을 매달아야 하거나 교회 지붕 꼭대기에 총을 매달아야 하겠는가?" 물론 그렇지 않다. 중요한 것은 물건이 아니라 사람이다. 다시 말해 돌아가신 분이 누구인가가 중요하지 죽음의 도구가 무엇이냐가 중요한 것이 아니다. 성 암브로스는 다음과 같이 타당한 말을 했다. "우리는 나무 위에서 돌아가신 우리의 왕 그리스도를 경배해야지 나무를 경배해서는 안 된다."

십자가 처형은 고대의 사형 방법 중 하나로서 이집트나 아시리아, 페르시아, 팔레스타인, 카르타고, 그리스, 로마 등에서 매우 혹독한 죄를 범했을 때 내리는 형벌이었다. 전승에 의하면 이와 같은 십자가 처형을 고안한 장본인은 어떤 여인 즉 여왕 세미라미스라고 한다![16]

그 형태가 어떠하든지 예수 그리스도는 한 십자가에서 죽었다. 그럼에도 불구하고 여러 종류의 십자가가 로마 카톨릭 교회에서 사용되고 있다. 오른쪽에 몇 개의 다른 십자가가 제시되어 있다. 『카톨릭 백과사전』은 한 페이지에 무려 40개의 십자가를 보여 주고 있다. 만일 로마 카톨릭주의가 단순히 그리스도의 십자가를 사용했다면, 또한 이교주의의 영향을 받아들이지 않았다면 왜 그렇게 많은 형태의 십자가가 사용되었겠는가? 한 유명한 저술가는 다음과 같이 말했다.

---

16) 세이무어의 글에서, p.64.

국가와 교회의 상징물로서 여러 형태의 십자가가 여전히 유행하고 있는데 그것들은 성 조오지의 십자가, 성 안드레의 십자가, 몰타 사람의 십자가, 그리스 사람의 십자가, 라틴 사람의 십자가라고 구별되어 불린다. 그러나 그 중에 어떤 것도 고대의 가장 오래된 십자가와 관련되지 않은 것은 없다.[17]

다양한 십자가

타우 십자가로 알려진 십자가는 이집트에서 널리 사용되었다. "후대에 이집트 그리스도인들 — 콥틱 교도들 — 은 타우 십자가의 형태와 그것이 보여 주는 상징에 매혹되어 그것을 십자가 상징물로 채택했다."[18]

또한 그리스 십자가로 알려진 것들이 이집트의 기념비들에서도 발견된다. 이 십자가의 형태는 프리기아에서 사용되었는데 거기에서는 그것으로 미다스의 묘를 장식했다. 니느웨의 폐허 가운데서도 한 왕이 그의 가슴에 몰타 십자가를 지니고 있는 것으로 나타났다. 오늘날 라틴 십자가로 알려진 십자가 형태는 에트루스칸 사람들이 사용하던 것인데 이 십자가는 이교도들의 고대 무덤에서 양편에 날개 가진 천사들과 함께 나타나고 있다.

남아메리카의 쿠마 사람들은 성 안드레의 십자가로 불리는 십자가

에트루스칸 사람들의 십자가

---

17) 『모세오경 연구』(*The Pentateuch Examined*), 제6권, p.113.
18) 『카톨릭 백과사전』, 제4권, p.518, '십자가' 항목.

가 악한 영들을 대항하는 보호물이라고 생각하였다.[19]

이 십자가는 시리아에 있는 알렉산더 발라(주전 146년)의 동전과 성 안드레가 태어나기 전인 주전 140-120년 경의 박트리안 왕들의 동전들 가운데서도 볼 수 있다. 다음 그림이 보여 주는 십자가는 오늘날 갈보리 십자가로 불리지만 실제로 이 그림은 데살리에 있는 고대 비문 즉 기독교 시대 이전의 비문에서 취한 것이다.

이제 마지막 질문이 하나 남아 있는데 그것은 "예수님께서 돌아가신 십자가가 어떤 형태인가?" 하는 것이다. 어떤 사람들은 그것이 십자가 형태가 아니라 단순히 고문하는 기둥이라고 믿고 있다. 영어 단어 '크로스'(Cross)는 두 개의 나무 조각이 어떤 지점에서 서로 각을 이루어 교차하는 것을 의미한다. 그러나 신약성경에서 십자가로 번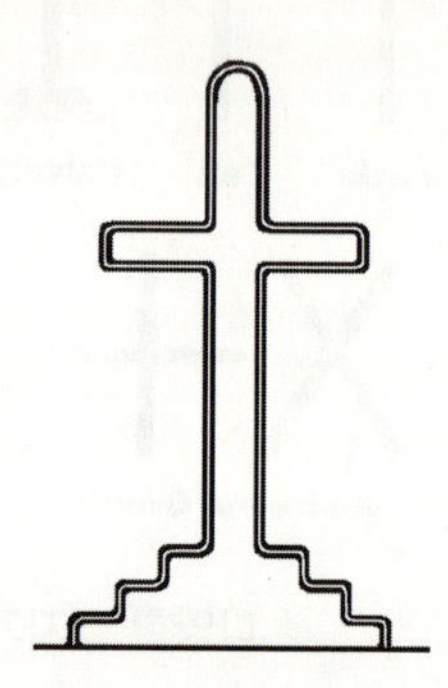역된 그리스어는 '스타우로스'인데 이것은 꼭 그러한 의미를 전하지 않는다. 그리스어 그 자체는 곧게 선 기둥 또는 지주를 의미한다.[20] 만일 예수님께서 돌아가신 기구가 이런 것이라면 그것은 결코 십자가가 아니다! 이와 같은 사실은 많은 형태의 십자가를 '기독교화 한 것'이 어리석은 일임을 명백하게 보여 준다.

한편 예수님의 손에 있는 못들(복수형)의 흔적에 대한 도마의 진술은(요 20:25) 기둥 위에 옆으로 된 나무가 붙어서 십자가 형태를 이루었음을 제시해 준다. 왜냐하면 하나의 기둥에 달렸다면 아마도 그분의 손에 하나의 못이 관통했을 것이기 때문이다. 또 무엇을 기록하기 위해 그분의 머리 위에 공간이 있어야만 했다는 사실(눅 23:28)과 더불어 위의 사실은 라틴 십자가가 사용되었음을 제시한다. 'T'나 또는 'x' 같은 모양의 십자가는 머리 위에 무엇을 기록할

---

19) 『종교백과사전』, 제1권, p.494.
20) 바인의 글에서, p.256.

만한 공간을 충분히 주지 못하기 때문에 이러한 십자가는 고려 대상이 되지 않았을 것이다.

사실 우리는 그리스도의 십자가가 정확하게 어떠한 모양을 하고 있었는가에 대해 큰 관심을 가질 필요가 없다. 십자가의 참된 의미 즉 나무 조각이 중요한 것이 아니라 그리스도께서 십자가 위에서 죽음을 통해 성취하신 영원한 구속(救贖)이 중요한 점을 주시할 때 이와 같은 모든 논쟁은 사실상 무의미하며 더더욱 십자가를 경배하거나 신성시하는 것은 예수 그리스도의 가르침과는 전혀 상관이 없는 사람의 전통인 것이다.

제 **7** 장　콘스탄틴과 십자가

　　로마 카톨릭 교회에서 십자가를 흠모하는 일에 가장 크게 기여한 것은 콘스탄틴의 저 유명한 '십자가 환상'과 또 의문점 투성이인 콘스탄틴의 '회심' 혹은 개종이다.

　　콘스탄틴과 그의 군인들이 로마에 이르렀을 때 그들은 소위 밀비안 다리 전투로 알려진 전투에 직면해야 했다. 그 당시 관습에 따라 그는 희생 짐승의 내장을 보고 점을 치던 하루스피스라는 사람들의 조언을 구했다. 성경은 바빌론 왕이 어떻게 이와 동일한 관습을 따랐는가 잘 기록하고 있다.

　　이는 바빌론 왕이 두 길의 머리 곧 길이 나뉘는 곳에 서서 점을 쳤음이라. 그가 자기 화살들을 빛나게 하며 형상들에게 묻고 희생물의 간을 들여다보다가 (겔 21:21)

　　그런데 콘스탄틴은 신들이 자기에게 도움을 주지 않아 자기가 그 전투에서 패배할 것이라는 점괘를 얻었다. 그러나 그가 후에 말한 것과 같이 환상 또는 꿈에서 그에게 십자가가 나타났으며 "이 표적을 갖고 정복하라."는 말이 있었다. 그 다음 날인 주후 312년 10월 28일 그는 십자가가 달린 깃발을 내세우며 진격했고 그 결과 그 전투에서 승리했으며 그의 적을 패배시켰고 드디어 개종을 선언하였다.

콘스탄틴의 십자가 환상

　그러나 모든 면에서 콘스탄틴의 십자가 환상은 역사적으로 사실이 아닌 것으로 인정되고 있다. 역사가들은 이 이야기를 수집하면서 유일하게 이 이야기의 증거 혹은 권위를 유세비우스에게 두었다. 그러나 콘스탄틴이 이와 같은 환상을 보았다 해도 과연 우리는 그 환상을 준 인물이 예수 그리스도라고 생각해야 하는가? 평화의 통치자 예수 그리스도께서 이교도 황제에게 십자가를 나타내는 군기를 만들고 그 표적으로 사람을 정복하고 죽이도록 지시했단 말인가?

콘스탄틴을 우두머리로 둔 로마 제국은 성경에서 '짐승'으로 묘사되어 있다. 다니엘은 네 개의 제국을 상징하는 네 개의 큰 짐승을 보았는데 이 제국들은 바빌론(사자), 메대와 페르시아(곰), 그리스(표범), 그리고 로마이다. 그런데 로마 제국을 상징하는 네 번째 짐승은 너무나도 두려워서 다른 짐승과는 다르게 표현되었다(단 7:1-8). 이런 것에 근거해서 우리는 그리스도께서 이 무서운 짐승인 로마 제국을 더욱 발전시키려고 콘스탄틴에게 십자가 군기를 앞세우고 국가를 정복하라고 말했다는 것이 전혀 근거 없는 일임을 알 수 있다.

그 환상이 하나님에게서 온 것이 아니라면 우리는 콘스탄틴의 개종을 어떻게 설명해야 할 것인가? 사실상 그의 개종은 의심스러운 것이다. 설령 그가 그 시대의 교회 행습들과 관련해서 많은 것을 제정했다 할지라도 그가 성경적 의미에서 참다운 개종 혹은 회심을 하지 않았음을 보여 주는 분명한 사실이 많이 있다. 역사가들은 그의 개종이 그 시대의 표준에 의한다 할지라도 명목상의 개종이었음을 인정하고 있다.[1]

그가 참다운 회심을 하지 않았음을 보여 주는 가장 명백한 증거는 회심 후 그가 몇 차례 살인 범죄를 저질렀다는 데에서 분명하게 드러나고 있다. 그는 심지어 자기 부인과 자기 아들을 죽였다. 성경은 "살인하는 자마다 영원한 생명이 그 속에 거하지 아니한다."고 말한다(요일 3:15).

콘스탄틴은 미네르비나와 첫 번째 결혼을 했으며 그녀를 통해 크리스푸스라는 아들을 얻었다. 그의 두 번째 부인은 파우스타인데 그녀를 통해 그는 세 딸과 두 아들을 두었다. 크리스푸스는 뛰어난 군인으로 그의 아버지의 큰 도움이 되었다. 그렇지만 니케아 공회가 열린 직후인 주후 326년 그는 자기 아들 크리스푸스를 사형에

---

1) 스미스, 『인간과 그의 신들』, p.220.

처했는데 그 이유는 그가 자기의 둘째 부인인 파우스타와 관계를 가졌기 때문이라고 한다.

사실상 이것은 파우스타의 고소 내용이었는데 사실 그녀는 첫 번째 부인의 아들 크리스푸스를 그런 방법으로 몰아내고 자기 아들 가운데 하나를 왕위에 앉히려 했던 것이다! 그러나 콘스탄틴의 어머니는 그를 설득하여 사실은 그의 아내 파우스타가 그의 아들에게 몸을 바친 것으로 믿게 했으며 그래서 결국 콘스탄틴은 자기 부인 파우스타를 펄펄 끓는 목욕탕 안에 넣고 질식시켜 죽였다. 이런 일이 있을 즈음에 그는 자기 누이의 아들을 태형으로 죽였고 누이의 남편도 죽이지 않겠다고 약속하고는 목졸라 죽였다.[2] 『카톨릭 백과사전』은 이와 같은 사건들을 다음과 같이 요약해서 말해 주고 있다.

심지어 회심 후에도 그는 자기 매형 리시누스와 그의 아들 그리고 자기의 첫 번째 부인의 아들 크리스푸스와 자기 아내 파우스타를 처형하였다 … 이러한 잔인한 이야기를 읽고 나면 이런 황제가 종종 온화하고 부드러운 마음을 가졌다고 믿기 어려울 것이다. 인간의 본성은 온통 모순으로 가득 차 있다.[3]

콘스탄틴은 그리스도인들에게 많은 호의를 베풀고 십자가 처형을 폐지하고 로마에서 그토록 잔인하게 행하던 박해도 중지시켰다. 그러나 과연 그는 그리스도인으로서의 확신을 가지고 이렇게 호의를 베풀었을까 아니면 정치적인 동기에서 그렇게 했을까? 『카톨릭 백과사전』은 이에 대해 다음과 같이 말한다.

몇몇 주교들은 궁전의 화려함에 눈이 멀어 심지어 황제를 거룩한 존재인 하나님의 천사로 높여 찬양했고 하나님의 아들처럼 하늘에서 통치하게 될 것이라고 예언까지 하였다. 그러므로 결과적으로 콘스탄틴이 기독교에 호의를 베푼 것은 순전히 정치적인 동기 때문이었다고 주장할 수 있으며 그는 자기의 정책을 추진하기 위해 종교를 이용한 약삭빠른 폭군으로 간주될 수 있다.[4]

---

2) 두란트, 『문명의 역사: 카이사르와 그리스도』, p.66.
3) 『카톨릭 백과사전』, 제4권, p.300, '콘스탄틴' 항목.

유명한 역사가 두란트가 콘스탄틴에 대해 내린 결론도 위의 진술과 거의 같다.

콘스탄틴의 회심은 참된 것이었는가? 과연 그것은 종교적인 신앙 행위였는가 아니면 정치적인 지혜의 극치였는가? 아마 후자일 가능성이 높다 … 그는 그리스도인의 예배에 필요한 의식에 거의 순응하지 않았다. 그가 기독교 주교들(감독들)에게 보낸 편지를 보면, 비록 그가 제국의 단합을 위해 종교적 불일치 의사를 표명하는 자를 억압하긴 했지만 사실 그 당시 기독교계를 동요시켰던 신학적인 차이점들에 대해 그가 전혀 관심이 없었음을 알 수 있다. 자신의 통치 기간 중 그는 주교들을 자신의 정치 조력자로 취급하였다. 그는 주교들을 소집해서 공회를 주재하였고 무엇이든지 대다수가 일치하는 의견을 따르도록 강요하였다. 참된 신자라면 먼저 그리스도인이 되고 그 후에 정치가가 되어야 하는데 콘스탄틴의 경우는 그 반대였다. 기독교는 그에게 있어서 하나의 수단이었지 목적이 아니었다.[5]

극심한 박해가 기독교 신앙을 파괴하지 못했으며 콘스탄틴은 이 사실을 잘 알고 있었다. 기독교인들과 이교도들 간의 갈등이 끊임없이 일어나서 제국이 분열되자 그는 이 두 종교를 혼합하여 제국에 필요한 통일된 힘을 형성시킬 필요가 있음을 직시하고 이러한 조처를 취했을 것이다. 아마도 그는 이렇게 생각했을 것이다. 두 종교 사이에는 유사성이 존재하며 십자가 상징도 양측을 나누는 요소가 아니었다. 왜냐하면 이 때에 이미 그리스도인들이 십자가를 사용했기 때문이다. 또한 콘스탄틴 군대에서 미트라 — 고대 인도와 이란의 신화에 등장하는 빛의 신 — 를 숭배하는 자들에게도 십자가가 실족거리가 되지 못했는데 왜냐하면 그들이 오랫동안 미트라의 빛의 십자가 군기를 지니고 싸웠기 때문이다.[6]

콘스탄틴의 기독교는 혼합물이었다. 비록 그가 이교 신전들로부터 자기의 형상을 제거하고 자기에게 희생 제물을 드리지 못하도록

---

4) 동일문서.
5) 두란트의 글에서, p.655, 656.
6) 동일문서, p.654.

전설에 따르면 실베스터 1세가
콘스탄틴에게 세례를 주었고 그로 인해
그의 나병이 완치되었다고 함.

선포했음에도 불구하고 백성들은 계속해서 황제의 신성에 대해 언급하였다. 최고 승정원(Pontifex Maximus) 지도자로서 그는 이교 예배를 돌보고 계속해서 그들의 권리를 보호하였다. 주후 330년 콘스탄티노플을 봉헌하는 의식에서 그는 반은 이교도 의식을 반은 기독교 의식을 사용했다. 태양신 마차가 시장에 진열되었으며 그 위에 십자가가 놓였다. 콘스탄틴이 만든 동전들 중 어떤 것들은 십자가를 지니고 있지만 마르스나 아폴로를 나타내는 것들도 있었다. 그리스도인임을 고백하면서도 그는 계속해서 이교도들의 마술적 방식을 신봉하고 이로써 농작물을 보호하고 질병을 고치려 했다. 이러한 모든 것이 『카톨릭 백과사전』 안에 잘 지적되어 있다.[7] 콘스탄틴의 방법 즉 혼합주의 개념은 분명히 로마 카톨릭주의가 발전되고 재물을 늘리며 부유하게 되기 위해 사용한 방법이었다.

콘스탄틴의 어머니 헬레나는 거의 80세가 되어 예루살렘으로 순례여행을 했다. 전설에 따르면 그의 어머니는 거기서 묻혀 있는 세 개의 십자가를 발견했는데 하나는 그리스도의 십자가였고 다른 두 개는 강도들이 못박힌 십자가였다고 한다. 예루살렘의 주교인 마카

---

7) 『카톨릭 백과사전』, 제4권, p.299, 300, '콘스탄틴' 항목 등.

리우스의 말에 따라 그리스도의 십자가는 치료의 기적을 일으켰기 때문에 금방 알아볼 수 있었지만 다른 두 개는 그렇지 않았다고 한다. 『카톨릭 백과사전』의 한 항목은 다음과 같이 말한다.

참된 십자가 ― 즉 예수님이 달린 십자가 ― 의 한 부분이 예루살렘에서 은 성물함 안에 봉함 되어 남아 있다. 못들과 더불어 그 잔유물이 콘스탄틴에게 보내졌음이 틀림없다 … 못들 가운데 하나는 황제의 헬멧을 조이는데 사용되고 다른 하나는 말의 굴레를 채우는데 사용되었다. 교부들에 따르면 이는 대언자 스가랴에 의해 기록된 것과 일치하는 것이라고 한다. '그 날에는 말 방울에도, 주께 거룩, 이라 기록될 것이요, 주의 집에 있는 솥들은 제단 앞의 대접들과 같으리니' (슥 14:20)[8]

콘스탄틴이 세례와 나병 치료로 인해 라테란 궁과 로마의 치리와 이탈리아와 서방 세계를 교황에서 넘긴다는 증여서를 교황에게 전달하는 그림. 이 문서는 15세기에 가서 위조임이 드러남.

이 항목의 기사는 또한 십자가에 관한 로마 카톨릭 교회의 일반적인 가르침을 유지하려고 하면서도 십자가 발견에 대한 이야기가

여러 가지이고 후대에 발전된 이 전승의 대부분이 전설에 기초하고 있다는 점을 시인하고 있다.

주후 326년 헬레나가 예루살렘을 방문한 것은 역사적으로 정확한 것 같다. 그러나 그녀가 십자가를 발견한 이야기는 그로부터 114년 후인 440년에 나타난다.[9] 원래의 십자가가 예수님이 처형된 이후 거의 300년 동안이나 여전히 예루살렘에 남아 있었다는 것은 의심스러운 일이다. 더욱이 유대인들의 법은 십자가 처형 후 그 십자가를 태워 버리라고 말하고 있기 때문이다.[10]

누군가가 실제의 십자가를 발견했다고 생각해 보자. 물론 이러한 일은 흥미 있는 일이 될 것이다. 그러나 그 나무 조각 안에 무슨 효험이 있겠는가? 아무 효험도 없다. 왜냐하면 십자가는 이미 그 목적을 다했기 때문이다. 우리는 다음의 말씀을 기억한다. "모세가 놋 뱀을 만들어 장대 위에 다니 뱀에게 물린 자마다 놋 뱀을 쳐다본즉 살더라"(민 21:9). 이것은 그리스도께서 죽으시면서 들려 올려질 것을 보여 주는 모형이었다(요 3:15). 그런데 그 놋 뱀이 의도된 목적을 다 이룬 후에도 이스라엘 백성은 놋 뱀을 주위에 두고 우상화하였다. 그래서 수세기 후에 히스기야는 다음과 같이 행했다.

이제 이스라엘 왕 엘라의 아들 호세아의 제삼년에 유다 왕 아하스의 아들 히스기야가 통치하기 시작하니 그가 통치하기 시작할 때에 나이가 이십오 세더라. 그가 예루살렘에서 이십구 년 동안 통치하니라. 그의 어머니의 이름 역시 아비요, 사가랴의 딸이더라. 히스기야가 자기 조상 다윗이 행한 모든 것에 따라 **주**의 눈앞에서 올바른 것을 행하니라. 히스기야가 산당들을 제거하고 형상들을 깨뜨리며 작은 숲들을 베어 내고 모세가 만든 놋 뱀을 산산조각 내니 이는 그때까지 이스라엘 자손이 그 뱀에게 분향하였음이더라. 그가 이 뱀을 느후스탄이라 일컬었더라. (왕하 18:1-4)

---

9) 『종교백과사전』, 제1권, p.494.
10) 『파우셋의 성경백과사전』, p.145.

히스기야는 바르게 행하였는데 이는 그가 이교도들의 우상뿐만 아니라 심지어 하나님께서 제정하신 놋 뱀까지도 파괴하였기 때문이다. 왜냐하면 그때까지도 그 뱀이 미신적이며 우상적인 방법으로 사용되었기 때문이다. 이런 견지에서 볼 때 만일 원래의 십자가가 여전히 존재한다 할지라도 그것을 경배의 대상으로 높이 세울 이유가 하나도 없다. 또한 원래의 십자가가 아무 능력이 없다면 단순히 후에 사람들이 나무 조각으로 만든 십자가에 무슨 능력이 있겠는가?

고대 이집트의 이교도들은 오벨리스크를 세우면서 그것이 자기들 신의 상징이라고 생각했으며 어떤 경우에는 그 형상 자체가 초자연적인 능력을 소유하고 있는 것으로 믿었는데 이와 마찬가지로 몇몇 사람들은 십자가를 그렇게 믿고 있다. 만일 밀비안 다리 전투에서 십자가가 콘스탄틴을 돕지 않았다면 어떠하였을까? 십자가가 헬레나에게 기적을 일으키지 않았다면 어떠하였을까? 그런데 지금 사람들은 십자가를 악한 영들을 쫓아낼 수 있는 형상으로 여기고 있으며 매력적인 상징물로 달고 다닌다. 무지한 사람들이 십자가를 교회 탑의 꼭대기 위에 두어 번개를 쫓고자 했지만 그것이 높이 위치하고 있기 때문에 오히려 그것은 번개를 유인하여 끌어당기는 도구가 되고 말았다! 카톨릭 가정에서 십자가를 사용하는 이유는 그것이 고난과 질병이 들어오지 못하도록 막아 준다고 믿기 때문이다. 그래서 원래 예수님이 달렸던 십자가라고 생각되는 많은 나무 조각들이 보호물로서 장식물로서 비싼 값에 팔리고 교환되고 있다.

유물 숭배

제8장

유물 사용과 함께 따라오는 큰 미신은 수세기 동안 로마 카톨릭 주의가 겪어온 고질적인 속임수와 모순을 잘 보여 준다. 그들이 가장 높이 숭상하는 유물들 가운데는 '원래의 십자가 즉 예수님이 달린 십자가'의 조각들이 있다. 종교개혁자 칼빈은 "그 십자가 조각들이 유럽 전역에 너무 많이 흩어져 있으므로 이 조각들을 다 한 곳으로 모으면 배 한 척에 가득할 것이다."라고 말한 바 있다. 사실 그리스도의 십자가는 그리스도 한 분이 지고 가신 작은 물건이 아닌가? 과연 우리는 이 십자가 조각들이 예수께서 빵 다섯 개와 물고기 두 마리를 가지고 축사하셨을 때와 같이 기적적으로 늘어났다고 믿어야만 하는가? 이는 성 파울리누스의 신조에서 분명해지는데 그는 다음과 같이 말했다.

십자가의 복원 능력이란 곧 아무리 많은 조각들을 십자가에서 떼어 낸다 할지라도 그것의 크기는 절대로 줄어들지 않는다는 것이다.[1]

칼빈은 유물 사용과 관련해서 많은 모순을 언급하였는데 예를 들면 다음과 같다. 몇몇 교회들은 가시 면류관을 소유하고 있다고 주장하였다. 다른 교회들은 가나에서 기적을 일으킬 때 사용한 물 항

---

1) 『카톨릭 백과사전』, 제4권, p.524, '십자가' 항목.

아리들을 가지고 있다고 하였다. 그 당시 포도주의 얼마가 오를레앙에서 발견되었다 등등. 베드로가 예수님께 드린 구운 생선 조각에 대하여 칼빈은 이렇게 말했다. "만일 그 생선 조각이 그렇게 오랫동안 보존되었다면 아마도 그것은 놀라운 방법으로 소금에 잘 절인 물고기였을 것이다." 예수님이 누운 아기 침대가 매년 크리스마스 이브에 로마에 있는 성 마리아 성당에 숭배 대상으로 전시되었다. 몇몇 교회는 예수님의 아기 옷들을 소유하고 있다고 주장하였으며 로마에 있는 성 야고보 교회는 아기 예수님이 성전에 갔을 때 그분을 드리기 위해 그분을 올려 놓은 제단을 전시하였다. 심지어 카룩스의 수도승들은 할례 때 자른 그분의 포피를 제시하였으며 그들은 그것이 진짜임을 입증하기 위해 거기서 핏방울이 나왔다고 주장했다.[2] 그런데 프랑스 쿨롱의 교회들과 로마의 성 요한 교회 그리고 벨레이에 있는 푸이 교회 역시 그 포피를 가지고 있다고 주장했다![3]

그 밖의 다른 유물로는 요셉의 목공 기구, 예수님께서 예루살렘에 타고 가신 나귀의 뼈들, 마지막 만찬에서 사용했던 컵, 가룟 유다의 빈 지갑, 빌라도의 세수 대야, 군인들의 조롱을 받을 때 입었던 예수님의 붉은 옷, 그분께서 십자가에 매달려 있을 때 위로 들어 올려 바친 해면, 십자가의 못들, 동정녀 마리아의 머리카락들(어떤 것은 빨간색, 어떤 것은 금색, 어떤 것은 갈색, 어떤 것은 검은색임), 그녀의 치마, 결혼반지, 슬리퍼, 베일 그리고 심지어는 예수님께서 빨았던 우유 통 등이 있다.[4]

로마 카톨릭 신앙에 따르면 마리아의 몸은 하늘로 들려 올라갔다고 한다. 그러나 유럽에 있는 몇몇 교회들은 마리아의 어머니의 몸을 가지고 있다고 주장하였는데 사실 우리는 그녀에 대해 전혀 알

---

2) 『칼빈의 소책자』(Calvin's Tracts), 제1권, p.296-304.
3) 월더, 『로마의 이면』(The Other Side of Rome), p.54
4) 동일문서, p.53.

지 못하며 몇 세기 전에야 비로소 그녀에게 '성 안나'라는 이름이 주어졌다. 이보다 더 이해하기 어려운 것은 마리아의 집에 관한 이야기이다.

로마 카톨릭 신앙에 따르면 나사렛에서 마리아가 살던 집은 지금 이탈리아의 로레토라는 작은 마을에 있는데 이는 천사들이 그것을 옮겼기 때문이라고 한다. 『카톨릭 백과사전』은 다음과 같이 말한다.

로레토에 있는 마리아의 집

15세기 이후로 혹은 그보다 전부터 로레토에 있는 이 거룩한 집은 이탈리아에서 가장 유명한 성당들 가운데 하나로 간주되었다 … 그 내부의 크기는 가로 9미터, 세로 4미터 정도이다. 오래되어 검게 변한 동정녀 마리아와 그녀의 아들의 형상 밑에 제단이 하나 서 있다 … 이 집은 하나님의 신비가 그 안에 이루어졌기 때문에 온 세계 사람들에게 숭배를 받았다. 하나님의 어머니인 가장 거룩한 마리아가 바로 여기에서 태어났으며 바로 여기에서 천사들의 문안을 받았고 또 영원한 말씀이신 [예수님이] 바로 여기에서 육신이 되었다. 니콜라스 4세가 교황으로 있을 때, 구원의 해인 주후 1291년 천사들은 이 집을 팔레스타인에서 일리리아의 도시 테르사토로 옮겼다. 그로부터 3년 후 보니파스 8세가 교황에 즉위했을 때 그것들은 다시 천사들에 의해 숲속으로 옮겨졌고 … 거기에서 1년 동안 세 번 옮겨졌으며 하나님의 뜻에 의해 바로 이 지점에 영원한 처소를 얻게 되었다 … 이러한 전승들이 로마 교황청의 완전한 재가를 얻어 확고하게 온 세상에 선포되었으므로 여기에는 조금도 의심의 여지가 없다. 47명 이상의 교황들이 다양한 방법으로 그 성당에게 경의를 표했고 수많은 교황의 교서와 신조

들이 로레토의 이 거룩한 집이 나사렛의 [마리아가 살던] 그 거룩한 집과 일치
한다고 선포하였다!5)

순교자들의 시체를 숭상하는 것도 트렌트 공회에서 지시되었으
며 이 공회에서는 또한 유물들을 믿지 않는 자를 다음과 같이 정죄
하였다.

신실한 자들은 거룩한 순교자들의 시체를 숭상해야만 한다. 왜냐하면 하나님께
서 이들의 시체를 통해 사람에게 많은 복을 부여하시기 때문이다. 그러므로 성
인들의 유물들에게 합당한 숭상과 경의를 표하지 않는 자들은 전적으로 정죄
받아야 한다. 왜냐하면 이미 교회가 그런 자들을 정죄 해 왔고 지금도 정죄하기
때문이다.6)

하늘로부터 많은 복이 죽은 시체를 통해 내려온다고 믿었기 때문
에 몸과 뼈를 파는 일은 큰 장사가 되었다! 주후 750년경에는 교황
들이 종류별로 구별하여 라벨을 붙이고 팔아 넘긴 많은 양의 두개
골과 뼈를 실은 마차의 긴 행렬이 줄을 지어 로마에 들어왔다.7) 밤
에 무덤을 파헤치는 일이 있었고 그래서 무장한 군인들이 교회 안
에 있는 무덤들을 감시해야만 했다! 그레고로비우스는 다음과 같이
말한다. "로마는 죽은 시체를 탐욕스럽게 파헤치는 하이에나들이
울부짖고 싸우는 공동묘지이다."

성 프라써데 교회에는 주후 817년에 교황 파스칼이 2,300명의
순교자들의 시체를 공동묘지로부터 이 교회에 옮겼다는 진술을 담
고 있는 대리석 판이 있다.8) 교황 보니파스 4세가 주후 609년경에
판테온 신전을 기독교 교회로 전환시켰을 때 28대 마차 분량의 거
룩한 뼈들이 카타콤에서 그 교회의 높은 제단 아래 있는 포르피리

---

5) 『카톨릭 백과사전』, 제13권, p.454, '십자가' 항목.
6) 동일문서, 제12권, p.734, '유물' 항목.
7) 코테릴(Cotterill), '중세 이탈리야' (*Medieval Italy*), p.71.
8) 동일문서, p.391.

분지로 옮겨졌다.[9)]

성당 밑에 뼈와 다른 유물을 놓는 것은 그 건물이나 토대를 성별화 하기 위한 필수조건이었다.[10)] 루터가 저 유명한 '95개 조'를 걸어 두었던 비텐베르그의 캐슬 교회는 19,000개의 유물을 가지고 있었다.[11)] 주후 787년 제2차 니케아 공회에서는 주교들이 유물 없이 건물을 봉헌하는 것을 금지하였다. 명령에도 불구하고 그들이 그렇게 할 경우는 출회를 당할 수밖에 없었다! 과연 이러한 사상들은 성경에서 나온 것인가 아니면 이교주의에서 나온 것인가?

고대 전설에 의하면 바빌론의 거짓 '구원자' 니므롯이 죽었을 때 그의 시체가 갈기갈기 찢겨져서 각기 다른 곳에 묻혔다고 한다. 그가 부활하여 태양신이 되었을 때 그는 옛 몸의 여러 부분을 뒤로 남겨 둔 채 다른 몸을 갖게 되었다고 한다. 이것은 참 구원자 예수님의 죽음과 대조적이다. 요한복음 19장 36절은 그리스도에 관해 예언하면서 "그분의 뼈가 하나도 꺾이지 아니하리라."고 말하며 이는 그리스도께서 문자적 의미 그대로 부활할 것을 말한다. 그리스도의 부활은 빈 무덤만을 남겨 두었으며 그분 몸의 어느 부분도 유물이 되지 않았다!

고대 신비 종교에서는 여러 장소를 거룩하다고 생각하였는데 그 이유는 그들의 신의 일부가 여기 저기 묻혀 있었기 때문이다. 분명히 이것은 이집트에서도 마찬가지였는데 이집트는 "순교한 신의 무덤들로 가득 덮여 있었다. 또한 진짜라고 보증을 받은 많은 다리와 팔 그리고 두개골이 이집트의 신실한 자들로부터 숭배를 받기 위해 여러 매장지에서 경쟁적으로 진열되었다."[12)]

이스라엘 백성도 이러한 이집트의 우상숭배에 노출되었으므로

---

9) 『카톨릭 백과사전』, 제2권, p.661, '보니파스 4세' 항목.
10) 동일문서, 제12권, p.737.
11) 두란트, 『문명의 역사: 종교개혁』(*The Story of Civilization: The Reformation*), p.339.
12) 히슬롭, 『두 개의 바빌론』, p.179.

하나님께서 모세의 무덤을 비밀로 하신 것은 참으로 뛰어난 지혜이다(신 34:6). 어느 누구도 그가 묻힌 곳을 알지 못했기 때문에 그의 무덤을 향해 거룩한 순례 길을 떠나는 사람이 없었다. 모세가 만든 놋 뱀은 후에 '느후스탄'이라 불리면서 이스라엘 백성 가운데서 거룩한 유물로 경배 대상이 되었다(왕하 18:4). 모세가 만든 물건을 가지고 그들이 이렇게 우상숭배를 했는데 만일 그들이 그의 뼈를 가지고 있었다면 얼마나 깊은 우상숭배에 빠졌겠는가!

유물을 사용하는 것은 고대로부터 내려온 이교도들의 전통이며 기독교로부터 나온 것이 아니다. 『카톨릭 백과사전』은 이에 대해 다음과 같이 바르게 말한다.

> 세상을 떠나간 성인의 기념물로 남아 있는 어떤 물건 즉 몸이나 옷의 특별한 부분을 사용하는 것은 기독교가 널리 퍼지기 전부터 존재하였고 사실상 유물을 숭상하는 것도 어느 정도는 기독교뿐만 아니라 다른 많은 종교 제도와 관련이 있는 원시적인 본능이다.[13]

만일 그리스도와 사도들이 유물을 사용하지 않았고 오히려 이러한 것들을 사용한 것이 기독교 이전 시대부터 내려온 전통이라면 여기서 우리는 또 다른 이교도 사상이 '기독교화 된' 예를 보고 있는 것이 아닌가?

우리는 참된 예배를 드리는데 유물이 어떤 중요한 부분을 차지하고 있지 않음을 잘 안다. 왜냐하면 "하나님은 영이시므로 그분께 경배하는 자가 반드시 영과 진리로 경배해야 하기 때문이다"(요 4:24). 유물 사용으로 인한 극단주의는 분명히 진리가 아니다. 한때 성인들의 뼈로 추앙을 받던 몇몇 뼈들이 짐승의 뼈로 드러났다! 스페인의 어느 성당에서는 천사 가브리엘이 마리아를 방문했을 때 달고 온 날개의 한 부분이라 일컬어진 물건이 전시되었다. 그러나 조사 결과

---

13) 『카톨릭 백과사전』, 제12권, p.734.

그것은 커다란 타조의 깃털로 드러났다![14]

이 점에 대해 긴 설명을 할 필요가 없다. 『카톨릭 백과사전』 역시 스스로 많은 유물이 의심스럽다고 인정하고 있기 때문이다.

> 기독교계의 큰 교회들에서나 심지어 로마에서 숭배하기 위해 진열된 많은 고대 유물 가운데 다수는 이제 틀림없이 위조품이거나 의심의 여지가 있는 것으로 선언되어야만 한다 … 로마의 산타 프라세데 교회에서 숭상의 대상이 되고 있는 '태형 기둥'이나 그 밖의 다른 많은 유명한 유물을 물리치는 데는 사실상 어려움이 있을 것이다![15]

그렇다면 어떻게 이 모순을 설명할 것인가? 『카톨릭 백과사전』은 계속해서 다음과 같이 말한다.

> 수세기 동안 완전하고 선한 믿음으로 전수되어 내려온 잘못을 계속해서 행하는 것이 하나님에게 어떤 불명예스런 일을 하는 것은 아니다 … 그러므로 교황청이 이러한 행위를 허락하여 고대의 의심스러운 유물 예식을 계속해서 하게 하는 것은 정당한 일이다.[16]

그러나 다시 한 번 우리는 참된 예배는 영과 진리로 하는 것이지 잘못을 계속해서 되풀이하는 것이 아님을 지적하고 싶다. 설령 우리가 마리아의 머리카락이나 사도 바울의 뼈나 예수님의 옷을 가지고 있다 할지라도 하나님께서 이러한 것들을 예배의 대상으로 세우고 경배하는 것을 기뻐하실까? 모세의 놋 뱀의 예를 따르면 하나님은 이런 일을 기뻐하시지 않는다. 우리는 단지 다음과 같이 질문할 수 있을 것이다. 만일 실제의 머리카락이나 뼈나 옷에 실제적인 효력이 없다면 거짓 위조품으로 알려진 유물들에는 얼마나 효력이 없겠는가?

---

14) 뵈트너, 『로마 카톨릭 사상 평가』, p.290.
15) 『카톨릭 백과사전』, 제12권, p.737.
16) 동일문서, p.738.

제9장 종교 사기

유물과 교회 직책 그리고 면죄부를 파는 일은 중세 로마 카톨릭 교회의 큰 사업이었다. 교황 보니파스 8세는 주후 1300년을 희년으로 선포했고 성 베드로 성당까지 순례 여행을 하는 사람들에게 많은 면죄를 허락했다. 그래서 그 해에 약 이백만 명이 몰려들었고 그 결과 성 베드로의 무덤이라고 생각되는 곳 앞에서 두 사제가 손에 갈퀴를 들고 밤낮으로 분주하게 돈을 긁어모아 재물을 축적했다.[1] 교황은 이러한 많은 돈을 자기 친척들을 위해 사용했는데 이들은 이 돈으로 많은 성과 라티움에 있는 멋진 저택을 샀다. 이러한 일에 대해 로마 사람들은 매우 분노하였다.

콘스탄틴 시대부터 로마 교회는 급속도로 부를 축적하기 시작했으며 중세에 로마 카톨릭 교회는 모든 도시들과 대부분의 땅을 소유하였다. 로마 카톨릭 국가에 사는 사람들은 교회에 세금을 바쳐야만 했는데 이렇게 세금을 내는 것은 마음으로부터 기뻐서 내는 것이 아니고 '마지못해 억지로' 내는 공과금이었으며 사실 사도 바울은 이런 것을 대적했다(고후 9:7).

당시에는 몇몇 사람만이 글을 읽을 줄 알았기 때문에 사제들이 종종 유언을 작성하는 일에 관여하였다. 주후 1170년 교황 알렉산

---

1) 두란트, 『문명의 역사: 신앙의 시대』(*The Story of Civilization: The Age of Faith*), p.753.

더 3세는 사제 앞에서 유언을 작성하지 않으면 그 유언이 효력이 없다고 하였다! 유언을 작성하는 세상의 모든 공증인들도 사제 앞에서 하는 경우를 제외하고는 출회를 당해야 했다.[2] 사실 사제는 로마 카톨릭주의의 의식 중 마지막 의식인 종부 성사를 집행하기 때문에 그 죽어 가는 사람과 마지막으로 함께 하는 경우가 많았다. 이러한 계획들로 인해 사람들이 로마 교회를 잘 기억할 수밖에 없었다고 우리는 확신한다.

면죄부 판매는 또 다른 수입의 출처가 되었다. 카톨릭 신앙에서 면죄부가 무엇인지 바로 알기 위해 『카톨릭 백과사전』을 보도록 하자. 여기에는 다음과 같이 기록되어 있다.

> 세례 이후에 범한 죄들은 ─ 카톨릭주의에서는 보통 유아 때 영세를 받음 ─ 고해 성사를 통해 용서받을 수 있으나 신적인 공의가 요구하는 잠정적인 형벌은 여전히 남아 있다. 그리고 이러한 형벌은 현세나 또는 내세 즉 연옥에서 감당해야 한다. 그런데 면죄부는 참회하는 죄인에게 이 땅에서 현재의 삶을 살아가는 동안 이러한 형벌을 면하게 해 주는 수단을 제공했다.[3]

우리는 바로 이 점을 주의 깊게 살펴보아야 하며 한 걸음 더 나아가서 로마 카톨릭 신앙에 따라 면죄가 허용되는 근거를 살펴보아야 한다. 『카톨릭 백과사전』은 면죄부의 출처 또는 그 근거가 '공덕 보고(寶庫) 사상'이라고 말한다. 이러한 보고(寶庫)에는 죄로 인한 화목제물이신 그리스도의 무한한 구속 사역이 포함되며(요일 2:2) 또한 ─ 여기부터 주의하기 바란다 ─ '그 외에도' 죄로 인한 어떤 형벌에 의해서도 감소되지 않는 복되신 성모 마리아의 넘치는 사역과 그리고 하나님의 종들인 성인들이 유발시킨 잠정적 형벌을 훨씬 능가하는 그들의 공덕, 보속, 고난 등이 있다. 이 사람들이 이룩한 사역들 때문에 공덕의 공급에 여유가 생기는데 바로 이 여분의 공덕

---

2) 동일문서, p.766.
3) 『카톨릭 백과사전』, 제7권, p.783, '면죄부' 항목.

으로 인해 그들은 교회의 다른 사람들 즉 그들보다 거룩하지 못한 사람들에게 면죄를 나누어 줄 수 있는 것이다. 이것은 주후 1334년 클레멘트 6세의 '유니제니투스' 칙령에서 확고한 교리로 선포한 교리이다. "따라서 카톨릭 교리에 따르면 면죄의 근거가 그리스도와 성인들의 공덕인 것이다."[4]

그러나 만일 그리스도께서 '우리의 죄들로 인한 화목 제물'이시고 그분의 피가 '우리의 모든 죄를 깨끗이' 한다면(요일 1:7, 2:2) 마리아와 다른 성인들의 공덕이 예수님의 공로에 과연 무엇을 더할 수 있단 말인가? 마리아와 그 밖의 다른 성인들이 행한 그 어떤 것도 예수님께서 갈보리에서 이루신 그 완전한 사역에 무엇인가를 더할 수 없다. 이런 쓸데없는 주장은 카톨릭주의의 면죄 교리에 대해 그 어떤 근거도 제공하지 않으며 오히려 그것이 인간이 만든 거짓임을 드러낼 뿐이다.

바른 성경적 근거가 없는 이런 면죄 사상이 그토록 남용된 것은 그리 놀랄 일이 못 된다. 왜냐하면 면죄를 허용하는 것은 일반적으로 돈과 연결되어 있기 때문이다. 심지어 『카톨릭 백과사전』도 다음과 같이 말한다.

> 이러한 행습은 커다란 위험을 내포하게 되었으며 즉각적으로 풍성한 악의 근원이 되었다 … 그것은 돈을 모으는 수단이었다 … 면죄부는 금전적 이득의 수단으로서 돈에만 현안이 되어 일하는 성직자들에 의해 이용되었다 … 이런 면죄부 남용은 넓게 퍼지게 되었다.[5]

이러한 남용 사례 중 하나는 죄인들에게 면죄부를 판 사람들 바로 그 사람들이 큰 죄인이었다는 점이다. 주후 1450년경 옥스퍼드 대학의 총장인 가스코뇨는 면죄부를 파는 사람들이 이리저리 오가면서 때로는 2페니에, 때로는 맥주 한 잔 값으로, 또는 매춘부를 고

---

4) 동일문서, p.784.
5) 동일문서, p.786, 787.

용하기 위해, 혹은 육적 사랑을 얻기 위해 죄를 용서하는 문서를 제
공했다고 불평했다.[6]

루터 당시에는 성 베드로 성당을 건축하였기 때문에 교황이 돈을
모으기 위해 특별히 면죄부 판매에 열을 올렸다. 그 당시 비열한 행
동을 하는 사람으로 알려진 테젤이라는 사람이 있었는데 그는 기금
을 재빨리 모으는데 능력이 있는 인물이었으므로 독일에서 면죄부
를 파는 사람으로 지명되었다. 다음의 글은 테젤이 독일의 한 도시
에 들어갈 때 한 말을 목격자가 그대로 묘사한 것이다.

면죄부를 파는 사람이 도시에 이르렀을 때에 우단과 금빛 천 위에 놓인 칙령 ─
교황의 공적 인가서 ─ 이 그 앞으로 옮겨졌다. 그리고 모든 사제와 수도승, 시
의회 의원, 학자, 총장 및 모든 남녀가 그를 만나기 위해 깃발과 촛불과 노래를
부르며 큰 행렬을 지어 나왔다. 그때 종이 울리고 오르간이 연주되었으며 그들
은 그와 함께 본 교회로 갔다. 이때에 십자가가 교회 중앙에 놓였고 교황의 깃
발이 나부꼈다. 한 마디로 말해 그들은 마치 하나님을 영접하는 듯했다. 십자가

중세의 면죄부 판매

6) 두란트, 『문명의 역사: 종교개혁』, p.23.

앞에는 돈을 받기 위해 만든 큰 쇠 금고가 놓였으며 사람들은 여러 방법으로 면죄부를 사도록 권유받았다.

이때에 테젤은 연옥에서 영혼을 괴롭히는 마귀들의 그림을 가져왔으며 돈 궤 위에 쓰여 있는 말을 자주 반복했다고 한다.

돈이 상자 속에서 소리를 내며 떨어지는 순간 고통 당하는 영혼은 연옥에서 구원받습니다.

부자들은 거액을 기부한 반면에 가난에 찌든 사람들은 연옥에 있는 자기의 사랑하는 사람들을 돕기 위해 혹은 자기 자신의 죄를 용서받기 위해 할 수 있는 대로 모든 것을 희생했다.

중세 대학에서는 어떤 의견을 옹호하고자 하는 사람들이 공개적으로 '조항들' 즉 자기들의 생각들을 벽에 붙여 이 점에 관해 토론을 요청하였다. 이러한 관습에 따라 루터는 독일의 비텐베르그에 있는 캐슬 교회 문에다 저 유명한 95개 조항을 못박았다. 그의 조항 중 27번째 조항은 돈이 모금함에 떨어지자마자 영혼이 연옥으로부터 도피한다는 것을 반대한 것이었다.

그러나 테젤이 모임을 개최했던 곳은 그 캐슬 교회가 아니었다. 비텐베르그에서는 면죄부를 선전하는 것이 허용되지 않았으며 많은 사람들이 그 근처 도시인 유테르보그에 가서 테젤의 말을 들었던 것이다.

루터는 면죄부 파는 행위를 비판하기 시작했고 결국 면죄부 그 자체를 비판하였다. 이에 대해 교황 레오 10세는 루터가 다음과 같이 말했다고 하면서 그를 비난했다. "면죄부는 경건한 사기이다 … 면죄부는 실제적인 죄로 인한 형벌을 사면 받기 위해 그것을 사는 자들에게 하나님의 공의 앞에서 아무 효력도 주지 않는다."

종교개혁자들이 면죄부가 연옥에 있는 영혼들을 자유롭게 할 수 있다는 사상을 들추어 낸 것은 아주 잘한 일이었다. 사실 오늘날에는 이러한 개념이 그 당시처럼 장려되고 있지는 않다. 그럼에도 불구하고 심지어 오늘날에도 돈을 주는 것과 죽은 자들을 위해 기도하는 것 간에는 연관이 있다. 사실 사제들은 죽은 영혼들이 언제 연옥에서 천국으로 가는지 알 수 없음을 시인해야 하기 때문에 사람들 편에서는 이 문제에서 평안을 얻을 수 없으며 단지 자기의 죽은 자들을 위해 더 많은 돈을 남겨야 한다는 가능성만 항상 존재할 뿐이다. 이미 죽은 사람에 대한 사랑과 애정을 가지고 사람을 유혹하며 미사와 긴 기도를 해줌으로써 돈을 받는 것은 예수님 당시 유대의 종교 지도자들이 행한 것과 비슷하다 할 수 있다. "화 있을진저, 너희 서기관들과 바리새인들 위선자들이여! 이는 너희가 과부들의 집을 삼키고 겉치레로 길게 기도하기 때문이라. 그런즉 너희가 더 큰 정죄를 받으리라"(마 23:14).

대미사는 꽃과 촛불, 참여 사제의 수에 따라 그 비용이 매우 많이 들 수 있다. 대미사에서는 큰 소리로 노래하는데 반해 소미사에서는 단지 여섯 개의 촛불이 사용되고 낮은 목소리로 반복되기에 그 비용이 훨씬 적게 든다. 아일랜드 사람들에게는 다음과 같은 격언이 있다.

많은 돈을 내면 대미사, 적은 돈을 내면 소미사, 돈을 내지 않으면 무미사!

죽은 자들 가운데서 지상에 살고 있는 누군가가 미사 때에 돈을 지불하지 않는 자들은 보통 '연옥에서 잊혀진 영혼'이라 불리는데 이들은 11월 2일 '모든 영혼의 날' 특별 기도 시간에 기억될 뿐이다. 만일 로마 카톨릭 신도가 혹시 자기가 '연옥에서 잊혀진 영혼들' 가운데 한 사람이 될까 두려워한다면 그는 1856년에 설립된 연옥 협회에 가입하여 두려움을 피할 수 있다. 매해 이 연옥 협회에 돈을 기부하면 그 협회는 그가 죽었을 때에 누군가가 그의 영혼을 위해 기도해 줄 것임을 그에게 확신시켜 준다. 제2차 세계대전 동안 위니펙의 대주교는 1944년 3월 1일자 편지에서 로마 카톨릭 신자인 어머니들에게 그들이 40달러를 내면 그들의 아들들이 연옥에서 벗어나 구원을 얻을 수 있도록 기도와 미사를 드려 주겠다고 했다.

나는 여기서 이 점을 분명히 단언하고 싶다. 즉 이교도든 교황이든 개신교도든 오순절주의자든 사제든 설교자든 그 어느 누구도 기도를 해 달라고 바친 돈에 근거해서 산 자든 죽은 자든 어떤 사람을 확실히 구원시킬 수 없다. 예수님께서는 부자가 하늘의 왕국에 들어가기가 어렵다고 말씀하셨다(마 19:23-24). 만일 돈을 지불하여 어떤 사람을 연옥에서 벗어나게 하고 하늘 나라로 가게 할 수 있다면 그 반대도 사실일 수 있다. 즉 부자가 하늘의 왕국에 들어가는 것이 어려운 것이 아니라 그의 재물이 그에게 '도움'을 줄 수도 있을 것이다. 그러나 성경은 다음과 같이 말한다.

자기 재물을 신뢰하고 많은 부를 자랑하는 자들 중에 아무도 어떤 방법으로든 자기 형제를 구속하거나 그를 위해 하나님께 대속물을 바칠 자가 없도다. (시 49:6-8)

돈이 살아 있는 형제를 대속하지 못한다면 어떻게 그것이 죽은 상태의 사람을 구원할 수 있겠는가?

너희가 알거니와 너희 조상들로부터 전통으로 물려받은 헛된 행실에서 너희가 구속받은 것은 금이나 은같이 썩을 것으로 된 것이 아니요, 오직 흠도 없고 점도 없는 어린양의 피 같은 그리스도의 보배로운 피로 된 것이니라. (벧전 1:18-19)

전에 사마리아의 한 마술사가 하나님의 선물을 얻기 위해 베드로에게 돈을 주었을 때 베드로는 이렇게 말했다. "네가 하나님의 선물을 돈으로 살 줄로 생각하였으니 네 돈과 함께 네가 망할지어다"(행 8:20). 필립스는 이 말씀을 다음과 같이 설명하였다. "이것은 그리스어 성경이 의미하는 바를 정확하게 나타낸 것이다. 이런 말씀의 실제적 의미가 현대 슬랭 언어에 의해 모호하게 된 것은 참으로 안타까운 일이다."

연옥에 대한 로마 카톨릭 사상들과 연옥에 있는 자들을 돕기 위한 기도 등은 분명히 그리스도와 사도들의 가르침이 아니었다. 이러한 가르침은 교황 그레고리 대제가 '제3의 상태' 즉 영혼들이 천국에 들어가기 전에 정화되는 곳이 있음을 주장한 시기 다시 말해 주후 600년경까지는 로마 카톨릭 교회에서 거의 가르쳐지지 않았다. 이 연옥 교리는 주후 1459년 플로렌스(피렌체) 공회에서 비로소 실제적인 교리가 되었다.

12세기에는 성 패트릭이 연옥으로 가는 실제 입구를 발견했다는 주장을 담은 전설이 퍼졌다. 의심하는 자들에게 확신을 주기 위해 그는 아일랜드에 깊은 구덩이를 파고 몇몇 수도승을 거기로 보냈다. 이 이야기는 계속해서 말하기를 그들이 돌아와서는 간담이 서늘할 정도로 연옥과 지옥을 생생하게 묘사했다고 한다. 주후 1153년 아일랜드의 기사 오웬은 자기가 그 구덩이로 가서 지하세계를 보고 왔다고 주장했다. 이에 여행자들이 원근 각처에서 그곳을 보려고 몰려왔다. 그러자 돈을 남용하는 사례가 빈번하게 발생했고 급기야 1497년에 교황 알렉산더 6세는 그것을 사기로 발표하고 그 구멍을 막을 것을 지시했다.[7] 그러나 3년 후에

하늘의 여왕으로 앉아 있는 마리아.
그 밑에는 연옥의 입구에 마귀들과
천사들이 있다(독일의 목판화).

교황 베네딕트 14세는 로마에서 성 패트릭의 연옥을 지지하는 설교
를 하였고 심지어 책도 출판하였다![8]

　연옥에 관한 믿음은 오랫동안 있어 왔다. 플라톤은 그 당시 오르
픽 교사들을 가리켜 다음과 같이 말했다.

　그들은 부자의 문에 몰려가서 그를 설득하여 자기들에게 하늘에서 얻은 권능이
있으며 그래서 제사와 주문 등을 통해 개인이 지은 죄나 혹은 그 사람의 선조가
지은 죄를 용서받게 할 수 있다고 했다. 그들의 신비한 능력은 우리를 다른 세
계 즉 지옥의 고통으로부터 구원할 수 있으며 만일 그런 능력을 무시하면 무시
무시한 운명에 빠지게 될 것이다.[9]

중국 불교도들의 면죄부 판매

　한때 중국에서는 불교도들이 자기의 사랑하는 자들을 연옥에서
구원하기 위해 기도를 사려 했으며 그래서 이런 목적을 위해 특별
한 가게가 세워진 적이 있다. 불교 경전에도 연옥의 고통이 잘 묘사
되어 있다. 조로아스터교도 영혼들이 천국에 들어가기 전에 완전히

---

7) 동일문서, p.735.
8) 『종교백과사전』, 제2권, p.159.
9) 스미스, 『인간과 그의 신들』, p.127.

정화되기 위해 12단계를 거친다고 가르친다. 스토아학파도 엠푸로 시스라 불리는 곳 즉 '불의 장소'를 의미하는 교화의 중간 장소를 생각해 냈다.[10]

죽은 사람들을 위해 돈을 주는 개념은 아주 고대의 개념이며 성경도 이를 보여 주고 있다. 분명히 이스라엘 사람들도 이러한 신앙에 노출되었음에 틀림이 없다. 왜냐하면 '죽은 자들을 위해' 돈을 주는 것과 관련하여 그들이 경고를 받았기 때문이다(신 26:14). 히슬롭은 자기의 책에서 결론을 내리기 위해 상세한 증거를 제시한 후 다음과 같이 말한다.

성경의 제도를 제외한 모든 제도에서는 죽은 자를 위한 연옥과 죽은 자를 위한 기도가 항상 중요한 자리를 차지하고 있다.[11]

연옥 사상과 또 몰렉 숭배와 관련이 있는 어떤 사상들이 공통 원천에서 나왔다는 생각도 매우 가능성이 높다. 이런 저런 방법으로 죄를 정화하기 위해서 불이 필요하다는 생각은 많은 국가에서 찾아볼 수 있다. 하나님께서는 반복해서 이스라엘 백성에게 그들의 씨를 "몰렉에게 주어 불을 통과하게 하지 말라."고 경고의 말씀을 주셨다 (레 18:21; 렘 32:35; 왕하 23:10).

몰렉 — 어떤 사람들은 이 존재를 벨 또는 니므롯과 동일시함 — 은 "인간 희생 제물, 정화, 수족 절단, 독신과 동정의 서원 그리고 장자를 드리는 일 등을 통해 경배를 받았다."[12] 때때로 그는 내부에서 불이 타는 무서운 우상으로 나타나서 자기 팔에 놓인 제물을 태우는 존재로 표현되었다. 다음 그림은 이교도 제사장이 어머니로부터 어린아이를 취하여 몰렉에게 바치는 모습을 보여 준다. 이때에

---

10) 『브리태니커 백과사전』, 제22권, p.660.
11) 히슬롭, 『두 개의 바빌론』, p.167.
12) 『파우셋의 성경백과사전』, p.481.

부모들이 가슴아파하지 못하
도록 큰 소리가 나게 북을 쳐
서 어린아이의 비명 소리를 잠
재웠다고 한다. 여기서 '북'이
란 단어는 '도빔'(tophim)인데
이 단어에서 '도벳'(Tophet)이
란 말이 나왔으며[13] 예레미야
서 7장 31-32절 등에 이 단어
가 나온다.

몰렉에게 아기를 바치는 모습

그러므로 주가 말하노라. 보라, 날들이 이르리니 사람들이 다시는 그곳을 도
벳이라 하거나 힌놈의 아들의 골짜기라 하지 아니하고 살육 골짜기라 하리
라. 이는 사람들이 묻을 자리가 없을 때까지 도벳에 묻을 것임이라.

북이 울리고 밴드가 연주되며 제사장들이 노래를 부르는 동안에
인간 희생 제물은 불꽃에 소멸되었다.

수많은 사람들이 이와 같은 잔인한 의식이나 혹은 많은 돈을 지
불하는 것이나 인간의 행위를 통해 자기 죄를 용서받을 수 있다고
믿는데 이는 얼마나 슬픈 일인가! 복된 소식은 예수 그리스도께서
이미 죄 값을 다 지불하셨다는 것이다. 구원은 은혜로 얻는 것이며
결코 돈이나 인간의 행위나 희생 제물로 얻을 수 없는 하나님의 은
총인 것이다. 성경은 다음과 같이 말한다.

이는 너희가 믿음을 통하여 은혜로 구원을 받았기 때문이니 이것이 너희 자
신에게서 난 것이 아니요, 하나님의 선물이라. 행위에서 난 것이 아니니 이
것은 아무도 자랑하지 못하게 하려 하심이라. (엡 2:8-9)

---

13) 『스트롱의 성경용어색인』(Strong's Concordance), No. 8612.

그분께서 우리를 구원하시되 우리가 행한 의로운 행위로 하지 아니하시고
오직 자신의 긍휼에 따라 다시 태어남의 씻음과 성령님의 새롭게 하심으로
하셨고 (딛 3:5)

제10장 베드로가 첫 번째 교황이었는가?

로마 카톨릭 교회의 수장은 로마 교황이다. 카톨릭 교리에 따르면 교황이 지상 교회의 머리이며 사도 베드로의 계승자라고 한다. 이 신앙에 따르면 그리스도께서 베드로를 첫 번째 교황으로 임명하셨으며 그 이후에 그는 로마로 가서 25년 동안 이 직분을 가지고 그분께 봉사하였다고 한다. 로마 카톨릭 교회는 베드로로부터 오늘날까지 교황이 끊이지 않고 계속되어 왔다고 주장하며 사실 이런 교황 연속 교리는 로마 카톨릭 교회의 중요 교리 중 하나이다. 그런데 과연 그리스도께서 어느 한 사람을 임명하여 자신의 교회 내에서 다른 사람들 위에 있게 하셨단 말인가? 과연 그분께서 교황 제도를 제정하셨단 말인가? 과연 그리스도께서 베드로를 숭고한 로마 교황으로 임명하셨단 말인가?

성경에 따르면 예수 그리스도께서 '교회의 머리'(엡 5:23)이시며 결코 교황이 교회의 머리가 아니다!

언젠가 한번은 야고보와 요한이 예수님께 나아와 자기들을 왕국의 오른편과 왼편에 앉힐 것을 요구했다. 사실 동방 왕국에서는 왕 다음의 권위를 갖고 있는 국가의 주요한 두 장관이 이 같은 자리를 잡고 있었다. 만일 로마 카톨릭 교회의 주장이 사실이라면 예수님께서 마땅히 그들에게 "내가 베드로를 오른쪽 자리에 앉힐 것이며 왼쪽의 자리는 만들지 않겠다."고 설명하셨어야만 했을 것이다. 그러나 이와는 대조적으로 예수님께서는 이렇게 말씀하셨다.

예수님께서 그들을 불러다가 이르시되, 이방인들을 다스린다 하는 자들이
그들에게 주인 된 권리를 행사하고 그들의 큰 자들이 그들에게 권위를 행사
하는 줄을 너희가 알거니와 너희끼리는 그리 하지 못할지니 너희 중에 누구
든지 크게 되고자 하는 자는 너희를 섬기는 자가 되고 너희 중에 누구든지
가장 으뜸이 되고자 하는 자는 모든 사람을 섬기는 자가 되어야 할지니라.
(막 10:42-44)

이 말씀은 그들 중 어느 한 사람이 주교 중의 주교가 되어 교회에
서 다른 사람들을 통치하는 교황이 된다는 개념과는 정반대가 된
다. 오히려 예수님께서는 더 나아가 제자들에게 아첨하는 말로 '아
버지', — 교황이라는 단어는 아버지를 의미함 — '랍비' 또는 '선
생'과 같은 종교적인 칭호를 사용하지 말 것을 경고하심으로써 평
등의 개념을 가르쳤다. 예수님께서는 분명히 이렇게 말씀하셨다.

그러나 너희는 랍비라 일컬음을 받지 말라. 이는 너희 선생은 한 분이니 곧
그리스도요, 너희는 다 형제이기 때문이라. 땅에 있는 자를 너희 아버지라
일컫지 말라. 이는 너희 아버지는 한 분이시니 곧 하늘에 계신 분이시기 때
문이라. 또한 너희는 지도자라 일컬음을 받지 말라. 이는 너희 지도자는 한
분이니 곧 그리스도이기 때문이라. (마 23:8-10)

그러나 로마 카톨릭 교회는 베드로 위에 전체 교회가 세워지므로
그가 높은 지위를 부여받았다고 가르친다. 이러한 주장을 지지하기
위해 그들이 인용하는 구절은 마태복음 16장 18절이다.

또 내가 네게 이르노니, 너는 베드로라. 내가 이 반석 위에 내 교회를 세우
리니 지옥의 문들이 그것을 이기지 못하리라.

만일 우리가 이 구절의 배경이 무엇인지 살펴본 뒤에 이 구절을
이해하면 교회가 베드로 위에 세워진 것이 아니고 그리스도 위에

세워졌음을 알 수 있을 것이다. 이 말씀이 있기 전에 예수님께서는 제자들에게 사람들이 나를 누구라 하느냐고 물었다. 그러자 몇몇은 침례자 요한 어떤 이는 엘리야 그리고 다른 사람들은 예레미야나 대언자 중의 하나라고 말했다. 그때에 예수님께서 다음과 같이 물으셨다. "너희는 나를 누구라 하느냐?" 이에 베드로가 "주는 그리스도시요, 살아 계신 하나님의 아들이십니다."라고 대답했다. 그때 예수님께서는 다음과 같이 말씀하셨다. "너는 베드로 — Pedros: 작은 돌, 바위 — 라. 내가 이 반석 — Petra: 큰 바위, 베드로가 조금 전 표현한 위대한 진리의 기초석 — 위에 내 교회를 세우리라." 예수 그리스도의 참 교회가 세워질 기초는 그리스도 그 자신이다. 결코 베드로가 아니다. 그래서 교회는 그리스도의 교회이지 성 베드로의 교회가 아니다.

한편 베드로 자신도 그리스도께서 교회의 기초가 되는 반석이라고 자신의 서신서에서 말한다(벧전 2:4-8). 그는 그리스도를 가리켜 이렇게 말했다.

> 이분은 너희 건축자들이 업신여긴 돌로서 모퉁이의 머릿돌이 되셨느니라. 다른 이에게는 구원이 없나니 이는 하늘 아래 사람들 가운데 우리를 구원할 다른 이름을 주신 적이 없기 때문이니라, 하였더라. (행 4:11-12)

교회는 그리스도 위에 세워진 것이다. 그분이 참된 교회의 기초이지 다른 기초는 없으며 이에 대해 성경은 다음과 같이 말한다.

> 이는 이미 놓은 기초 외에 능히 다른 기초를 놓을 자가 아무도 없기 때문이니 이 기초는 곧 예수 그리스도시라. (고전 3:11)

예수님께서 자신의 교회를 반석 위에 세우신다고 말씀하실 때 제자들은 이 말씀이 베드로를 그들의 교황으로 존귀하게 높일 것을 의미하는 것으로 받아들이지 않았다. 왜냐하면 바로 두 장 뒤에서 그들이 예수님께 누가 가장 큰 자인지 물어보았기 때문이다(마 18:1). 만일 예수님께서 베드로 위에 교회를 세울 것이라고 가르치셨다면 제자들은 자동적으로 자기들 가운데 누가 가장 큰 자인지 알았을 것이다! 너무나 당연하지 않은가?

사실 교회가 베드로 위에 세워졌다는 것을 증명하는 구절로 마태복음 16장 18절이 사용되고 로마의 주교들이 바로 그의 계승자였음을 주장한 것은 주후 218-223년에 로마의 주교로 있었던 칼릭스투스 때에 이루어진 것이다.

우리가 성경에 나타난 베드로를 주의 깊게 살펴본다면 그가 교황이 아니었음이 명백하게 드러난다.

(1) 베드로는 결혼을 했다. 베드로가 결혼했다는 사실은 교황이 결혼할 수 없다는 카톨릭주의의 입장과 배치된다. 성경은 베드로의 장모가 열병으로부터 고침을 받았다고 분명히 말한다(마 8:14). 물론 베드로에게 아내가 없었다면 '베드로의 장모'도 없었을 것이다. 심지어 사도 바울도 수년 후에 게바 즉 베드로를 포함한 사도들이 아내를 가지고 있었음을 보여 주고 있다(고전 9:5). 여기 나오는 게바는 아람어로 표현된 베드로의 이름이며 그 뜻은 요한복음 1장 42절에서 볼 수 있듯이 작은 돌이다.

(2) 베드로는 사람들로 하여금 자기에게 무릎을 꿇고 절하게 하지 않았다. 베드로가 부름을 받고 고넬료의 집에 들어갔을 때 이런 일이 있었다. "베드로가 들어올 때에 고넬료가 그를 맞이하며 그의 발 앞에 엎드려 그에게 경배하거늘 베드로가 그를 일으키며 이르되, 일어서라. 나도 사람이라, 하고"(행 10:25-26) 이것은 교황이 말하는 것과 큰 차이를 보인다. 왜냐하면 모든 사람이 교황 앞에서 무릎을 꿇고 절해야 하기 때문이다.

(3) 베드로는 전통을 하나님의 말씀에 버금가는 수준으로 높이지 않았다. 베드로는 '조상들로부터 말미암는 전통'을 믿지 않았다(벧전 1:18). 오순절 날 그가 행한 설교는 하나님의 말씀으로 가득 찼으며 사람들의 전통은 하나도 없었다. 사람들이 어떻게 하나님과 바른 관계를 맺을 수 있느냐고 물었을 때에 그는 조금 물을 붓거나 또는 뿌려야 한다고 말하지 않았다. 그 대신 그는 다음과 같이 말했다. "이에 베드로가 이르되, 회개하여 죄들의 사면을 얻고 너희가 각각 예수 그리스도의 이름으로 침례를 받으라. 그리하면 성령님을 선물로 받으리라"(행 2:38).

(4) 베드로는 왕관을 쓰지 않았으므로 교황이 아니다. 베드로는 목자장이신 예수님께서 나타나실 때에 우리 — 그를 포함한 그리스도인들 — 가 '시들지 않는 영광의 왕관'을 받을 것이라고 설명했다(벧전 5:4). 그리스도께서 아직 다시 나타나시지 않았으므로 교황이 쓰고 있는 왕관은 그리스도께서 주신 것이 아니다. 한 마디로 말해 베드로는 교황처럼 행하지도 않았고 결코 교황처럼 화려한 옷을 입지도 않았으며 교황처럼 말하지도 않았고 교황처럼 글을 쓰지도 않았으며 그래서 사람들도 그를 교황으로 알지 않았다!

초대 교회 시대에 베드로가 사도들 가운데서 탁월한 사역을 수행했음은 분명하다. 베드로는 오순절 날 성령님께서 임한 후에 첫 번째 설교를 선포함으로써 3,000명을 주님 앞으로 돌아오게 했다. 후에 이방인들에게 처음으로 복음을 전해 준 사람도 베드로였다. 성경에서 열두 사도의 이름을 발견할 때마다 우리는 베드로의 이름이 첫 번째로 언급됨을 알 수 있다(마 10:2; 막 3:16; 눅 6:14; 행 1:13). 그러나 이러한 성경 구절 중 어느 것도 — 아무리 우리가 상상력을 크게 동원한다 해도 — 베드로가 교황이었다든지 혹은 그가 세계적인 주교였음을 시사하지 않는다.

베드로가 초기 시대에 사도들 가운데서 가장 탁월한 역할을 한 것이 분명하지만 후기 시대에는 바울이 가장 뛰어난 복음 사역을 수행하였다. 신약성경을 기록한 바울은 성경의 100장을, 절로는 2,325절을 기록하였지만 베드로는 단지 8장을, 절로는 166절을 기록하였을 뿐이다.

사도 바울은 베드로, 야고보, 요한을 교회의 기둥이라고 말한다 (갈 2:9). 그럼에도 불구하고 그는 "내가 아무것도 아닐지라도 무슨 일에서나 지극히 큰 사도들보다 결코 부족하지 아니하다."(고후 12:11)고 말할 수 있었다. 그러나 만일 베드로가 로마의 최고 교황이었다면 틀림없이 바울은 그보다 못한 점이 있었을 것이다! 심지어 바울은 베드로가 책망 받을 일을 해서 면전에서 그를 책망했다(갈 2:11). 만일 베드로가 절대무오한 교황이었다면 이 말은 매우 이상한 말이 되는 것이다.

바울은 '이방인들의 사도'로 불렸지만(롬 11:13) 베드로는 유대인들을 향한 할례자들의 사도였다(갈 2:7-9). 이 사실 하나만으로도 베드로가 로마의 주교가 아니었음을 입증할 수 있다. 왜냐하면 로마는 이방인들의 수도이기 때문이다(사도행전 18장 2절 참조). 로마 카톨릭주의의 전체 구조가 베드로가 로마의 첫 번째 주교였다는 주장에 근거를 두고 있음을 고려할 때 지금까지 살펴본 것들은 매우 중요하다.

성경적으로 볼 때에도 베드로가 로마 근처에 갔다는 증거는 하나도 없다. 우리는 그가 선교 여행을 하며 안디옥, 사마리아, 욥바, 가이사랴 및 다른 지역으로 갔다는 내용을 읽을 수는 있지만 로마에 갔다는 말은 하나도 없다! 그 당시 로마가 세계에서 가장 중요한 도시였으므로 로마가 빠져 있다는 것은 참으로 이상한 일이다.

『카톨릭 백과사전』의 베드로 항목은 제롬이 믿은 바와 같이 베드로가 주후 42-67년까지 25년 동안 로마의 주교였다는 신앙을 지지하는 전통이 주후 3세기 초기에 나타났음을 보여 준다. 그러나 이와 같은 견해는 상당한 문제점을 내포하고 있다. 주후 44년경 베드로는 예루살렘 공회(행 15장)에 참석했다. 그리고 주후 53년경 바울은 안디옥에서 베드로와 합류했다(갈 2:11). 또 주후 58년경 바울은 로마에 있는 그리스도인들에게 보내는 로마서를 기록하며 무려 27명에게 개인적인 인사를 하였지만 베드로에 대해서는 전혀 언급하지 않았다!

교회에게 보내는 선교 편지에서 27명의 성도들의 이름을 언급하면서 그들을 목양하는 목자 즉 로마의 주교로 — 혹은 감독으로 — 알려진 베드로에 대해서는 한 마디도 언급하지 않을 수 있겠는가 상상해 보기 바란다!

제11장 교황직의 기원

바빌론 왕이며 설립자인 니므롯은 정치적 지도자였을 뿐만 아니라 또한 종교적 지도자였다. 그는 제사장 겸 왕이었으므로 제사장 겸 왕인 사람들의 계보가 바로 그로부터 내려왔고 이들은 각각 바빌론의 마술 신비 종교의 수장으로 군림해 왔다. 이와 같은 계보는 우리가 성경에서도 읽을 수 있듯이 다니엘 시대의 벨사살 때까지 계속해서 이어져 내려왔다.

바빌론의 벨사살이 잔치를 베풀었을 때 벽에 신비스러운 글씨가 기록된 사건에 대해서는 아는 사람이 많지만 이러한 잔치 모임이 단순히 사교 모임 그 이상이었음을 아는 사람은 많지 않다. 바로 그 모임은 종교적 모임으로서 벨사살이 그 당시 수장으로서 바빌론의 신비를 축하하기 위한 것이었다. 성경은 이를 다음과 같이 말한다.

> 그들이 포도주를 마시고는 금과 은과 놋과 쇠와 나무와 돌로 된 신들을 찬양하니라. (단 5:4)

이들은 신성모독을 더하기 위하여 예루살렘 성전으로부터 가져온 주 하나님의 거룩한 그릇들로 술을 마셨다. 그러나 거룩한 것을 더러운 이교주의와 혼합시키려는 시도는 하나님의 심판을 초래했고 결국 바빌론은 멸망하게 되었다.

이전에 대언자들은 그 도시가 어떻게 망할 것인지 말해 주었다(렘

50:39, 51:62). 오늘날에는 바그다드에서 바스라까지 이어진 기찻길이 있는데 이 길은 바빌론의 옛 유적지 근처를 지난다. 거기에는 영어와 아랍어로 쓰인 다음과 같은 표지판이 있다.

바빌론 멈춤. 승객을 싣기 위하여 기차는 여기에서 멈춤

여기의 승객들은 바빌론의 폐허를 조사하기 위해 온 여행자들뿐이었다. 비록 바빌론이 폐허가 되었을지라도 바빌론 종교의 한 부분이었던 사상들은 여전히 남아 있다!

로마가 세계를 정복하였을 때 바빌론에서 나와 여러 국가에서 발전된 이교주의는 이교도 로마의 종교 제도에 흡수되었다. 여기에는 '최고 승원장'(Pontifex Maximus) 사상도 포함되어 있었다. 이 직책은 주전 63년부터 카이사르들이 차지하기 시작한 직책이다. 이것은 아우구스투스 카이사르(주전 27-주후 14)의 고대 로마 동전에 신비 종교의 머리를 뜻하는 '폰트 막스'(Pont Max) 즉 최고 승원장이라는 칭호가 기록된 것을 통해서 잘 살펴볼 수 있다. 바로 이런 동전들이 우리 주님께서 지상 사역을 수행하고 계실 때 유통되고 있었다.

카이사르 폰트 막스

그분께서 그들에게 이르시되, 이 형상과 그 위에 쓰인 글이 누구의 것이냐? 하시니 그들이 그분께 이르되, 카이사르의 것이니이다, 하매 그분께서 그들에게 이르시되, 그런즉 카이사르의 것은 카이사르에게, 하나님의 것은 하나님께 바치라, 하시니 그들이 이 말씀들을 듣고 놀라며 그분을 떠나 돌아가니라. (마 22:20-22)

콘스탄틴을 포함한 로마의 황제들은 그라티안이 자기가 그리스도인이라는 이유 때문에 최고 승원장이라는 칭호를 거절한 때 즉 주후 376년까지 최고 승원장 직책을 계속해서 유지해 왔다. 사실 그라티안은 이 칭호와 직무가 우상숭배와 관련이 있고 신성을 모독하는 것으로 인식했기 때문에 이것을 거부했던 것이다. 그러나 이미 이때에는 로마의 주교가 정치적 권력과 명성을 가진 존재가 되었다. 그래서 궁극적으로 주후 378년 로마의 주교인 데마수스가 최고 승원장 즉 신비 종교의 최고 높은 제사장으로 선출되었다. 그 당시 로마는 세상에서 가장 중요한 도시로 간주되었기 때문에 몇몇 그리스도인은 로마의 주교를 '주교들 중의 으뜸 주교'로 그리고 교회의 머리로 보았다. 그런데 바로 이 로마의 주교가 최고 승원장의 칭호를 요구하였으니 이는 참으로 독특한 일이 아닌가! 이때에는 이미 이교주의와 기독교가 하나가 되었으며 그 결과 최고 승원장인 교황이 주도하는 로마 카톨릭 교회가 태어나게 되었다.

레오 폰트 막스

최고 승원장이란 칭호는 바티칸의 여러 비문에 즉 성 베드로 성당 입구에, 베드로 상 위에, 둥근 천장에, 희년에만 열리는 '거룩한 해'(The Holy Year)의 문 위에 나타나 있다. 종교개혁 바로 직전에 교황 레오10세가 주조한 옆 그림의 메달은 교황들이 '폰트 막스'(Pont Max)란 칭호를 사용한 한 가지 방법을 제시하고 있다. 그러나 어떻게 한 사람이 교회의 머리가 되고 동시에 이교 신비주의의 머리인 최고 승원장이 될 수 있는가? 이러한 모순을 은폐하기 위해 로마 카톨릭 교회 지도자들은 두 종교 사이의 유사성을 찾아냈다. 그들은 만일 각각의 종교에서 공통인 것들을 몇 가지 찾아낸다면 이 둘을 하나로 통합시킬 수 있음을 알았다. 왜냐하면 이때에 이르러서는 대부분의 사람들이 상세한 것에 대해서는 별로 관심을 두지 않았기 때문이다. 그들은 숫자나 정치 권력에만 관심을 두었으며 진리는 부차적인 것으로 생각했다.

한 가지 아주 뚜렷한 유사성은 이교주의의 최고 제사장이 '베드로'(Peter) 또는 '해석자' 라는 갈대아 사람들의 칭호를 지니고 있다는 점인데 여기서 해석자는 신비들을 해석하는 사람을 말한다.[1] 바로 여기에서 그들은 지금 로마의 주교가 차지하고 있는 직무 즉 최고 승원장이라는 이교도들의 직무를 해석자 베드로 또는 로마의 대해석자(Grand Interpreter)와 사도 베드로를 연결시킴으로써 그 직무를 '기독교화 시킬' 기회를 잡게 된 것이다. 그러나 여기에는 문제가 있었다. 그렇게 하기 위해서는 베드로가 로마에 있었다고 가르쳐야만 했으며 그래서 베드로가 첫 번째 로마 주교였다는 것에 대한 이야기 즉 이전에는 잘 몰랐고 알려지지도 않았던 이야기가 나돌기 시작했다.[2] 히슬롭은 다음과 같이 말한다.

> 그러므로 배교에 눈먼 그리스도인들에게는 교황이 사도 베드로를 대표하는 인물이 되었으나 기독교로 입교한 이교도들에게는 그가 단지 그들의 잘 알려진 신비들을 해석하는 베드로를 대표하는 인물이었다.[3]

사도 베드로는 시몬 베드로로 알려졌기 때문에 로마 카톨릭 교회에 '베드로' 라는 이름을 가진 자 즉 신비들을 해석하는 자도 있었을 뿐만 아니라 또한 1세기에 바로 그곳에 건너간 시몬이라는 이름의 종교 지도자도 있었다는 사실에 주목하는 것은 흥미로운 일이다! 이 시몬은 성경에서 마법사 시몬이라고 알려진 인물인데(행 8:9) 그는 후에 로마에 건너가 거기에 가짜 기독교를 설립한 사람이다!

---

1) 『파크허스트의 히브리어 사전』(*Parkhurst's Hebrew Lexicon*), p.602(히슬롭의 책 p.208에서 재인용).
2) 히슬롭, 『두 개의 바빌론』, p.210.
3) 동일문서.

이와 같은 진술이 좀 이상하게 들릴지도 모르기 때문에 우리가 편견을 가지고 이런 말을 하는 것이 아님을 명확히 보여 주기 위해 시몬에 대한 『카톨릭 백과사전』의 내용을 인용하도록 하겠다.

> 순교자 저스틴과 그 밖의 다른 초기 저술가들은 시몬이 후에 로마로 가서 거기서 마귀들의 권능으로 기적을 행했으며 로마와 자기 나라에서 신의 영광을 받았다고 우리에게 알려 준다. 비록 후에 이 시몬이라는 사람에 대하여 많은 전설이 생기긴 했지만 그럼에도 불구하고 저스틴이 제기하고 유세비우스가 받아들인 설명에는 사실 어떤 근거가 있음이 분명하다. 역사적 인물인 시몬 마구스 (Simon Magus)는 의심의 여지없이 자기 자신이 그리스도와 유사한 역할을 한다고 주장하면서 거짓 기독교를 창설했다.[4]

우리는 로마 카톨릭 교회가 다양한 사상과 전통을 취하고 그것들을 혼합시켜 자신의 특정한 종교 체제로 만드는데 전문가가 되었음을 알고 있다. 만일 시몬이 로마에서 추종자들을 가지고 있었다면, 만일 그가 신적인 영광을 누렸다면, 만일 그가 그리스도와 유사한 역할을 수행하면서 자신의 고안물인 거짓 기독교를 창설했다면 그러한 사상들이 후기 전통들에 영향을 미치는 것이 가능하지 않았겠는가? 아마도 로마에 있던 이 시몬은 후에 시몬 베드로와 혼동되었을 것이다. 교황들은 지상에서 '그리스도의 직무'를 행한다고 주장해 왔다. 그러나 우리는 결코 사도 베드로가 이러한 주장을 했음을 보여 주는 기록을 가지고 있지 않다.

로마에서 발견되는 또 다른 혼합물은 '열쇠들'과 관련을 갖고 있다. 거의 천 년 동안 로마 사람들은 이교도들의 신인 야누스와 여신 키벨레의 신비한 열쇠들을 믿어 왔다.[5] 미트라교(Mithraism)는 로마에 건너온 신비 종교의 주요 분파 중 하나인데 이 사상에서 태양신은 두 개의 열쇠를 가진 것으로 나타난다.[6] 황제가 '신들'의 계승

---

4) 『카톨릭 백과사전』, 제7권, p.699, '사기꾼' 항목.
5) 히슬롭의 글에서, p.207.
6) 스미스, 『인간과 그의 신들』, p.129.

자이며 신비주의의 '최고 승원장'이라고 주장했을 때 이런 열쇠들은 곧 그의 권위를 상징했다. 후에 로마의 주교가 주후 378년경에 최고 승원장이 되었을 때 그는 자동적으로 이 신비의 열쇠들을 소유하게 되었다. 이러한 사실로 인해 그는 이교도들로부터 인정을 받게 되었고 이로써 또 다시 베드로를 이런 이야기 속에 혼합시킬 수 있는 기회가 생긴 것이다. 그리스도께서 베드로에게 "내가 하늘의 왕국의 열쇠들을 네게 주리라."(마 16:19)고 말씀하시지 않았는가?

그러나 교황이 공적으로 자기가 소유한 열쇠들이 사도 베드로에게 주어진 권위의 열쇠라고 주장한 것은 주후 431년경이었는데 이것은 교황이 열쇠들을 소유하는 최고 승원장이 된 뒤 50년이 지났을 때의 일이었다. 어떻게 열쇠들이 교황의 권위를 상징하는가에 대한 실례를 보려면 이 장의 맨 뒤에 있는 그림(이집트의 왕 겸 제사장의 행렬과 교황의 행렬)의 커다란 부채를 보기 바란다.

베드로와 모든 제자들에게 주어진 열쇠는 사실 사람들을 하나님의 왕국에 들어갈 수 있게 해 주는 복음의 메시지를 의미한다. 그런데 몇몇 사람들은 이런 사실을 제대로 이해하지 못하기 때문에 종종 베드로를 천국 문의 문지기로 즉 천국 문을 마음대로 닫고 열면서 사람들을 들여보내기도 하고 들어가지 못하게 막기도 하는 자로 생각하고 있다! 이 얼마나 어리석은 일인가!

이와 같은 사상은 이교도들의 신인 야누스와 관련이 있는 사상들과 매우 유사하다. 왜냐하면 그는 로마 신화에서 문과 대문들을 지키는 문지기로 나타나기 때문이다. 다음 그림에는 자기 손에 열쇠를 쥐고 있는 야누스가 나타나 있다. 그는 두 개의 얼굴을 지니고 있는데 하나는 젊은 얼굴이고 하나는 늙은 얼굴이다. 이것은 담무스와 담무스 안에 환생한 니므롯을 나타낸다. 열쇠가 야누스를 상징할 뿐만 아니라 수탉이 그에게 매우 거룩한 존재라는 사실을 주목하는 것도 흥미로운 일이다.[7] 수탉을 베드로와 연결시키고 그것

야누스

을 거룩하게 여기는 발상이 그들에게는 그리 큰 문제가 되지 않았다. 왜냐하면 베드로가 주님을 부인한 그 밤에 수탉이 울었기 때문이다(요 18:27).

교황이 차지하고 있는 최고 승원장(Supreme Pontiff 혹은 Pontifex Maximus)이란 칭호는 결코 기독교적이지 않다. 왜냐하면 그 칭호는 기독교 시대 이전에 이미 로마 황제들이 사용하던 칭호이기 때문이다. '폰티프'(Pontiff)란 단어는 다리를 의미하는 '폰스'(Pons)와 '만들다'를 의미하는 '파시오'(Facio)에서 유래하였으며 그 의미는 '다리를 만드는 사람'이다. 이교도 시대의 제사장 겸 왕인 황제들은 로마의 다리를 만들고 지키는 자로 여겨졌다. 그들은 다 대제사장으로 봉사하였고 스스로 현재와 내세 사이를 연결하는 다리가 된다고 주장하였다.

미트라교로 알려진 신비종교의 한 분파는 로마에서 성장하여 한때는 거의 로마 제국의 유일한 신앙이 되었는데[8] 이 체제에서는 우두머리 제사장을 '파테르 파트룸'(Pater Patrum) 즉 '아버지 중의 아버지'라 불렀다.[9] 로마 카톨릭 교회는 이러한 칭호를 직접 차용해서 로마 카톨릭 교회의 우두머리 제사장을 이와 동일하게 '아버지'(Papa) 또는 '교황'(Pope)이라 부르는데 이것 역시 '아버지 중의 아버지'를 의미한다. 그 당시에는 미트라교의 '아버지'(Father)가

---

7) 『종교백과사전』, 제2권, p.311, '야누스' 항목.
8) 동일문서, p.545.
9) 『카톨릭 백과사전』, 제10권, p.403, '미트라교' 항목.

로마에 자리를 잡고 통치하였으며 지금은 카톨릭주의의 '아버지'가 교황이 되어 거기에 자리를 잡고 통치하고 있다.

교황들이 입는 매우 비싸고 화려하게 장식된 의복들도 로마 황제들의 의복을 본뜬 것이다. 역사가들은 이러한 사실이 알려지지 않은 채 흘러가도록 내버려두지 않았다. 왜냐하면 그들은 "성직자들의 의복들이 이교 로마에서 나온 유물이다."라고 증언했기 때문이다.[10]

교황이 쓰는 삼중관은 경우마다 좀 다르게 장식되곤 했지만 고대 이교도 국가 아시리아의 비문 등에 나타난 신들이나 천사들이 쓰고 있는 관과 그 모양이 동일하다.[11] 그 관은 옆 그림의 물고기 신인 다곤 위에 있는 관과 비슷한데 이 다곤은 사실 거짓 바빌론 종교의 '구원자'의 한 신비 형태일 뿐이다. 다곤이라는 이름은 성경에서 물고기로 번역된 '다그'(dag)라는 말에서

다곤

유래했으며 그 의미는 물고기 신이다.[12] 비록 다곤 숭배 사상의 기원이 바빌론 이교주의이긴 하지만[13] 다곤 숭배는 특별히 블레셋 사람들 사이에 크게 유행했음을 알 수 있다(삿 16:21-30; 삼상 5:5-6).

메소포타미아의 조각품에서 다곤을 묘사한 방법이 아래 그림에 나타나 있다.[14] 레이야드는 『바빌론과 니느웨』란 책에서 "물고기의 머리는 사람의 머리 위에서 관 형태를 하고 있으며 물고기의 비늘 달린 부채 같은 꼬리는 사람의 수족을 노출시킨 채 뒤에서 아래를 향하고 있다."고 설명했다.[15]

---

10) 두란트, 『문명의 역사: 신앙의 시대』, p.745.
11) 인맨, 『고대 이교주의와 현대 기독교의 상징주의』, p.63, 64.
12) 『스트롱의 성경용어색인』, No. 1709, 1712.
13) 『종교백과사전』, 제1권, p.502, '다곤' 항목.
14) 인맨의 글에서, p.21.

메소포타미아의 다곤

후에는 이런 것들이 발전하여 물고기의 주둥이가 약간 열린 채 머리 부분만 남게 되었다. 몰타 사람들의 동전에서도 이집트의 니므롯인 오시리스의 특성을 지닌 신이 나타나는데 이 신 역시 몸통은 없어진 채 물고기 머리와 주둥이만 남아 있다.[16]

몰타 사람들의 동전

모레토가 그린 유명한 그림은 물고기 머리와 같은 형태의 관을 쓰고 있는 성 암브로스를 보여 주는데 다음 그림에서처럼 교황들도 이와 동일한 관을 쓰고 있다. 교황 바오로 6세는 1965년도에 역사적으로 미국을 방문해서 '평화'에 관한 설교를 하였는데 그때에 그는 이와 동일한 관을 쓰고 있었다. 이 장의 맨 마지막 그림들(교황의 행렬, 이집트의 왕 겸 제사장의 행렬) 역시 교황의 물고기 머리 관을 보여 주고 있다.

아이언사이드는 다음과 같이 말했다.

---

15) 레이야드(Layard), 『바빌론과 니느웨』(*Babylon and Nineveh*), p.343.
16) 히슬롭의 글에서, p.216.

교황은 바빌론 신비 종교의 대제사장을 직접 계승한 인물로서 물고기 신인 다
곤의 종이다. 왜냐하면 이 교황이 예전에 우상을 숭배하던 다른 교황들처럼 물
고기 신을 위해 어부의 반지를 끼고 있기 때문이다.

성 암브로스

교황 바오로 6세

　또 다시 이교주의와 기독교가 혼합되면서 그 안의 유사점들은 새
로 생겨난 혼합물이 별로 눈에 띄지 않게 만들어 버렸다. 이번 경우
에 베드로가 어부였으므로 최고 승원장 칭호가 새겨진 물고기 신
(神) 반지가 그와 연관이 있는 것처럼 나타났다.

　그러나 사도 베드로는 이와 같은 물고기 신(神) 반지를 끼어 본 적
이 없으며 어느 누구도 그 반지에 입맞추지 않았다. 그는 아마 그러
한 반지를 가지고 있지도 않았을 것이다. 왜냐하면 그가 앉은뱅이
에게 "내게 금과 은은 없다."고 말했기 때문이다(행 3:6).

　현대 바빌론 신비를 해결하는 데 도움을 주는 또 다른 중요 단서
는 교황이 어깨에 걸치고 있는 팔리움(Pallium) 즉 교황의 영대에서
나타난다. 무삭제 대사전들은 이 단어를 기독교 이전 시대에 그리
스와 로마의 이교도 성직자들이 입던 의복으로 정의하고 있다.

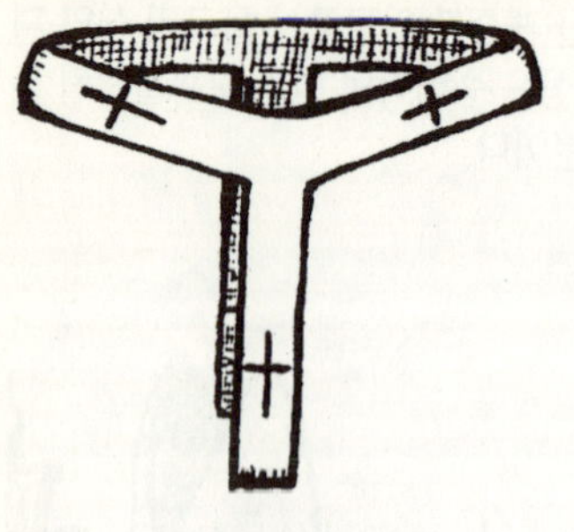

교황의 팔리움

현 시대에는 로마의 성 아그네스 성당에서 '축복을 받은' 두 마리 양의 흰 털로 팔리움을 만든다. 대주교들도 교황 직무의 충만함을 나눈다는 것을 보여 주기 위한 상징으로 교황은 팔리움을 그들에게 보낸다. 그러나 이 팔리움은 그들에게 보내지기 전에 성 베드로의 무덤으로 추정되는 곳에 밤새도록 놓여지는데 이와 같은 의식은 바로 그리스 사람들 사이에 이루어졌던 이교주의를 그대로 모방한 것이다!

베드로의 의자

수세기 동안 로마 카톨릭 교회는 베드로가 로마에서 복음 사역을 수행할 때 앉았던 의자를 소유하고 있다고 주장했다. 그러나 이 의자는 베드로에게는 걸맞지 않는 의자였다! 심지어 『카톨릭 백과사전』도 이 의자 앞의 판들이 우화에 지나지 않는 '헤라클레스의 지극히 어려운 일'을 나타내는 그림 및 신화에 나오는 거짓 짐승들을 보여 주고 있다고 설명하고 있다.[17] 그리고 『카톨릭 백과사전』은 다른 부분에서 이렇게 말한다. "바빌론의 헤라클레스로 변형된 길가메쉬는

---

17) 『카톨릭 백과사전』, 제3권, p.554, '베드로의 의자' 항목.

성경에서 니므롯이라 하는 사람이었을 것이다."[18] 니므롯이 헤라클레스와 같은 존재로 나타나고 헤라클레스와 관련된 조각들이 소위 '베드로의 의자' 라 불리는 의자에 나타난다는 사실은 매우 흥미 있는 일이다. 이러한 사실들은 이 의자가 기독교적인 기원을 가지고 있지 않음을 명확하게 보여 준다.

1968년 7월 교황 바오로가 지명해서 구성된 과학위원회는 이 의자의 어떠한 부분도 베드로 시대에 의자가 만들어졌음을 보여 줄 수 있을 정도로 낡지 않았다고 보고하였다.

탄소 연대측정법과 그 밖의 다른 시험들은 그 의자가 9세기 전에 만들어지지 않았음을 드러내었다. 따라서 베드로의 의자가 베드로 시대에 즉 초기 교회 시대에 만들어졌다는 사상은 흥미 있는 것이긴 하지만 정확한 것은 아니다.

성 베드로 성당의 대제단 근처에는 베드로를 나타내는 커다란 청동상이 있다. 그런데 몇몇 구시대 저술가들은 이 청동상이 원래 주피터의 동상이었으나 후에 베드로의 동상으로 불리게 되었다고 주장한다. 주후 628년 칙령을 발표

동상에 입맞추는 교황 요한 23세

18) 동일문서, 제2권, p.185, '바빌론' 항목.

하여 동상 숭배를 하지 못하게 한 레오 황제 역시 그런 의견을 가지고 있었다. 그럼에도 불구하고 이 동상은 가장 숭고한 경배의 대상이 되었으며 너무나 많은 사람들이 그 발에 입을 맞추었기 때문에 발가락이 닳아서 거의 없어질 정도가 되었다. 옆의 사진은 교황 요한 23세가 화려한 교황 예복을 입고 왕관을 쓴 이 청동상에 입맞추려 하는 것을 담고 있다.

우상이나 또는 동상에게 입맞추는 습관 역시 이교주의로부터 차용한 것이다. 우리가 살펴본 대로 바알 숭배는 태양신으로 신격화된 형태로 니므롯을 숭배하는 것과 관련을 갖고 있다. 엘리야 시대에 많은 사람들이 바알에게 절하고 그에게 입맞추었다. 성경은 다음과 같이 말하고 있다. "그러나 내가 나를 위하여 이스라엘 안에 칠천 명을 남겨 두었나니 모두 동상에 입맞추는 교황 바알에게 무릎을 꿇지 아니하고 모두 바알에게 입맞추지 아니한 자들이니라, 하시니라"(왕상 19:18).

엘리야 시대에는 신비 형태의 하나인 니므롯 즉 후에 어린 담무스로 화신된 존재는 송아지로 표현되었으며 따라서 사람들은 송아지 상들을 만들어 그것들에게 숭배하고 입을 맞추었다!

에브라임이 말할 때에는 이스라엘에서 자기를 높였거니와 바알로 말미암아 범죄할 때에는 죽었느니라. 이제 그들이 더욱더 죄를 범하여 자기들의 은으로 자기들을 위하여 형상들을 부어 만들되 자기들이 깨달은 대로 우상들을 만들었으니 이 모든 것은 장인들이 만든 것이라. 사람들이 그것들을 가리켜 말하기를, 희생물을 드리는 자들은 송아지와 입을 맞출 것이라, 하는도다. 그러므로 그들은 아침 구름 같고 사라지는 새벽 이슬 같으며 타작 마당에서 회오리바람에 날리는 겨 같고 굴뚝에서 나가는 연기 같으리라. (호 13:1-3)

우상에게 입맞추는 것은 바알 숭배의 한 형태였다!

로마 카톨릭 교회는 우상에게 입맞추는 것뿐만 아니라 또한 그런 우상들을 나르는 행습인 종교적 행렬 관습까지도 이교주의에서 차용했다. 비록 이러한 행렬이 로마 카톨릭 교회의 일반적인 관습이 되긴 했지만 이것은 결코 기독교에 그 기원을 둔 것이 아니다. 주전 15세기에는 여신 이슈타르의 우상이 화려하고 거대한 의식 속에서 바빌론에서 이집트로 옮겨졌다.[19] 우상을 들고 행렬하는 것

교황의 행렬

은 그리스, 이집트, 이디오피아, 멕시코 및 그 밖의 여러 고대 국가에서 행하던 관습이다.

성경은 이처럼 무기력하게 운반된 우상으로부터 선한 것이 나올 수 있다고 생각하는 사람들의 어리석음이 어떤 것인지 잘 보여주며 대언자 이사야는 바빌론의 신들에 대하여 언급하면서 이렇게 말한다.

사람들이 주머니에서 금을 아낌없이 쏟아 주며 은을 저울에 달고 금세공업자를 고용하여 그것으로 신을 만들게 하고 참으로 거기 엎드려 경배하며 또 사람들이 그것을 어깨에 메어 그것의 자리에 가져다 두면 그것이 서 있으나 자기 자리에서 능히 움직이지도 못하며 참으로 사람이 그에게 부르짖어도 능히 대답하지도 못하고 그의 고난에서 그를 구하여 내지도 못하느니라. (사 46:6-7)

로마 카톨릭 교회에서는 이와같이 계속해서 우상을 옮기는 행렬

---

19) 『해스팅의 종교 윤리 백과사전』, '신상들과 우상들' 항목.

을 해왔을 뿐만 아니라 교황을 옮기는 행렬도 해왔다. 대언자 이사야 시대의 사람들은 금과 은으로 자기 신을 화려하게 장식했는데 오늘날 로마 카톨릭 교도들은 과도하게 비싼 의복과 보석들로 교황을 꾸미고 있다. 이교도들의 신이 행렬 중에 옮겨질 때 사람들은 몸을 구부리고 엎드려 경배하였다. 이와 같이 종종 사람들은 교황이 행렬을 벌이며 지나갈 때에 그 앞에 몸을 굽힌다. 고대에 종종 신을 '어깨에 메어' 옮겼던 것처럼 카톨릭주의의 신인 교황도 사람들이 어깨에 메고 종교적인 행렬을 벌이며 옮긴다.

지금부터 3000년 전에는 동일한 관습이 이집트에서도 잘 알려졌으며 사실 이와 같은 행렬은 이집트 이교주의의 한 부분이었다. 다음 삽화는 12명의 사람들이 자기 어깨에 고대 이집트의 제사장겸 왕을 메고 경배하는 군중들 사이로 옮기는 것을 보여 준다.[20]

교황의 행렬과 고대 이교도 왕의 행렬을 주의 깊게 비교해 보면 전자가 후자를 모방한 것임을 쉽게 알 수 있다. 고대 이집트의 제사장 겸 왕의 그림에서 우리는 깃털로 된 플라벨룸

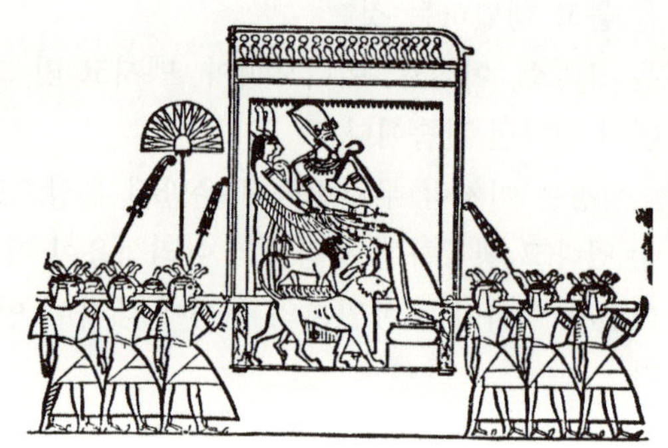

이집트의 왕 겸 제사장의 행렬

이 사용된 것을 볼 수 있는데 이것은 후에 바커스의 신비 부채로 알려지게 되었다. 그런데 이러한 부채들도 교황의 행렬시 교황과 함께 옮겨진다(교황의 행렬 그림 참조). 이에 대하여 『브리태니커 백과사전』은 다음과 같이 말한다.

---

20) 히슬롭의 글에서, p.214.

장엄한 의식을 집행하기 위해 나아갈 때에 교황은 높은 등받이가 있는 붉은색 벨벳으로 된 이동식 의자인 세디아 위에 앉고 사람들이 그를 옮긴다. 또 그는 깃털로 된 두 개의 플라벨룸에 의해 경호를 받는다.[21]

이집트의 이교주의에 기원을 두고 있는 이러한 행렬용 부채들은 카톨릭 저술가들도 잘 알고 있으며 시인한 바 있다.[22]

앞에서 살펴본 '베드로의 의자'의 다리에 있는 네 개의 강한 쇠고리는 운반막대기를 꽂기 위해 고안되었다. 그러나 우리는 사도 베드로가 자기에게 절하는 군중들을 통과하면서 옮겨진 일이 결코 없었다는 사실을 확신할 수 있다(사도행전 10장 25-26절 참조).

지금까지 살펴본 대로 교황의 직무가 이교주의와 기독교가 혼합되면서 생기게 되었다는 것에는 의심의 여지가 없다. 팔리움, 물고기 관, 최고 승정원 칭호, 바빌론 의복, 신비의 열쇠들은 다 고대 이교주의로부터 차용된 것임이 분명하다. 이러한 모든 것과 더불어 그리스도께서 결코 자신의 교회 내에 교황 직무를 제정하지 않으셨다는 사실은 분명하게 교황이 그리스도의 대리자가 아니며 사도 베드로의 계승자가 아님을 보여 준다.

---

21) 『브리태니커 백과사전』, 제22권, p.81. '교황' 항목
22) 아라디(Aradi), 『교황들 - 그들은 어떻게 선택되고 왕관을 쓰게 되는가?』(*The Popes-The History of How They are Chosen, Elected, and Crowned*), p.108.

제12장   부도덕한 교황

11장에서 보여 준 결정적인 증거 외에도 많은 교황들의 인격과 도덕성은 그들이 그리스도나 베드로를 대표하는 사람이라기보다는 이교 제사장들의 계승자임을 잘 보여 주고 있다. 교황들 가운데 몇몇은 그 행위가 너무나 악하고 추잡하여 심지어 신앙심 없는 사람들조차도 그들을 수치스런 존재로 여겼다. 그들이 저지른 죄는 구체적으로 다음과 같다. 간음, 동성연애, 성직매매, 강간, 살인, 술취함 등. '거룩한 아버지' 또는 '그리스도의 대리자' 혹은 '주교 중의 주교'라고 주장하는 교황들이 이런 죄를 지었다는 사실을 알게 되면 다소 충격을 받는 사람들도 있을 것이다. 그러나 교황권의 역사

왼쪽 그림에는 '알레산더 6세 최고 승정원'이라 기록되어 있고, 오른쪽 그림에는 그가 마귀로 표현되어 있다.

를 잘 알고 있는 사람들은 모든 교황이 — 한 사람의 예외도 없이 — 거룩한 사람이 아니었다는 사실을 잘 알고 있다.

교황 세르기우스 3세(주후 904-911)는 살인을 통해 교황직을 얻어 냈다. 로마 교회의 역사 연감은 그가 마로지아와 관계를 맺음으로 몇몇 불법 사생아를 낳았음을 말해 주고 있다.[1] 바로니우스는 세르기우스를 ‘괴물’로 묘사했고, 그레고로비우스는 ‘무시무시한 범죄를 저지른 자’로 묘사했다. 어떤 역사가는 그에 대해 다음과 같이 말한다.

> 이 사람은 7년 동안 성 베드로의 의자에 앉아 통치하였으며 그 사이에 그의 첩과 세미라미스 같은 그의 어머니는 고대 제국의 사악한 시대를 생각나게 하는 화려하고도 육욕적인 알현식을 거행하였다.[2]

극도의 타락으로 인해 니므롯의 어머니 세미라미스와 견줄 만한 여인으로 알려진 테오도라는 교황의 첩인 마로지아와 함께 “자기들의 정부들과 사생아들로 교황의 의자를 가득 채웠고 교황청을 강도의 소굴로 만들었다.”[3] 이로써 교황 세르기우스 3세는 ‘창녀들의 통치 시대’(주후 904-963)로 알려진 시기를 시작한 장본인이 되고 말았다.

교황 요한 10세(주후 914-928)는 본래 라반나의 대주교로 파송되었으나 테오도라는 그를 로마로 귀환시키고 교황직에 임명하였다. 이 시대 이후의 약 50년 역사를 기록한 크레모나의 주교 리우트프란드에 따르면 테오도라는 요한 10세와 자기와의 부정한 관계를 보다 쉽게 감추기 위해 요한 10세가 교황으로 선출되도록 지지하였다고 한다.[4] 그러나 그의 통치는 마로지아가 그를 질식시켜 죽게 함

---

1) 치니퀴(Chiniquy), 『사제와 여인과 고해 성사』(*The Priest, the Woman, and The Confessional*, 미국 Chick 출판사, www.chick.com), p.138.
2) 코테릴, 『중세 이탈리아』, p.331.
3) 핼리(Halley), 『핼리의 성경 핸드북』(*Halley's Bible Handbook*), p.774.
4) 『카톨릭 백과사전』, 제8권, p.425, ‘교황 요한 10세’ 항목.

으로써 갑작스레 끝을 맞게 되었다. 그녀는 그를 권좌에서 내쫓아 버리고 레오 6세(주후 928-929)를 교황 자리에 앉히기를 원했던 것이다. 그러나 레오 6세의 통치 기간 역시 짧았다. 왜냐하면 그녀가 자기보다 더 타락한 여인에게 그가 마음을 준 것을 알아차리고 그를 암살해 버렸기 때문이다.[5]

이 일 뒤에 곧바로 마로지아의 아들인 십대 소년은 요한 11세라는 이름으로 교황이 되었다. 『카톨릭 백과사전』은 이에 대해 다음과 같이 말한다.

> 리우트프란드와 및 교황들의 생애를 담은 『리베르 폰티피칼리스』(*Liber Pontificalis*)를 자기들의 권위로 받아들이는 몇몇 사람들은 그가 세르기우스 즉 전 교황의 친아들이었다고 주장한다. 그 당시 로마에서 통치하던 자기 어머니의 음모를 통해 그는 베드로의 자리에 앉게 되었다.[6]

그러나 그는 자기 어머니의 적들과의 싸움으로 인해 두들겨 맞고 결국 투옥되어 거기서 독을 먹고 죽고 말았다.

주후 955년 마로지아의 손자인 요한 12세가 18세의 나이로 교황이 되었다. 『카톨릭 백과사전』은 그에 대해 다음과 같이 말한다.

> 그는 더러우며 부도덕한 사람으로 그 생애가 너무 문란했기 때문에 라테란 즉 로마 교황청이 창녀촌이 되었다는 말이 나올 정도였으며 그 결과 로마에서의 도덕적 부패는 일반 사람들의 증오의 주제가 되었다. 11월 6일 이탈리아와 독일 주교 50명으로 구성된 종교 회의가 성 베드로 성당에서 소집되었다. 거기서 요한은 교회 물건 절도, 성직매매, 위증, 살인, 간음, 근친상간 등으로 고소되었으며 서면으로 그 자신을 위해 변호하라는 소환장을 받았다. 그렇지만 요한은 그 종교 회의를 인정하지 않았고 만일 그들이 자기 대신 다른 교황을 선출한다면 그 회의에 참석한 모든 사람을 파문할 것이라고 선포하였다. 교황 요한 12세는 자기를 반대하는 지도자들에게 피의 복수를 하고 말았다. 이로써 추기경 요한은 오른팔이 잘리는 비극을 맞았고, 스페이어의 오트가 주교는 채찍을 맞았

---

5) 치니퀴의 글에서.
6) 『카톨릭 백과사전』, 제8권, p.426, '요한 11세' 항목.

으며, 로마 궁전의 고위 관리는 코와 귀가 잘리는 비극을 맞았다. 마침내 요한은 964년 5월 14일 소문에 따르면 간음을 저지르다가 마비병에 걸려 8일 후에 죽었다고 한다.[7]

그 당시 크레모나의 카톨릭 주교였던 저 유명한 루이트프란드는 다음과 같이 썼다.

정직한 여인 중 어느 누구도 공적인 자리에 감히 자기 자신을 나타낼 수 없었다. 왜냐하면 교황 요한이 처녀든 결혼한 여자든 과부든 상관하지 않고 닥치는 대로 겁탈했으며 심지어는 거룩한 사도 베드로나 바울의 무덤 위에서라도 그들을 추행하려 했기 때문이다.

교황들의 생애를 수록한 『리베르 폰티피칼리스』(*Liber Pontificalis*)는 요한에 대해 "그는 자기의 전 생애를 간통에 소비했다."고 말한다.[8]

교황 보니파스 7세(주후 984-985)는 탈취한 돈을 아낌없이 뿌림으로 자기의 교황직을 유지하였다. 오를레앙의 주교는 그와 요한 12세 그리고 레오 8세를 가리켜 '피와 더러움을 풍기는 죄악이 넘치는 괴물' 또는 '하나님의 성전에 앉아 있는 적그리스도' 라고 말했다. 『카톨릭 백과사전』은 그에 대해 다음과 같이 말한다.

그는 주후 984년 4월 요한 14세를 이기고 그를 생앙겔로의 지하 감옥에 강제로 가두어 버렸고 거기서 4개월 후 비참하게 죽게 만들었다. 일년 이상 로마는 자기의 선임자들의 피를 흘린 이 괴물 교황의 폭정을 견뎌 내야 했다. 그러나 그에 대한 복수는 이를 떨 만큼 무서웠다. 주후 985년 7월 아마 폭력으로 인한 갑작스런 사건으로 그가 죽자 사람들은 그의 시체를 대중 앞에 치욕스럽게 내던지고 그 도시의 거리들로 끌고 다니다가 마침내 상처투성이의 알몸으로 마르크스 아우렐리우스의 동상 아래로 내던졌다. 그 다음 날 아침 동정심 많은 성직자들이 그의 시체를 옮겨 교회 식으로 매장했다.[9]

---

7) 동일문서, p.427, '요한 12세' 항목.
8) 『교황들의 생애』(*Liber Pontificalis*), 제2권, p.246.
9) 『카톨릭 백과사전』, 제2권, p.661, 662, '보니파스 7세' 항목.

그 다음으로 교황 요한 15세(주후 985-996)가 즉위하였는데 그는 교회 재정을 자기 친척들에게 배분했고 그 결과 '모든 행위에 있어서 불의한 이익을 탐하고 부패한 자'라는 평판을 얻었다.

베네딕트 8세(주후 1012-1024)는 공개적으로 뇌물을 주고 교황직을 산 부도덕한 인물이었다. 그 뒤를 이은 요한 19세 역시 교황직을 뇌물로 산 부도덕한 사람이었다. 그는 평신도였기 때문에 하루만에 성직자의 모든 의식을 통과하는 것이 필요했다! 이러한 일 후에 베네딕트 9세(주후 1033-1045)는 로마를 통치하던 권세 있는 가문들과 돈으로 계약을 맺고 어린 나이인 열두 살 ― 어떤 사람은 스무 살이라고도 함 ― 에 교황이 되었다. 그는 대낮에 살인과 간통을 자행했고 순교자들의 무덤에 온 순례자들을 강탈하였으며 무시무시한 죄를 범했고 그래서 사람들은 그를 로마로부터 추방시켜 버렸다.10) 『카톨릭 백과사전』은 "그가 베드로의 의자를 수치스럽게 모욕한 자다."라고 말한다. 교황직을 사고 파는 '성직매매'(simony)는 아주 일반적인 것이 되어 그로 인한 부패가 심해졌고 이로 말미암아 세속적인 왕들이 개입하게 되었다. 헨리 3세는 클레멘트 2세를 교황직에 임명하였는데 그 이유는 로마에서 성직매매와 간통에 오염되지 않은 깨끗한 사람을 발견할 수 없었기 때문이었다.11)

많은 교황들이 살인을 범하였지만 이노센트(혹은 이노켄티우스) 3세(주후 1160-1216)는 사람을 죽이는 데 있어서 그의 모든 전임자들을 능가했다. 비록 그가 스스로 살인을 하지는 않았을지라도 그는 인류 역사에서 가장 극악무도한 종교재판소를 창설하였다. 그는 이 종교재판소를 통해 무죄한 '이단자들' ― 대개는 성경대로 믿는 신자들 ― 을 죽였는데 그 숫자는 어림잡아 백만 명이 넘는다! 근 오백 년 이상 교황들은 로마 카톨릭 교회의 가르침에 따르지 않는 자들을 처벌하며 자신들의 권력을 유지하기 위해 이 종교재판소를 이

---

10) 핼리의 글에서, p.775.
11) 동일문서.

용하였다.

추기경들과 왕들과의 갈등으로 인해 교황 보니파스 8세는 많은 비난을 샀으며 『카톨릭 백과사전』은 다음과 같이 말한다.

그는 다음과 같은 범죄를 다 저질렀다. 불신앙, 이단, 성직매매, 저속하고 파렴치한 부도덕성, 우상숭배, 마술, 성지상실, 켈레스틴 5세의 죽음 등 … 일반적으로 프로테스탄트 역사가들과 심지어는 현대 카톨릭 저술가들도 그를 사악한 교황 가운데 하나로 분류하고 있다. 그는 야심이 많고 거만하며 무례한 사람이고 사기꾼이며 배신자이고 자기의 교황직 전체를 악으로 채운 사람이다.[12]

비록 우리가 그에 대한 비난이 다 사실이라고 주장할 필요는 없지만 이 모두를 그냥 넘길 수는 없다. 그가 통치하던 시기에 시인 단테는 로마를 방문해서 그곳의 부패상을 보고 바티칸을 가리켜 '타락의 씨를 뿌리는 곳' 으로 묘사했다. 또한 그는 보니파스와 니콜라스 3세와 클레멘트 5세를 가리켜 지옥의 낮은 부분에 들어갈 자들이라고 말했다.

로마 카톨릭 역사가들은 보니파스의 좋은 점을 강조하려 하지만 어쩔 수없이 그들도 그에 관한 공적 문서에서 드러난 그의 난폭함과 몇몇 저속한 어구들을 인정하고 있다.[13]

그는 "스스로 쾌락을 즐기며 여인들이나 소년들과 육적 관계를 맺는 것은 자기 손을 서로 비비는 것보다 더 큰 죄가 되지 않는다."고 진술하였는데 이를 통해 우리는 그가 내뱉은 저속한 말의 실례를 본다.[14] 또 다른 경우에 그는 난폭함이 폭탄같이 폭발하는 순간 그리스도를 가리켜 '위선자' 라 불렀고 자기가 무신론자임을 공언하였다.

여러분이 이 말을 믿을지는 모르겠지만 바로 이 교황이야말로 주

---

12) 『카톨릭 백과사전』, 제2권, p.668, '보니파스 8세' 항목.
13) 동일문서, p.670.
14) 헤펠(Hefele), 『교회 공회의 역사』(*A History of the Councils of the Church*), 제40권, 697 항목.

후 1302년 온 세상에 잘 알려진 『우남생텀』(Unam Sanctum) 교서 즉 "로마 카톨릭 교회만이 유일하고도 참된 교회이며 로마 카톨릭 교회 밖에서는 어느 누구도 구원받을 수 없다."는 교서를 공식적으로 선언한 장본인이다. 또 그는 다음과 같이 말했다.

그러므로 우리는 모든 사람이 로마의 교황에게 복종해야만 함을 믿는 것이 구원에 필요하다고 단언하며 선언한다.

교황의 횡포: 알렉산더 3세가 황제 프레데릭을 짓밟음.

교황들이 많은 죄를 지었기 때문에 교황에게 복종하는 것 자체가 문제를 일으켰다. 죄 많은 교황에게 여전히 복종해야만 하는가? 로마 카톨릭주의는 이에 대해 다음과 같이 말한다.

죄 많은 교황은 지금 눈에 보이는 교회의 구성원으로 남아 있으며 우리는 그를 죄인으로 불의한 통치자로 여겨야 하고 그를 위해 기도해야 하지만 그에 대한 복종심을 거두어들여서는 안 된다.15)

주후 1305년부터 1377년까지 약 70년 동안 교황의 궁전은 프랑스의 아비뇽에 있었다. 이 시대에 페트라르크는 교황청을 가리켜 '강간, 간음 그리고 모든 종류의 음란이 가득한 곳'이라고 비난했다. 여러 교구에서 사람들은 사제들이 '자기 가족들을 보호하기 위해' 계속해서 첩을 두고 있다고 주장했다.[16]

콘스탄스 공회 기간에 세 명 혹은 네 명의 교황이 아침마다 서로를 저주하고 자기의 반대자를 가리켜 적그리스도, 마귀, 간음하는 자, 남색 하는 자, 하나님과 사람의 원수라고 비난했다. 이러한 교황들 가운데 하나가 요한 23세(주후 1410-1415)인데 그는 20세기의 동일한 이름을 가진 교황과 다른 인물이다. 대부분 주교와 사제로 구성된 37명의 증인들은 음행, 간통, 근친상간, 남색, 성직매매, 도둑질, 살인 죄로 그를 고소하였다. 많은 사람들이 그가 300명의 수녀들을 유혹하고 겁탈했다고 증언했다. 그의 비서인 니엠은 그가 불로그네에 여자들을 위한 방을 두고 거기서 200명 이상의 소녀들을 음욕의 희생 제물로 삼았다고 말했다.[17] 콘스탄스 공회는 그가 54개의 가장 사악한 종류의 범죄를 범했다고 고소했다.[18] 바티칸 기록도 그의 부도덕한 통치에 대해 다음과 같은 정보를 제공하고 있다.

교황 요한은 자기 형제의 아내와 변태 성행위를 자행하였고 거룩한 수녀들과 근친상간을 자행하였으며 처녀들과 성적인 관계를 가졌고 결혼한 여인들과 간음하였으며 모든 종류의 성적인 죄를 저질렀다. 이런 것들은 그리스도의 생애와 가르침에 정반대가 된다. 그는 공개적으로 악마의 화신으로 불렸다.[19]

교황 요한은 자기의 부를 증가시키기 위해 매음과 도박과 고리대

---

15) 『카톨릭 백과사전』, 제4권, p.435, '공회' 항목.
16) 핼리의 글에서, p.778.
17) 치니퀴의 글에서, p.139.
18) 두란트, 『문명의 역사: 종교개혁』, p.21.
19) 『거룩한 공회』(*Sacrorum Conciliorium*), 제27권, p.663.

금을 포함한 모든 것에 세금을 부과하였고 그 결과 그는 '교황의 왕
좌에 앉았던 자들 가운데 가장 부패한 죄인' 으로 낙인찍혔다.[20]

교황 비오 2세(주후 1458-1464)는 많은 사생아들의 아버지였다고
전해지고 있다. 그는 자기가 여자들을 유혹한 방법들을 공개적으로
말했고 젊은 남자들에게 자기처럼 하도록 권했으며 심지어는 육욕
에 빠지는 방법까지도 그들에게 가르쳤던 부도덕한 사람이다.[21] 교
황 비오를 본받은 바오로 2세(주후 1464-1471) 역시 궁전에 첩을 가
득 두었으며 그의 왕관은 그 가치로 볼 때 그의 궁전보다 더 비쌀
정도로 호화스러웠다.

다음은 교황 식스투스 4세(주후 1471-1484)인데 그는 가장 높은
가격을 부르는 경매자들에게 교회 직분을 팔아 전쟁 자금을 충당했
으며 교황권을 이용하여 자기도 부를 축적하고 자기 친척들도 부를
축적하게 하였다.[22] 그는 자기의 조카 여덟 명을 추기경으로 임명
하였는데 그 중 몇몇은 소년에 불과하였다. 사치스럽고도 화려한
잔치를 여는 일에 있어서 그는 결코 카이사르에 뒤지지 않았으며
부와 허세에 있어서도 그와 그의 친척들은 고대 로마의 가문을 능
가했다.[23]

교황 이노센트 8세(주후 1484-1492)는 여러 여인들과의 성적 관
계를 통해 16명의 자녀를 두었으며 그 자녀들 가운데 몇몇은 바티
칸에서 결혼식을 거행하였다.[24]

그러나 『카톨릭 백과사전』은 그가 방탕한 청년 시기 이후에 단지
두 명의 사생아 즉 프란체스케토와 테오도리나만을 두었다고 진술
한다.[25] 많은 다른 교황들과 마찬가지로 그도 교회 직분의 수를 늘

---

20) 두란트의 글에서.
21) 핼리의 글에서, p.779.
22) 두란트의 글에서, p.13.
23) 핼리의 글에서.
24) 동일문서.
25) 『카톨릭 백과사전』, 제8권, p.19, '이노센트 8세' 항목.

려 많은 돈을 받고 그것들을 팔았으며 또한 성 베드로 광장에서 투우 경기를 벌이는 것을 허락하였다.

다음은 알렉산더 6세(주후 1492-1503)라는 이름을 취한 보르지아인데 그는 추기경들을 뇌물로 매수하여 교황직에 선출되었다. 그는 교황이 되기 전 추기경과 대주교로서 로마의 여인 카타네이와 함께 죄악 가운데 산 인물로서 후에 그는 그녀의 딸 로자와 관계를 가져 5명의 자녀를 두었다. 그는 자기의 대관식날 성격과 습관이 좋지 못한 자기의 젊은 아들을 지명하여 발렌시아의 대주교로 앉혔다.[26] 많은 사람들은 알렉산더 6세를 르네상스 시대 교황들 가운데 가장 타락한 교황으로 간주하고 있다. 그는 공개적으로 자기의 두 누이와 근친상간을 하였고 자신의 딸 루크레티아에게서 자녀를 두었다고 전해지고 있다.[27]

1501년 10월 31일 그는 섹스 유흥잔치를 열었는데 이 잔치에서는 50명의 소녀들이 알몸으로 춤을 추면서 손님들을 접대하였으며 가장 많이 교접한 남자에게는 상을 주었다.[28]

『라이프』 잡지에 의하면 교황 바오로 3세(주후 1534-1549)는 전에 추기경으로 있으면서 세 명의 아들과 한 명의 딸을 두었다고 한다. 그는 자기의 대관식 날 두 명의 증손자들에게 세례를 베풀었으며 또한 자기의 조카 두 명을 십대의 어린 나이에 추기경으로 임명하였고 가수들과 무희들과 어릿광대를 동원하며 축제를 후원했으며 심지어 점성가들도 불러 조언을 구하였다.[29]

교황 레오 10세(주후 1513-1521)는 1475년 12월 11일에 태어났다. 그는 7세 때 출가하여 8세 때 대수도원장이 되었고 13세에 추기경이 되었다. 『카톨릭 백과사전』은 그에 대해 다음과 같이 말한다.

---

26) 드아우비긴(D' Aubigine), 『종교개혁의 역사』(*The History of Reformation*), p.11.
27) 치니퀴의 글에서.
28) 왈레친스키(Wallechinsky), 『목록의 책』(*The Book of List*), p.331.
29) 『라이프』(Life), 1963년 7월 5일.

레오 10세

그는 자기 자신을 무절제하게 쾌락 속으로 던져 넣었다. 그는 탐욕스럽고도 쾌락적인 사랑에 넋을 잃었으며 값비싼 유흥과 연회를 좋아했는데 이러한 연회에는 술을 마시고 흥청망청 노는 일들이 반드시 있었다.[30]

밑의 그림은 교황 레오 10세의 교서를 보여 주고 있다. 납으로 된 한 쪽 면에는 사도 베드로와 바울이 있고 다른 면에는 교황 레오의 이름과 칭호가 있다. '교서'(Bull)란 단어는 '둥근 것'과 관련이 있는 라틴어에서 유래되어 처음에는 교황의 문서들을 인증해 주는 도장을 가리켰지만 후에는 문서 그 자체를 가리켰다. 오늘날 우리는 '블러틴'(Bulletin) 즉 '게시' 혹은 '공보'란 단어를 사용하곤 하는데 이것은 동일한 어근에서 나온 것이다.

이러한 시대에 마틴 루터는 로마 카톨릭 교회의 젊은 사제로 있으면서 로마를 여행하였다. 그는 일곱 언덕으로 된 도시를 처음으

레오 10세의 교서

---

30) 『카톨릭 백과사전』, 제9권, p.162, 163. '레오 10세' 항목.

로 보았을 때 땅에 엎드려 다음과 같이 말했다. "거룩한 로마여! 내가 그대에게 문안하노라." 그러나 그는 거기에서 많은 시간을 보내지 않았는데 그 이유는 로마가 거룩한 도시가 아님을 금방 알았기 때문이다. 불법이 모든 성직자 계층 가운데 존재하고 있었으며 사제들은 지나친 농담을 하였고 두려운 신성모독을 범하였는데 심지어는 미사 중에도 그리하곤 하였다. 교황의 궁전에서는 12명의 벌거벗은 소녀들이 저녁 시중을 들었다.[31] 루터는 다음과 같이 말했다 "어느 누구도 로마에서 어떤 죄악과 소름끼칠 일들이 자행되고 있는지 잘 알 수 없으며 이 죄악들을 보고 들어야만 믿게 될 것이다." 이러한 이유 때문에 다음과 같은 격언이 생겼다. "만일 지옥이 있다면 로마는 그 위에 세워질 것이다."

로마를 방문한 어느 날 루터는 성 베드로 광장으로 가는 거리에서 여성 교황 동상을 보았다. 이 동상은 교황들에게 유감스러운 대상이었기에 어떤 교황도 이 거리를 지나가려 하지 않았다. 이 동상을 보고 루터는 "나는 왜 교황들이 이 동상을 그대로 남겨 두었는지 참으로 놀랐다."고 말했다.[32] 루터가 죽고 나서 40년이 지난 후에 교황 식스투스 5세는 이 동상을 제거시켰다.

『카톨릭 백과사전』은 여자 교황 요안의 이야기가 단순한 이야기에 지나지 않는다고 말하면서도 다음과 같이 요약하고 있다.

교황 요안

---

31) 두란트의 글에서, p.344
32) 드아우비긴의 글에서, p.59.

교황 레오 4세(주후 847-855) 후에 마인즈 출신의 영국인 요한이 2년 7개월 4일 동안 교황직을 차지하였는데 그는 추측컨대 여자였다. 소녀였을 때 그녀의 애인이 남자 옷을 입혀 그녀를 아테네로 데리고 갔는데 거기서 그녀는 어느 누구도 따라오지 못할 정도로 뛰어난 학식을 보였다. 그녀는 로마에 가서 과학을 가르쳤고 그래서 지식인들의 관심을 끌었으며 결국 교황으로 선출되었다. 그러나 그녀를 수행하는 어떤 사람에 의해 그녀는 임신하게 되었고 성 베드로 광장으로부터 라테란 궁으로 가는 행렬 도중에 출산하였다. 거기서 그녀는 곧바로 죽게 되었고 전해지는 말에 의하면 동일한 장소에 묻혔다고 한다.[33]

정말 여자 교황이 있었는가? 로마 카톨릭 교회의 모순 투성이의 실수들을 노출시킨 종교개혁 이전에 역사가들과 주교들 그리고 교황들도 이 이야기를 믿었다. 『카톨릭 백과사전』은 다음과 같이 말한다.

14-15세기에 이 여자 교황은 이미 역사적인 인물로 여겨졌기에 그녀의 존재를 의심하는 사람은 아무도 없었다. 이 여자 교황은 시에나 성당에 서 있는 조각된 반신상들 가운데 있다. 클레멘트 4세(주후 1592-1595)가 교황으로 있을 때에 그의 요구에 의해 그녀는 교황 사가랴로 변신하였다. 콘스탄스 공회에서 자기의 교리를 변호하며 이단자로 몰렸던 후스는 이 여자 교황을 언급했고 어느 누구도 그녀의 존재에 대해 의문을 제기하지 않았다.[34]

그 중의 몇몇 사람은 어떻게 클레멘트 교황이 요안이라는 여자 교황을 그녀가 죽은지 수세기 후에 사가랴라는 이름의 남자 교황으로 변신시켰는지에 대해 의문을 갖고 있다.

지금까지 몇몇 교황의 삶 속에서 드러나 엄청난 부도덕을 언급하였지만 우리는 결코 모든 교황이 지금까지 언급한 교황들처럼 나쁘다는 인상을 주기를 원치 않는다. 그러나 우리는 이러한 증거들이 로마 카톨릭 교회가 유일하고도 참된 교회라는 주장 즉 '사도적 계승 교리'를 매우 약화시킨다고 믿는다. 왜냐하면 이런 교리가 베드

---

33) 『카톨릭 백과사전』, 제8권, p.407, '여교황 요안' 항목.
34) 동일문서, p.408.

아기를 낳는 교황 요안

로까지 이르는 로마 교황의 계보에 근거를 두고 있기 때문이다. 정말로 이 교리가 중요한가? 만일 그렇다면 이런 교황들, 심지어는 부도덕하고 잔인했던 교황들까지도 그 계보 안에 다 포함시켜야만 한다. 이러한 사도적 계승이 완전히 이루어지려면 심지어 여자 교황이 존재했다는 가능성도 포함시켜야 하는데 이것은 로마 카톨릭 교회의 정책과 분명히 모순되는 것이다. 그러나 다행히 구원은 베드로까지 거슬러 올라가는 교황의 계보에 의거하여 이루어지지 않으며 또한 그리스도를 대표한다고 주장하는 종교체제에 의해서도 이루어지지 않는다. 구원은 오직 그리스도 한 분 안에서만 유일하게 발견될 수 있을 뿐이다.

제13장 교황 무오설

로마 카톨릭 체제에는 위에서 살펴본 수많은 모순들 즉 역병 같은 모순들이 있으며 또한 고대의 야누스 신처럼 자기가 '무오'(infallible)하다고 주장하기 시작한 교황들이 있다. 교황 무오설은 기본적으로 교리들을 규정하는 것과 관련이 있는데 도덕성과 정직성에 있어서 매우 추한 모습을 보인 교황들이 있었기에 사람들은 "과연 교황이 교리에 있어서 무오한가?"라는 의문을 갖게 되었다. 비릴리누스, 이노센트 3세, 클레멘트 4세, 그레고리 11세, 하드리안 6세, 바오로 4세를 포함한 많은 교황들조차도 교황 무오설을 반대하지 않았던가?

이러한 모든 것을 어떻게 알아듣도록 설명할 수 있을 것인가? 이것이 바로 1870년에 열린 바티칸 공회의 주요 과제였으며 마침내 그 지도부는 다음과 같은 내용의 선언문을 채택하였다.

로마 교황이 권위를 가지고 말할 때 즉 그가 모든 그리스도인들의 목자와 교사로서 자기의 직무를 수행할 때 그는 전 교회가 받아들여야 하는 신앙 교리 혹은 도덕들을 규정한다. 이때에 그는 복된 베드로 안에서 약속하신 하나님의 도우심 때문에 무오하며 결과적으로 로마 교황이 내린 정의들은 변경할 수 없다.[1]

---

1) 『카톨릭 백과사전』, 제8권, p.796, '교황 무오설' 항목.

　교황 무오설에 관한 모든 문제가 바티칸 공회의 표현대로 해결될
수는 없었지만 그럼에도 불구하고 교황 무오설은 1870년에 열린
바티칸 공회에서 로마 카톨릭 교회의 공식 교리가 되었다.

　교황들의 역사를 알기에 몇몇 카
톨릭 주교들은 바티칸 공회에서 교
황 무오설을 교리로 만드는 것을 반
대하였다. 이들 중 한 사람이 스트
로스메이어(주후 1815-1905) 주교인
데 그는 『카톨릭 백과사전』에 '교황
무오설에 극심히 반대를 했던 사
람'으로 기술되어 있다.[2] 그는 몇몇
교황이 다른 교황들을 대적하였던
것을 지적하였으며 또한 교황 스테

교황 포르모수스의 해골

파노 6세(주후 896-897)가 자기의 전임 교황 포르모수스(주후 891-
896)를 재판에 회부한 사실에 대해 특별히 언급하였다.

　한 교황이 다른 교황을 재판한 이 유명한 이야기는 실로 경악할
만한 것이다. 왜냐하면 스테파노 6세의 전임 교황인 포르모수스는
이미 8개월 전에 죽어 무덤에 있었기 때문이다. 그럼에도 불구하고
스테파노 6세는 사람들을 시켜 그의 시체를 무덤에서 가져다가 교
황의 보좌에 앉혀 놓았는데 이 때에 죽은 교황은 주교들과 추기경
들 앞에서 교황의 의복을 입고 해골 위에 왕관을 쓰고 썩어 문드러
진 손으로 거룩한 직무의 홀을 쥐고 있었다.

　재판이 진행되는 동안 죽은 시체로부터 나오는 악취가 법정에 가
득 찼다. 교황 스테파노 6세가 앞으로 걸어나와 질문을 하였지만
죽은 사람이 고소하는 질문에 대답할 리 만무였으며 그래서 그에게
는 고소된 내용에 합당한 형벌이 선언되었다. 이 선언과 더불어 교

---

2) 동일문서, 제14권, p.316, '스트로스메이어' 항목.

황의 제복이 벗겨지고 해골에 씌웠던 관도 벗겨졌으며 교황이 축복할 때 사용했던 손가락들은 마디마디 떨어져 나갔고 그의 시체는 거리에 내던져졌다. 결국 그의 시체는 마차 뒤에 매달려 로마의 길거리에서 질질 끌려 다니다가 결국은 티베르강에 내던져지고 말았다.[3]

이처럼 한 교황이 다른 교황을 정죄하였다. 이 일이 있은 뒤에 "스테파노 6세의 두 번째 계승자인 다른 교황은 한 수도승이 강에서 건져 낸 포르모수스의 시체를 가져다가 성 베드로 성당에서 경의를 표하며 다시 매장했다. 게다가 그는 종교회의에서 스테파노 6세가 내린 법정의 판결을 파기시켰고 포르모수스가 내린 모든 명령이 유효하다고 선언하였다. 요한 9세는 두 번의 종교 회의에서 이러한 선언을 확실히 했다. 한편 이와 반대로 세르기우스 3세(주후 904-911)는 로마의 한 종교 회의에서 포르모수스를 정죄한 스테파노의 종교 회의의 결정에 찬동하였다. 세르기우스와 그에게 속한 무리는 포르모수스가 특별히 구별하여 임명한 주교들을 혹독하게 다루었으며 그는 많은 성직자들에게 직분을 수여함으로써 커다란 혼란을 야기시키는 정책을 만들고 말았다."[4] 이와 같이 교황들 사이에 극심한 분쟁이 있었다는 사실은 교황이 무오하다는 사상에 대해 분명한 반론을 제기하는 논증이 된다!

교황 호노리우스 1세는 사후에 주후 680년에 개최된 제6차 공회에 의해 이단자로 규정되었는데 교황 레오 2세는 그에 대한 정죄가 옳음을 증언하였다. 만일 교황들이 무오하다면 어떻게 한 교황이 다른 교황을 정죄할 수 있단 말인가?

교황 비질리우스는 어떤 책들을 정죄하였다가 그 정죄를 무효로 만들었고 후에 다시 그 책들을 정죄하였으며 그리고 나서 또 그 정죄를 철회하였고 또 다시 정죄하였다. 도대체 어디에 교황의 무오

---

3) 동일문서, 제6권, p.141, '포르모수스' 항목.
4) 동일문서.

성이 있단 말인가?

　교황 유진 3세(주후 1145-1153)는 결투를 정당한 것으로 인정하였지만 후에 교황 율리우스 2세(주후 1503-1513)는 결투를 금지시켰다.

　11세기에는 서로 라이벌인 세 명의 교황이 존재한 적이 있었는데 황제 헨리 3세가 소집한 공회에 의해 이 세 사람은 다 정죄를 받았다. 11세기 후반에는 클레멘트 3세가 빅터 3세에 의해 반대를 받았고 후에는 우르반 2세에 의해서도 반대를 받았다. 교황들이 서로 반대한 것을 볼 때 어떻게 그들이 무오하다고 할 수 있겠는가?

　1378년에는 잘 알려진 '대분열'이 있었는데 그것은 50년 동안 계속 되었다. 이탈리아 사람들은 우르반 6세를 선출하였고, 프랑스 추기경들은 클레멘트 7세를 선택했다. 이 교황들은 후에 열린 공회에서 두 사람을 다 정죄하고 다른 교황을 선출할 때까지 매년 서로를 저주했다.

　교황 식스투스 5세는 성경 번역본을 준비하게 하였고 그것이 신뢰할 만한 것이라고 선포하였다. 그렇지만 2년 후에 교황 클레멘트 8세는 그것이 오류로 가득 차 있다고 하면서 다른 번역본을 만들라고 지시하였다.

　교황 그레고리 1세는 '보편적 주교'라는 칭호를 거부하였다. 왜냐하면 그 칭호가 신성을 모독하고 미신적이며 거만하고 또 처음에 배교한 자가 그것을 창안한 것으로 생각했기 때문이다. 그렇지만 수세기 동안 다른 교황들은 이 칭호가 자기에게 합당하다고 주장하였다.

　교황 하드리안 2세(주후 867-872)는 교회가 주관하지 않는 시민 결혼이 유효하다고 선포했지만 교황 비오 7세(주후 1800-1823)는 그와 반대로 그것이 무효하다고 선포하고 그렇게 결혼한 사람들을 가리켜 '무효 결혼을 한 자들'이라고 정죄했다. 교황 유진 4세(주후 1431-1447)는 잔다르크를 정죄하고 그녀를 마녀로 여겨 산 채로 불

태워 버리라고 하였지만 1919년에 또 다른 교황 베네딕트 4세는 그녀를 '성인'으로 공포하였다.

수세기 동안 교황들이 수백 가지 사례에서 서로 모순을 보인 점을 생각해 볼 때 많은 사람들이 교황 무오설을 수용하기가 어려움을 잘 이해할 수 있다. 지금까지 살펴본 교황의 진술들의 대부분은 1870년에 교황 무오설이 처음 제정될 때 사용된 용어 즉 "교황이 교리에 관한 한 권위를 가지고 말하며 여기에는 오류가 없다."(Ex Cathedra)는 차원에서 이루어진 것이 아님은 사실이다. 그러나 만일 교황들이 그렇게 여러 면에서 잘못을 범하였다면 어떻게 그들이 '권위를 가지고' 무엇을 결정하여 말하는 순간에 신과 같은 무오성을 갖게 된다고 할 수 있겠는가?

교황들은 자기들 스스로 '가장 거룩한 주', '세계 교회의 우두머리', '주교들의 최고 교황', '대제사장', '예수 그리스도의 입', '그리스도의 대리자' 등과 같은 칭호를 사용했다. 1894년 6월 20일 교황 레오 13세는 "우리는 이 지구 위에 전능하신 하나님의 처소를 쥐고 있다."고 말했다. 1870년 1월 9일에 열린 바티칸 공회에서는 다음과 같은 내용이 선포되었다.

교황은 직무에 있어서 그리스도이시며 재판과 권능에 있어서 그리스도이시다. 오! 비오 교황이여! 우리는 진리의 하나님인 그리스도의 목소리 앞에서 무릎을 꿇듯 당신의 목소리 앞에서도 무릎을 꿇나이다. 당신을 붙들 때에 우리는 그리스도를 붙드는 것이니이다.

그러나 우리가 알고 있는 역사 기록은 교황이 '직무에 있어서 그리스도'가 아니며 다른 면에서도 그리스도가 아님을 보여 주고 있다. 사실 그와는 정반대이다. 교황들이 썼던 매우 비싼 왕관들은 그 값이 수백만 달러가 넘는다. 그러나 예수님께서는 가시로 된 왕관 외에 그 어떤 왕관도 쓰시지 않았다. 교황은 종들의 시중을 받고 있는데 이것은 섬김을 받으러 오신 것이 아니라 도리어 섬기러 오신 예수님 곧 저 겸손하신 나사렛 사람 예수님의 모습과 얼마나 대조적인가! 교황은 이교도 시대에 유행하던 로마 황제의 의복을 모방하여 만든 매우 화려하고도 값비싼 옷을 입는다. 그러나 이런 헛된 것은 가난한 농부의 옷을 입은 우리의 구원자 예수님과 대조적이다. 많은 교황들의 부도덕성 특히 과거 수세기 동안 그들이 보여 준 부도덕성은 거룩함과 순결함에서 완전하신 그리스도와는 현저하게 대조를 이룬다.

이러한 사실들에 입각해서 우리는 교황이 '그리스도의 대리자' 라고 말하는 것이 사실 그 어떤 근거도 없는 터무니없는 주장이라고 믿는다. 1612년경에 헬위그는 자신의 저서 『로마의 적그리스도』에서 '그리스도의 대리자' 라는 교황의 칭호가 666의 수를 갖는다고 지적했다. 라틴어에서 'Vicarivs Filii Dei' 는 '하나님의 아들의 대리자' 를 뜻하며 이 안의 알파벳은 각각 다음과 같은 수치를 지니고 있다. 6번 사용된 I는 1을 나타내며 L은 50을, V는 5를, C는 100을, 그리고 D는 500을 나타낸다. 이것들을 다 합치면 전체 합계가 666이 되는데 이 숫자는 우리로 하여금 계시록 13장 18절 말씀을 생각나게 한다.

> 지혜가 여기에 있으니 지각이 있는 자는 그 짐승의 수를 세어 볼지니라. 그 까닭은 그것이 어떤 사람의 수이기 때문이니 그의 수는 육백육십육이니라.

여기서 우리는 여러 이름과 호칭이 어떤 말로 어떻게 기록되었느냐에 따라 이 숫자 즉 666을 만들어낼 수 있다는 사실을 공평하게 지적해야 한다. 다음의 실례들은 로마 및 로마 카톨릭 교회와 관련을 갖고 있기에 특별히 관심거리가 될 것이다. 히슬롭에 따르면 로마의 원 이름은 '토성의 도시' 를 의미하는 '사투르니아'(Saturnia)였다고 한다. 토성(Saturn)은 갈대아 사람들의 신비를 전수 받은 자들에게만 계시된 비밀 이름이었으며 갈대아에서 이 이름은 네 개의 문자 즉 'STUR' 로 발음되었다. 이 언어에서 S는 60, T는 400, U

는 6, R은 200이므로 이들을 합하면 666이 된다.

카이사르 네로는 그리스도인들을 가장 많이 핍박한 사람들 가운데 하나였는데 그는 로마의 권세기 최고에 달했을 때의 황제였나. 그런데 그의 이름을 히브리어로 쓰면 666이 된다.

모든 공무(公務)에 사용된 로마의 역사적 언어인 라틴어를 그리스어로 나타내면 'Lateinos'(Latin)가 되는데 이 글자들도 합하면 666이 된다. 그리스어에서 L은 30, A는 1, T는 300, E는 5, I는 10, N은 50, O는 70, S는 200이며 따라서 전체의 합은 666이다. 이것은 3세기경에 이레네우스가 지적한 것이다. 이 단어는 또한 '라틴 사람'을 뜻하며 실제로는 로마의 창시자로 알려진 로물루스를 그리스어로 표현한 것이다. 이 이름은 히브리어로 로미쓰(Romiith)이며 이것 역시 666의 값을 갖는다.

그리스 사람들이나 히브리 사람들과는 달리 로마 사람들은 자기들의 알파벳 모두를 숫자를 나타내는데 사용하지 않고 단지 여섯 글자만을 사용하였는데 그 알파벳은 D, C, L, X, V, I이다. 그 밖의 다른 숫자들은 다 이것들의 조합으로 이루었다. 그런데 로마의 숫자 체계를 이루고 있는 이 여섯 글자를 더했을 때 그 합이 정확히 666이 되는 것은 참으로 흥미 있는 일이고 의미가 있다.

구약성경을 통해 우리는 솔로몬 왕이 매년 금 666 달란트를 받았음을 알고 있다(왕상 10:14). 그런데 이 재산은 그가 타락하는데 중요한 역할을 했다. 신약성경에서 '부'(Wealth)를 나타내는 그리스

D	500
C	100
L	50
X	10
V	5
I	1
합계	666

어는 '유포리아'(euforia)인데 이 수를 합하면 666이다. 신약성경에 나오는 2,000개의 그리스어 명사들 가운데 이 숫자를 가지고 있는 단어가 유일하게 하나 더 있다. 그 단어는 '파라도시스'(paradosis)인데 이것을 번역하면 '전통'이 된다(행 19:25; 마 15:2). 그런데 흥미롭게도 부와 전통은 로마 카톨릭 교회를 타락하게 만든 두 가지의 큰 요인이었다. 부는 로마 카톨릭주의의 행습과 정직성을 타락하게 만들었고, 전통은 교리를 타락시켰다.

제14장 종교재판

중세 시대에는 로마 카톨릭 교회가 매우 타락하여 공공연하게 그 부패성을 드러내었기에 우리는 여러 곳에서 많은 사람들이 항거한 이유를 쉽게 알 수 있다. 이런 때에도 교황의 그릇된 주장을 반대하고 그 대신 구원과 진리를 위해 주 예수님만을 바라본 고귀한 영혼들이 있었다. 이들은 '이단자'라 불렸으며 로마 카톨릭 교회에 의해 쓰라린 박해를 받았다.

이와 같은 박해를 지시한 문서 중 하나는 주후 1252년 교황 이노센트 4세가 고안한 매우 비인간적인 문서 즉 『박멸에 관하여』(Ad exstirpanda)라는 문서이다. 이 문서는 이단자들을 잡아서 "독 있는 뱀을 누르듯 눌러서 짓뭉개라."고 말한다. 그리고 이 문서는 고문을 사용할 것을 공식적으로 승인하였으며 국가의 세속 정부에게 이단자들을 태워 죽일 것을 명령했다. 『카톨릭 백과사전』은 다음과 같이 말한다.

앞에서 말한 교서 즉 『박멸에 관하여』라는 교서는 종교재판소의 기초가 되는 문서로 여러 교황들 즉 알렉산더 4세(주후 1254-1261), 클레멘트 4세(주후 1265-1268), 니콜라스 4세(주후 1288-1292), 보니파스 8세(주후 1294-1303) 그리고 그 밖의 다른 교황들에 의해 새롭게 갱신되고 강화되었다. 그래서 교황들과 국가의 세속 정부의 권세 잡은 자들은 서로 손을 잡고 처참하게 이단자들을 파문시켰고 회개하지 않는 이단자들을 화형에 처했다. 파문을 별것 아닌 것으로 생각해서는 안 되는데 그 이유는 만일 그 사람이 일년 내에 파문에서 자유롭게 되지 못하면 그는 그 시대의 법규에 의해 이단자로 취급받고 이단에 물든 자들에게 내리는 모든 형벌을 받아야만 했기 때문이다.[1]

이 시대의 사람들은 이단자들에게 가장 심한 고문과 고통을 주기 위해 여러 가지 고문 방법을 고안하였다. 그 당시 가장 인기 있는 방법 중 한 가지는 고문대를 사용하는 것이었다. 이 고문대를 써서 그들은 고소당한 사람의 손과 발을 묶고 뒤로 눕힌 뒤 밧줄로 사지를 감아 죄어 잡아당겼는데 이 경우 고문당하는 사람의 사지가 떨어져 나가면서 극심한 고통이 가해졌다.

또한 그들은 무거운 집게로 손톱을 뽑아 내기도 하였고, 신체의 민감한 부분들을 뜨겁게 지져대기도 했으며, 예리한 칼과 송곳들이 달린 롤러 위에 이단자들을 놓고 그 위로 롤러를 굴리기도 했다. 그리고 손가락 뼈마디를 부수기 위해 엄지손가락 고문기구를 사용하기도 했으며 또한 다리와 발가락을 뭉개기 위해 '스페인 부츠'로 알려진 고문기구를 사용하기도 했다.

'철갑 처녀'로 알려진 고문기구는 여인의 모습과 같은 크기로 그 속이 텅 비어 있었다. 여기에 칼들을 꽂아서 여러 방법으로 압박을 주어 고문을 했으며 고문당하는 죄인은 꼼짝없이 칼에 둘러 쌓여 찢김을 당할 수밖에 없었다. 그들은 이러한 고문을 하면서 '성수'

---

1) 『카톨릭 백과사전』, 제8권, p.34.

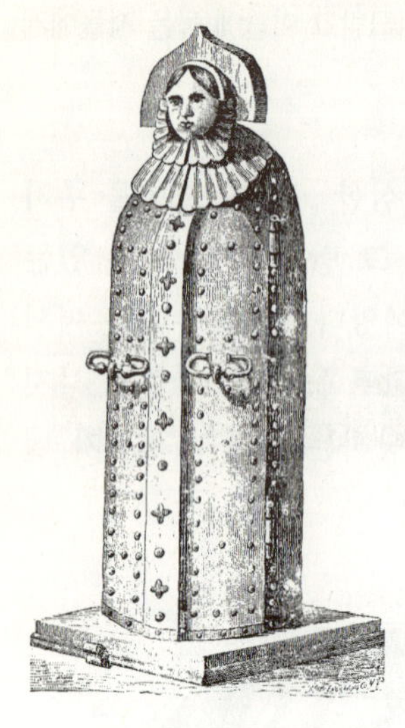

를 기구에 뿌렸고 라틴어로 '오직 하나님께 영광을'이란 말을 적어 놓기도 했다.[2]

그들은 희생자들의 옷을 벗긴 후에 단단한 줄로 그들의 팔을 등 뒤로 묶었고 그들의 발에 큰 추들을 달았다. 그 뒤 그들은 도르래를 사용하여 그들의 몸을 공중에 매달거나 혹은 떨어뜨렸다가 갑자기 들어올림으로서 신체 부위의 관절이 떨어져나가게 만들었다. 이러한 고문을 행하는 동안 사제들은 십자가를 들고 이단자들이 자기들의 주장 혹은 교리를 철회할 것을 요구하였다.

1554년 롬바르디아 사람으로 프로테스탄트였던 감바는 체포되어 밀라노 판결에 의해 처형되었다. 그 사형 집행 장소에서 한 수도승이 그에게 십자가를 제시했는데 이때에 감바는 그에게 다음과 같이 말했다. "'나의 마음은 그리스도의 은덕과 선하심으로 충만하기에 나는 그 무의미한 나무 조각을 받을 마음이 없습니다." 이 말 때문에 그는 혀가 잘렸고 후에 화형에 처해졌다.[3]

로마 카톨릭 교회의 가르침을 거절한 사람들 중 어떤 이들에게는 귀와 입에 납을 부어 넣는 고문을 가하기도 했다. 또 눈을 빼는 사례도 있었고 채찍으로 잔인하게 내려치는 사례도 있었다. 한편 어떤 사람들은 긴 못들이 박혀 있는 낭떠러지 아래로 갑자기 떨어져 거기서 고통의 전율을 느끼며 오랜 고통 가운데 죽어갔다. 또 다른 사람들은 자기 자신의 몸에서 떨어진 살 조각과 소변과 배설물로 인해 질식사를 당하기도 했다. 종교재판소에서 고문을 당하는 희생

---

2) 스미스, 『인간과 그의 신들』, p.286.
3) 『폭스의 순교사화』(*Foxe's Book of Martyrs*), p.103.

종교재판의 고문실(피카트 1673-1733)

자들은 밤에 마룻바닥이나 벽에 쇠사슬로 묶였으며 그 결과 그들은 피로 가득 찬 고문실 안에 살고 있는 쥐들과 해충의 먹이가 되어 죽을 수밖에 없었다.

종교재판소를 운영하게 만든 종교적인 편협함으로 인해 전쟁이 일어났고 유럽의 전체 도시들이 여기에 휩쓸리게 되었다. 주후 1209년 베지에르라는 도시는 이단자들을 박멸하는 운동에 가담하면 죽어서 연옥을 거쳐 즉시 천국에 들어간다는 교황의 말을 굳게 믿은 사람들에 의해 점령을 당했다. 보고된 바에 의하면 이 도시에서 6,000명이 칼로 살육되어 거리에는 피가 강같이 흘렀다고 한다.

주후 1211년 라바우어에서는 총독이 교수대에서 처형되었고 그의 아내는 우물 안으로 밀려들어가 돌에 맞아 죽었으며 약 400명은 산 채로 화형을 당했다. 그리고 나서 이단 박멸 운동가들은 아침에 대미사에 참석한 뒤에 다른 지역의 도시들을 점령하러 전진해 나아갔다. 이 포위 공격으로 인해 약 100,000명의 알비파 사람들 (Albigenses) — 성경대로 믿는 신자들의 한 무리 — 이 하루 아침에 죽임을 당했다. 그들은 이들의 시체를 함께 모아 태워 버렸다.

　메린돌 대학살에서는 500명의 여인들이 창고에 갇힌 채 불에 타서 죽임을 당했다. 만일 어떤 사람이 창문을 통해 밑으로 뛰어내린다 해도 그 아래에는 뾰족한 창들이 그 사람을 맞을 준비를 하고 있었다. 또한 여인들은 공개적으로 비참하게 폭행을 당했으며 어린아이들 역시 그들을 보호할 능력이 없는 부모들 앞에서 처참하게 살해되었다. 몇몇 사람들은 절벽에서 밀려서 떨어졌고 옷이 벗겨진 채 거리에 질질 끌려 다니는 고통을 당하며 죽기도 했다.

　1562년 오렌지 대학살에서도 유사한 방법들이 사용되었다. 교황 비오 4세는 이탈리아 군대를 보내 남자와 여자와 어린아이들을 다 살육하라고 명령했다. 군인들은 이러한 교황의 명령을 잔인하게 수행하였고 사람들은 혹독하고도 다양한 고문으로 고통과 죽임을 당했다.

위그노 대학살

1572년 '성 바돌로매의 날'에 만여 명의 위그노 교도들 (Huguenots) — 성경대로 믿는 신자들 — 은 프랑스 파리에서 피비린내 나는 대학살을 당하였다. 이때 프랑스 왕은 많은 이단자들을 살육하게 된 것에 감사를 드리고자 돌아와서 미사를 드렸다. 교황청은 이 소식을 매우 기쁘게 받아들였고 교황 그레고리 13세는 감사를 드리기 위해 장엄한 행렬과 함께 성 루이스에 있는 교회로 갔다. 그리고 그는 교황의 조폐소에 명령을 내려 이 사건을 축하하는 동전을 만들라고 지시했다. 동전에는 한 손에 칼을 쥐고 다른 손에는 십자가를 들고 있는 천사와 그 앞에서 겁에 질린 얼굴을 하고 도망치는 위그노 교도들의 모습이 그려져 있다. 주후 1572년에는 위그노 교도들의 살육을 의미하는 'Ugonottorum Stranges'라는 말이 동전에 새겨졌다.

『리드패드의 세계사』에서 취한 옆의 그림은 네덜란드의 종교재판소에서 고문하는 모습을 보여준다. 한 프로테스탄트가 고문대에 발이 낀 채 매달려 있으며 밑에는 화로에서 그의 눈을 지지기 위한 젓가락이 달구어지고 있다.[4]

오늘날 '위대한 교황'으로 알려진 몇몇 교황들이 이 시대에 살았고 이 시대에서 성공했던 사람

네덜란드에서의 고문

---

4) 『리드패드의 세계사』(*Ridpath's History of the World*), 제5권, p.297.

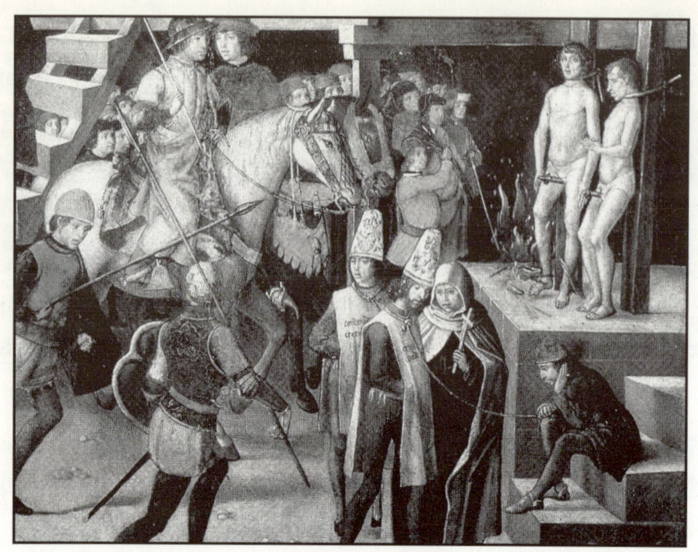

스페인의 종교재판

들이다. 왜 그들은 지하 감옥의 문을 열어 수세기 동안 유럽의 하늘을 어둡게 만든 저 살인적인 불을 끄지 않았는가? 만일 로마 카톨릭 교회가 면죄부 판매나 미신적인 동상 숭배 또는 몇몇 교황의 부도덕성 같은 것을 교회의 공식적인 법과 반대되게 행한 '악습' 이므로 용서해야 한다고 말한다면 종교재판소에 대해서는 무엇이라 할 수 있겠는가? 그것은 그렇게 쉽게 설명될 수 있는 사안이 아니다. 왜냐하면 그것은 사실로 남아 있으며 교황들이 종교재판소를 열 것을 법령으로 명령했고 또 계속해서 그것이 유효함을 확인했기 때문이다. 이러한 파렴치한 행위가 자기를 치는 자에게 뺨을 돌려대며 원수를 사랑하고 용서하며 우리를 멸시하는 자들에게 선을 행하라고 말씀하신 예수 그리스도를 보여 주는 행위라고 믿을 사람이 과연 있겠는가?

성직자 계급

제15장

로마 카톨릭 교회에서 교황 다음으로 가장 높은 서열을 가진 사람은 '추기경'이다. 성경은 예수 그리스도께서 자신의 교회에 사도들과 대언자들과 복음 선포자들과 목사들과 교사들을 두셨다고 말한다(엡 4:11). 실로 우리는 예수 그리스도께서 추기경 그룹을 지명했음을 암시하는 그 어떤 말씀도 결코 발견할 수 없다. 성경과는 대조적으로 원래의 추기경들은 기독교가 탄생하기 이전 시대에 존재하던 로마의 고대 이교 종교에서 있었던 주도적인 제사장 그룹이었다. 콜럼버스 기사단이 출간한 『이것이 카톨릭 교회이다』라는 책은 이에 대해 다음과 같이 설명한다.

> 고대에 추기경들은 로마의 주요 성직자였다. 추기경(cardinal)이란 단어는 '돌쩌귀'를 의미하는 라틴어 'cardo'(hinge)에서 유래되었는데 이로써 우리는 이들이 성직자 계급의 중추적 요원들임을 알 수 있다.[1]

그런데 왜 고대 로마의 사제들이 '돌쩌귀'라는 단어와 관련이 있단 말인가? 분명히 그들은 문과 돌쩌귀의 신이던 야누스(Janus)의 사제들이었다. 야누스는 '시작의 신'이며 달력의 첫 달이 영어로 'January'인 것은 바로 이 단어가 야누스라는 이름에서 유래되었

---

1) 리터(Ritter), 『이것이 카톨릭 교회이다』(*This is the Catholic Church*), 소책자 50, p.38.

기 때문이다. 문들의 신인 야누스는 그들을 보호하며 지키는 자였
다. 심지어 오늘날에도 문을 지키는 자를 가리켜 영어로 ‘janitor’
라 하는데 이것 역시 야누스에서 유래한 말이다.

한편 야누스는 ‘여는 자와 닫는 자’로도 알려졌다.[2] 소아시아 같
은 지역에서는 사람들이 야누스에게 경배했기 때문에 우리는 필라
델피아 교회에게 주신 예수님의 말씀을 이런 배경을 통해 좀더 잘
이해할 수 있다.

> 필라델피아에 있는 교회의 천사에게 편지하라. 거룩하고 진실하며 다윗의
> 열쇠를 가진 이 곧 열면 닫을 사람이 없고 닫으면 열 사람이 없는 이가 이것
> 들을 말하노라. 내가 네 행위를 아노라. 볼지어다, 내가 네 앞에 열린 문을
> 두었으니 아무도 닫지 못하리라. 이는 네가 적은 힘을 가지고도 내 말을 지
> 키며 내 이름을 부인하지 아니하였음이라. (계 3:7-8)

이교도들의 신인 야누스는 위조품이며 오직 예수 그리스도만이
문을 열고 닫을 수 있는 참 하나님이시다. 히슬롭은 추기경들에 대
해 이렇게 말한다.

> 교황을 머리로 하는 추기경 그룹은 이교도들의 대승원장(Pontifex Maximus) 혹
> 은 최고 승원장(Sovereign Pontiff)을 머리로 두는 승원장들(Pontiffs)의 집단과
> 비슷하며 이 같은 제도는 바빌론에 있었던 원래의 승원장 공회라는 모델에 그
> 뼈대를 두고 있는 것으로 알려졌다.[3]

이교도 신앙과 기독교가 서로 혼합되었을 때 이교 국가 로마에서
우상을 섬기던 돌쩌귀 사제들인 추기경들은 결국 교황의 로마 카톨
릭주의에서 자기들의 자리를 차지하게 되었다.

로마 카톨릭 교회의 추기경들이 입고 있는 의복은 빨간색이다.
홍관조(cardinal bird), 카디날 꽃(cardinal flower: 북미에서 나는 빨

---

2) 히슬롭, 『두 개의 바빌론』, p.210.
3) 동일문서, p.206.

간색 꽃) 그리고 카디날 사제들
은 다 빨간색과 관련이 있다.
성경은 빨간색 의복을 입고 있
는 바빌론의 통치자들에 대하
여 다음과 같이 언급하고 있
다.

> 그녀가 자기의 행음을 많게 하였
> 으니 이는 그녀가 벽에 그린 사
> 람들 곧 주홍색으로 그린 갈대아
> 사람들의 형상들을 보았음이니
> 라. 이 형상들은 띠로 허리를 동
> 이고 물들인 수건으로 머리를 엄
> 청나게 쌌으며 그들은 다 바라볼
> 만한 통치자들로 그 몸가짐은 그
> 들이 출생한 땅 갈대아의 바빌론
> 사람들을 따랐더라. (겔 23:14-15)

붉은 색 옷을 입은
추기경(Cardinal)

한편 바빌론 종교를 상징하는 음녀는 주홍색의 옷을 입고 있다(계
17:4). 고대로부터 붉은 색이나 주홍색은 죄와 관련이 있었다. 이사
야 대언자는 다음과 같이 말했다.

> **주**께서 이르시되, 이제 오라. 우리가 함께 변론하자. 너희 죄들이 주홍 같을
> 지라도 눈같이 희어질 것이요, 진홍같이 붉을지라도 양털같이 희어지리라.
> (사 1:18)

간음은 종종 주홍빛 죄로 언급되며 붉은 색은 '홍등가'(red-light
district)라는 표현이 있듯이 매춘과도 관련을 갖고 있다. 이러한 것
들을 살펴볼 때 로마 카톨릭 교회에서 중요한 위치를 차지하고 있
는 사람들이 붉은 색의 의복을 입는 이유를 묻지 않는 것은 오히려
이상한 일이다. 여기서 우리는 결코 붉은 색 옷을 입는 것이 합당하

지 않다고 말하려는 것이 아니다. 그렇지만 추기경들이 이런 옷을 입는다는 것은 어째 좀 이상한 관행처럼 보인다. 우리는 과연 사도들도 그런 의복을 입었다고 추측할 수 있단 말인가? 그들이 그런 옷을 입지 않았다면 추기경들의 붉은 색 의복은 고대 로마의 이교도 사제들이 입은 옷을 모방하여 만든 것이라고 생각하는 것이 그럴듯하지 않은가?

이교도들의 시대에 돌쩌귀 사제들은 제사를 드리는 사람(Flamens)으로 알려져 있다. '플레어'(flare)에서 파생된 이 단어는 거룩한 불을 켜거나 부는 자를 의미한다.[4] 그들은 바커스 신의 신비한 부채로 부채질하면서 거룩한 불꽃을 지키는 자들이었는데 그들이 지키는 불의 색깔처럼 그들의 의복도 붉은 색이었다. 그들은 이교도들의 시대에 최고 승정원을 섬기는 종들이었고 사실 오늘날의 추기경들 역시 최고 승정원이란 칭호를 주장하는 교황의 종들이다. 이교도들의 시대에 제사를 드렸던 사제들이 세 그룹으로 분명하게 구분되었던 것처럼 추기경들도 그렇게 나누어진다. 추기경 그룹은 추기경, ― 주교들(Cardinal-bishops), 추기경 ― 사제들(Cardinal-priests) 그리고 추기경 부제들(Cardinal-deacons)로 구분된다.

로마 카톨릭 교회에서 교황과 추기경 다음의 권위를 가진 사람들은 주교들(bishops)이다. '교황' 또는 '추기경'이라는 칭호는 성경에 없지만 '주교'는 성경에 '감독'으로 나온다. 그러나 '성인' ― 성경의 성도 ― 이란 말처럼 '주교'란 말도 대체적으로 잘못 이해되어 왔다. 많은 사람들이 '주교' 혹은 '감독'을 다른 목회자 그룹이나 교회들을 다스리는 권위를 가진 상당히 높은 서열의 목회자라고 생각한다. 이러한 사상은 '대성당'(영어 'cathedral')이란 단어에 잘 반영되어 있는데 이 단어는 '보좌'(throne)를 의미하는 '카쎄드

---

4) 펙(Peck), 『하퍼의 고전문학과 고대사 사전』(Harper's Dictionary of Classical Literature and Antiquities), p.675.

라'(cathedra)에서 파생된 말이다. 다른 교회들과는 달리 대성당은 주교의 보좌가 놓여 있는 성당이다.

그러나 성경은 어떤 선택된 도시들의 목회자들만을 '주교' 혹은 '감독'이라 부르지 않고 모든 목회자를 '감독'(bishop)이라 부른다. 사도 바울은 디도에게 "각 도시에 장로들을 세우라."고 지시하였으며(딛 1:5) 그 뒤에 이 장로들을 주교(감독)라 불렀다(딛 1:7). 성경에는 지역 교회의 감독이 있을 뿐이지 교단의 감독 같은 것은 존재하지 않는다. 이런 제도는 다 로마 카톨릭주의에서 나온 산물이다.

내가 너를 크레테에 남겨 둔 목적은 너로 하여금 부족한 것들을 바로잡고 또 내가 너를 세운 것같이 각 도시에 장로들을 임명하게 하려 함이니 장로는 책망 받을 것이 없고 한 아내의 남편이며 방탕하다는 비난을 받거나 제 멋대로 한다는 비난을 받지 아니하는 신실한 자녀를 둔 자라야 하리라. 이는 감독이 하나님의 청지기로서 결코 책망 받을 것이 없어야 하기 때문이라. (딛 1:5-7)

또 바울은 에베소 장로들에게 다음과 같이 말했다.

바울이 밀레도에서 사람을 에베소로 보내어 교회의 장로들을 부르니 … 그러므로 너희 자신과 모든 양떼에게 주의를 기울이라. 성령님께서 너희를 그들의 감독자로 삼으사 하나님께서 자신의 피로 사신 하나님의 교회를 먹이게 하셨나니 (행 20:17, 28)

여기서 감독자(overseers)로 번역된 단어는 다른 곳에서 감독(주교)이라 번역된 것과 동일한 단어이다. 역시 '먹이다'(feed)란 단어도 '목사'라고 번역된 단어와 동일한 의미를 가진다. 이러한 사역자들은 장로, 감독(주교), 감독자 그리고 목사를 뜻하며 이 모든 표현은 정확하게 동일한 직무를 언급하고 있다.

이로 보건대 성경에 나타난 감독(주교)은 특별 보좌에 앉아서 다른 목회자들을 다스리면서 권위를 행사하는 큰 도시의 목회자 — 혹은 프로테스탄트 교회의 노회나 연회의 감독 — 가 아님이 확실

하다. 각 교회마다 장로들이 있었고 이 장로들은 감독들이었다! 이
와 같은 사실을 마틴 루터는 잘 이해하였으며 그래서 다음과 같이
말했다.

> 지금 우리에게 있는 주교들(감독들)은 성경과 무관한 사람들이다. 그들은 제정
> 된 직분이며 이로써 한 목회자가 다른 목회자들을 다스릴 수 있게 되었다.[5]

심지어 신약성경이 완성되기 이전에 니골라당의 교리에 대해 경
고하는 것이 필요하였다(계 2:6). 스코필드에 따르면 '니골라당' 이
란 단어는 '정복하다' 란 의미를 지닌 '니카오'(nikao)와 '일반 백
성' 이란 의미를 지닌 '라오스'(laos)에서 유래되었다고 한다. 만일
스코필드의 해석이 사실이라면 이것은 후에 평등한 형제들(마 23:8)
을 '사제 계급' 과 '평신도 계급' 으로 나누어 일반 백성을 짓누른
'사제단' 또는 '성직자' 개념의 초기 형태를 말하는 것이다.[6]

'사제'(priest)란 말은 — 혹은 성경의 제사장 — 교회 지도자들만
을 말하는 것이 아니라 실제로 모든 신자를 말한다. 베드로는 목회
자들에게 성도들 위에 군림하지 말라고 말했다.

> 너희 가운데 있는 장로들에게 권면하노니 나 역시 장로요, 그리스도의 고난
> 의 증인이요, 또한 앞으로 나타날 영광에 참여할 자니라. 너희 가운데 있는
> 하나님의 양떼를 먹이고 감독하되 억지로 하지 말고 자진해서 하며 더러운
> 이익을 위하여 하지 말고 오직 기꺼운 마음으로 하며 하나님의 상속 백성
> 위에 군림하지 말고 오직 양떼에게 본이 되라. (벧전 5:1-3)

여기서 '상속 백성'(heritage)이라고 번역된 단어는 '성직자' 를
의미하는 '클레에론'(kleeron)에서 파생되었다. 『매튜 헨리 주석』이
설명하듯이 하나님의 자녀들에게는 다 '하나님의 상속 백성' 또는

---

5) 루터(Luther), 『독일 귀족에게』(*To the German Nobility*), p.317.
6) 스코필드, 『스코필드 관주성경』, p.1332.

'성직자'라는 칭호가 주어졌는데 이 단어는 결코 신약성경에서 단지 종교와 관련된 목회자들에게만 제한되어 사용되지 않았다. '성직자'와 '평신도'를 인위적으로 구분하는 것을 반대한다고 해서 목회자들에게 합당한 존경과 영예를 줄 필요가 없다고 말하는 것이 아니다. 성경은 이에 대해 분명히 말한다.

잘 다스리는 장로들을 두 배나 존경할 자로 여기되 특별히 말씀과 교리에 수고하는 이들에게 그리할 것이니라. (딤전 5:17)

그러나 이러한 구분으로 인해 대부분의 회중들은 목회자만 하나님의 사역에 대한 모든 책임을 져야 한다고 생각하게 된다. 사실 하나님께서는 자신의 모든 백성이 수행할 사역을 주신다. 이것은 결코 모든 사람이 말씀을 전하는 설교 사역을 해야 함을 뜻하지 않는다! 사실 주님을 생각하며 심지어 냉수 한 잔 주는 것에도 그 목적이 있고 그에 따른 보상이 있다(마 10:42). 따라서 우리 모두는 "주여! 제가 행할 것이 무엇입니까?"라고 기도해야 할 것이다(행 9:6). 신약성경에서는 교회의 모든 사역이 한 사람에게 놓여 있지 않다. 성경이 여러 곳에서 보여 주듯이 교회의 초기에는 유대인들의 전통을 따라 여러 명의 장로가 목회를 했다.

다음의 성경 구절은 이를 보여 준다.

그들이 각 교회에서 장로들을 임명하고 금식하며 기도하고 자기들이 믿는 주께 그들을 맡기고 (행 14:23)

내가 너를 크레테에 남겨 둔 목적은 너로 하여금 부족한 것들을 바로잡고 또 내가 너를 세운 것같이 각 도시에 장로들을 임명하게 하려 함이니 (딛 1:5)

이와 같이 '교회의 장로들(복수)'이란 표현이 여러 곳에서 사용되었다(행 20:17; 약 5:14).

고해성사

예수 그리스도의 피에 의해 죄로부터 깨끗함을 받은 사람은 다 '하나님의 제사장'이고 '왕가의 제사장'이다. 모든 성도가 제사장이라는 개념은 분명하게 신약성경에 나타나 있다. 그러나 어떤 사람들이 자기 자신을 높여서 하나님의 상속 백성 위에 군림하려 하기 시작하면서부터 그들은 죄를 고백할 사제와 세례를 주고 성수를 뿌려 주는 사제와 마지막 의식인 노자 성사를 집례할 사제와 미사를 올려 주는 사제 등이 필요하다고 가르쳤다. 예배를 집례한다는 개념 자체가 로마 카톨릭 개념인 것이다.

사람에게 아첨하는 말을 하거나 호칭을 주려 하지 않았던 엘리후와는 달리(욥 32:21) 자기 자신을 높여 성도들 위에서 군림하려 한 자들은 자기 자신을 위해 비성경적인 호칭을 취하기 시작했다. 어떤 경우에 그들은 심지어 유일하게 하나님께만 속하는 칭호까지도 사용했다! 이러한 관행에 대해 예수님께서는 다음과 같이 말씀하셨다.

땅에 있는 자를 너희 아버지라 일컫지 말라. 이는 너희 아버지는 한 분이시니 곧 하늘에 계신 분이시기 때문이라. 또한 너희는 지도자라 일컬음을 받지 말라. 이는 너희 지도자는 한 분이니 곧 그리스도이기 때문이라. 오직 너희 중에 가장 큰 자는 너희 종이 될 것이요, 누구든지 자기를 높이는 자는 낮아지고 자기를 낮추는 자는 높아지리라. (마 23:9-12)

그리스도가 교회를 설립하신 분이라고 주장해 온 교회가 수세기 후에 그분께서 결코 사용하지 말라고 한 바로 그런 칭호들을 사용했다는 것은 참으로 이해하기 어려운 일이다. 여기서 저자는 로마 카톨릭 교회에서 사제를 'Father'라 부르는 것에 대해 말한다. 성경은 땅에 있는 지도자를 '아버지'라 부르지 말라고 말씀한다. 따라서 천주교 사제를 '신부'(神父)라 부르면 안 된다. 그것은 곧 '하나님 아버지'라고 부르는 것이기 때문이다. 그럼에도 불구하고 로마의 주교는 '교황'(Pope)이라 불렸는데 이 말은

교황 요한 바오로 1세

단지 아버지란 단어를 조금 바꾼 것에 지나지 않는다. 잘 알다시피 로마 카톨릭주의의 사제들도 한결같이 '신부' 즉 아버지라 불린다. 우리는 초기 시대의 로마에 들어온 '신비주의'의 주요한 분파 가운데 하나가 미트라교임을 기억해야 한다. 이 미트라 종교에서는 거룩한 의식을 주재하는 사람들을 '아버지들'(fathers) 즉 '신부'라고 불렀다.[7]

『카톨릭 백과사전』은 미트라교에 대해 다음과 같이 말한다.

아버지들 즉 신부들(여기에서는 종교적인 칭호로 사용됨)은 예배를 집례했으며 아버지들의 우두머리는 일종의 교황으로서 항상 로마에 살았다. 그리고 그는 '아버지들의 아버지'(Pater patrum)라 불렸다.[8]

만일 로마에서 이교도들이 자기들의 사제들을 '아버지'라 불렀고

<hr>

7) 쿠몬트(Cumont), 『미트라의 신비들』(*The Mysteries of Mithra*), p.167.
8) 『카톨릭 백과사전』, 제10권, p.403, '미트라교' 항목.

그리스도께서도 땅에 있는 어떤 지도자를 아버지라 부르지 못하게 했다면 사제를 신부라 부르고 교황을 '거룩한 아버지' 즉 '성부'라 부르는 로마 카톨릭 교회의 관행은 어디에서 나온 것일까? 그리스도에게서 나온 것인가? 아니면 이교주의에서 나온 것인가?

심지어 성경은 이교주의의 사제가 아버지라 불린 실례를 제시하고 있다. 사사기를 보면 미가라는 사람이 나이 어린 레위 사람에게 다음과 말하는 대복이 있다.

> 미가가 그에게 이르되, 나와 함께 거하며 나를 위하여 아버지와 제사장이 되라. 내가 해마다 은 십 세겔과 의복 한 벌과 양식을 주리라, 하므로 그 레위 사람이 *거기로* 들어갔더라. (삿 17:10)

미가는 아들이 있는 어른이었고 그 레위 사람은 청년이었다. 여기서 '아버지'란 칭호는 분명히 종교적인 의미로 사용되었으며 이교도들의 사제직을 규정한 말이다. 미가는 그 청년이 자기의 신들을 모신 집에서 아버지와 제사장이 되기를 원했다. 이것은 카톨릭주의의 전형적인 모형이다. 왜냐하면 그 청년이 주의 말씀을 대언한다고 주장했지만(삿 18:6) 그 경배가 분명히 우상숭배와 이교주의로 혼합되었기 때문이다.

로마 카톨릭 교회는 고위 성직자에게 '나의 주'를 의미하는 '몬시뇨'(Monsignor)라는 칭호를 주고 있다. 이것은 다소 일반적인 칭호인데 『카톨릭 백과사전』은 몇몇 고위 성직자들을 칭할 때 이 칭호를 바르게 사용할 수 있다고 말한다.

> 초기의 주교들을 가리켜 '당신의 축복'(Vostra Beautitudine)이라 하지 않고 대주교를 '은혜로우신 이'(Your Grace)라 하지 않으며 주교들을 '나의 주'(My Lord)라 하지 않고 이 모든 칭호 대신 몬시뇨로 정중하게 인사하는 것은 합당하다.[9]

---

9) 동일문서, p.510, '몬시뇨' 항목.

'대주교'(archbishop)에서 '대'를 뜻하는 'arch'라는 단어에는 '지도자' 혹은 '선생'(master)이란 뜻이 있다. 따라서 대사제 (archpriest), 대주교(archbishop), 대부제(archdeacon)라는 말에는 '지도자' 혹은 '선생'이라는 뜻이 들어 있다. 로마 카톨릭 도미니칸 파의 수장은 '지도자 대장'(master general)이라 불린다. 우리는 여기서 다시 한 번 이러한 칭호를 배격하는 예수 그리스도의 말씀을 기억할 필요가 있다.

> 또한 너희는 지도자(master)라 일컬음을 받지 말라. 이는 너희 지도자는 한 분이니 곧 그리스도이기 때문이라. (마 23:10)

성경적으로 말하자면 목사들이 사용하는 '레버런드'(Reverend)라는 칭호도 하나님에게만 적용되는 칭호이다. 이 칭호는 성경에 단 한 번 나타난다.

> 그분께서 자신의 백성에게 구속함을 보내시며 자신의 언약을 영원히 명령하셨으니 그분의 이름은 거룩하고 지존하시도다. (시 111:9)

'지존자' 즉 '레버런드'란 단어는 라틴어 '레베르'(revere)에서 온 것으로 15세기에 처음으로 존경의 칭호로 영국의 성직자들에게 적용되어 사용되었다. 이 칭호에서 변형된 칭호들에는 다음과 같은 것이 있다. 'The Reverend', 'The Very Reverend', 'The Most Reverend', 그리고 'The Right Reverend' 등.

이 칭호들은 다 '가장 지존하신 분'이란 의미를 갖고 있다. 이러한 칭호들을 사용하는 것에 대해 런던의 유명한 설교가 스펄전(C. H. Spurgeon) 목사는 다음과 같이 주석을 썼다.

> 나는 단순히 하나님의 종으로 알려지기를 원한다. 그리고 나는 나의 모든 언행이 정말로 내가 그분의 종이라는 사실을 증명하길 원한다. 만일 하나님의 종인 내가 나의 동료 그리스도인들에게 어떤 방법으로든 존경을 받게 된다면 그것은

결코 내 이름 앞에 하나님의 지존하신 호칭을 도둑질해서 붙이거나 천주교 사제의 로만 칼라를 하거나 성직자처럼 보이는 가운을 입는 일로 그렇게 되는 것이 아니라 내가 행하는 일로 인해 그렇게 되기를 원한다.

예수님께서 이러한 아첨의 칭호들을 반대하셨을 때 그분께서 염두에 두신 것은 제자들끼리 겸손하게 평등하게 행하는 것이었다. 그렇다면 우리는 '하나님의 상속 백성 위에 군림하려는' 자세를 취하는 고위 성직자들의 가장된 권위를 마땅히 단호하게 거절해야 하지 않겠는가? 사람이 스스로 영광을 받는 대신 그 모든 영광을 하나님께 돌려드려야 하지 않겠는가?

이제 성령께서 밝히 말씀하시기를 마지막 때에 어떤 사람들이 믿음에서 떠나 유혹하는 영들과 마귀들의 교리에 주의를 기울이리라 하셨으니 이들은 위선으로 거짓말을 하며 자기 양심을 뜨거운 인두로 지진 자들이라. 이들이 혼인을 금하고 음식물을 삼가라 명령할 터이나 음식물은 하나님께서 창조하신 것이니 진리를 믿고 아는 자들이 감사함으로 받을 것이니라. (딤전 4:1-3)

디모데전서 4장 1-3절에서 사도 바울은 마지막 때에 참된 믿음으로부터 떠나는 배교가 발생할 것이라고 경고했다. 클락(Adam Clarke)은 그의 유명한 주석에서 다음과 같이 쓰고 있다.

이것은 꼭 이 세상의 마지막 시대의 일을 의미하는 것이 아니라 초대 교회 이후의 모든 시대에 계속해서 일어나는 일을 의미한다.[1]

사실 믿음으로부터 떠나는 배교는 역사를 아는 사람들이 잘 이해하고 있듯이 기독교 초기 시대부터 발생했다. 초대 그리스도인들은 마귀 숭배를 이교도 신들의 숭배로 인식했다(고전 10:19-21). 따라서 디모데전서 4장에서 바울이 '마귀들의 교리'에 대해 경고한 것은 분명히 이교도들의 신비주의 가르침과 관련이 있다. 여기서 그는 특별히 '결혼을 금하는' 교리에 대해 언급하고 있다. 신비종교

---

1) 클락, 『클락 주석』, 제6권, p.601.

에서 이러한 교리는 모든 사람에게 적용되지 않는다. 사실 이것은 사제의 독신 제도에 대한 교리였다. 히슬롭에 의하면 이처럼 결혼하지 않는 사제들은 세미라미스 여왕의 사제들 가운데 고위 사제들이었다고 한다. "이상하게 보일지 모르지만 고대의 문헌들은 세미라미스가 성직자의 독신제도를 창안했으며 그것도 아주 엄격한 형태로 창안했음을 보여 준다."[2]

이 같은 신비종교가 퍼진 모든 국가에서 사제의 독신을 요구한 것은 아니었다. 이집트에서는 사제의 결혼이 허용되었다. 그러나 "모든 학자들은 바빌론의 여신 키벨레 숭배가 이교도 국가 로마에 소개되었을 때 그것은 아주 원시형태로 성직자의 독신 제도와 함께 소개되었음을 잘 알고 있다."[3] 한편 성직자들의 결혼 금지 교리가 순결을 조장하지 않고 오히려 이교도 국가 로마의 독신 사제들이 너무나 사악한 일들을 행하였으므로 원로원은 그들을 로마 공화국으로부터 내쫓아야 한다고 느꼈다. 후에 사제들의 독신 제도가 로마 카톨릭 교회에 들어와 정착되었을 때에도 역시 유사한 문제들이 일어났다. "교황 바오로 5세가 거룩한 도시 로마에 허가받은 윤락가를 제재하려고 했을 때 로마의 원로원은 그러한 윤락가를 두어야만 사제들이 자기들의 아내와 딸들을 유혹하지 못하게 할 수 있다는 이유를 들어 교황의 계획이 효력을 발행하지 못하도록 반대의 탄원을 하였다."[4] 사실 그 당시에 로마는 이름만 거룩했을 뿐이다. 그 도시의 인구는 100,000명이 채 되지 않았는데 매춘부는 무려 6,000명이나 되었다고 역사 기록은 전하고 있다.[5] 역사가들은 다음과 같이 말한다. "모든 성직자들은 첩을 두고 있었고 로마의 모든 수녀원은 추악한 것으로 유명했다."[6]

---

2) 히슬롭, 『두 개의 바빌론』, p.219.
3) 동일문서, p.220.
4) 동일문서.
5) 두란트, 『문명의 역사: 종교개혁』, p.21
6) 드아우비긴, 『종교개혁의 역사』, p.11.

추기경 디알리는 수도원의 부도덕성을 차마 표현할 수 없다고 말하면서 '베일을 쓰는 것' 즉 수녀가 되는 것은 공개적으로 창녀가 되는 길 가운데 하나였다고 말하였다. 주후 9세기에는 강간이 너무 심하여 스튜디타는 심지어 수도원에 암컷 짐승을 두는 것도 금지시켰다! 주후 1477년에는 케르카임에 있는 카톨릭 수도원에서 밤의 무도회와 더불어 진탕 마시고 놀아대는 유흥 모임이 열렸는데 이것은 공개적인 창녀촌에서 행해지는 것보다 훨씬 더 사악한 것으로 역사에 묘사되어 있다.[7]

그래서 사제들은 '모든 여자의 남편'으로 알려지게 되었다. 함부르크의 대주교인 귀족 알베르트는 자기 사제들에게 "만일 여러분이 순결을 유지할 수 없거든 최소한 주의해 가며 그런 일을 하라."고 권고했다. 독일의 한 주교는 자기 지역의 사제들 가운데 여자를 두고 있는 사제들에게 여자 하나 당 그리고 태어난 아이 하나 당 세금을 내게 했다. 그는 자기 지역의 성직자들이 무려 11,000명의 여인들을 두고 있음을 발견했다!"[8]

『카톨릭 백과사전』은 이러한 스캔들을 낱낱이 조사하여 상세하게 과장시켜 말하려는 사람들이 "별로 달갑지 않은 교회 역사의 실상을 무조건 무시하려는 교회의 변증가들만큼이나 두드러지게 이런 사실을 지적하고 있다."고 불평한다.[9] 모든 일이 그러하듯이 우리는 양측에 극단적인 요소가 있음을 부인하지 않는다. 또한 사제들의 부도덕한 행위에 대해서도 우리는 과장의 가능성이 존재함을 인정한다. 그러나 이러한 사실을 시인한다고 할지라도 '사제들의 결혼을 금하는 교리'로 인한 문제점들은 너무나도 명백하여 그냥 무시할 수는 없는 일이다.

『카톨릭 백과사전』은 독신 제도를 정당화시키기 위해 많은 노력

---

7) 플릭(Flick), 『중세교회의 쇠퇴』(*The Decline of the Medieval Church*), p.295.
8) 드아우비긴의 글에서.
9) 『카톨릭 백과사전』, 제3권, p.483, '독신' 항목.

을 기울여 설명을 하지만 그것으로 인해 많은 남용이 있었음을 시인하고 있다.

> 우리는 세계 역사의 여러 시대에 스스로 기독교 국가라 부르는 여러 국가에서 카톨릭 사제직이 때때로 도덕성에서 아주 저질 수준으로 떨어지고 부패가 너무 만연했다는 점을 부인하거나 완화시키고 싶지 않다. 동물적인 본성과 억제하기 힘든 정욕을 가진 자들이 주교직까지 파고 들어와 그들이 다스리고 있는 성직자들에게 가장 사악한 모본을 보여 주었을 때 이것말고 다른 어떤 방법이 있을 수 있었겠는가? … 사제들뿐만 아니라 주교들을 포함한 많은 성직자들이 공개적으로 아내를 취해 자녀를 낳고 그들에게 성직자의 수입을 넘겨 주었다.[10]

성경에는 사역자들이 결혼해서는 안 된다는 것을 요구하는 규정이 없다. 사도들은 결혼을 하였으며(고전 9:5) 감독들도 반드시 "한 아내의 남편이 되어야 했다"(딤전 3:2). 심지어 『카톨릭 백과사전』도 다음과 같이 말한다. "우리는 신약성경에서 사도들이나 그들이 임명한 사람들에게 강제로 결혼하지 말 것을 요구하는 어떤 구절도 찾아볼 수 없다."[11] 사실 '결혼을 금하는 교리' 는 로마 카톨릭 교회 내에서 점차적으로 발전된 교리이다.

처음 독신 교리가 가르쳐 졌을 때에는 사실 많은 사제들이 이미 결혼한 상태였다. 그런데 결혼한 사제의 아내가 죽었을 때 다시 결혼해야 하는가에 대한 문제가 발생했다. 주후 315년에 네오가이사랴(Neo-Caesarea)에서 열린 공회에서는 "사제들이 다시 결혼을 하면 파면 당하도록 함으로써 재혼을 절대적으로 금지한다."고 법으로 정하였다. 그 뒤 주후 386년에 교황 시리키우스가 주재한 로마 공회에서는 "사제들과 부제들이 그들의 아내와 성적 관계를 갖는 것을 금지하는 칙령이 통과되었고 교황은 스페인과 그 밖의 다른

---

10) 동일문서, p.483, 485.
11) 동일문서, p.481.

기독교 국가들에서 이 칙령을 법제화하는 조치를 취하였다.”[12]

『카톨릭 백과사전』의 이런 진술에서 주의 깊은 독자들은 '금지하다'(forbid)는 단어를 발견할 것이다. 여기서 사용된 '금지하다'는 단어는 디모데전서 4장의 '혼인을 금하고'에 나오는 단어와 같은 단어이다. 그러나 성경과 로마 카톨릭주의는 같은 단어를 정반대로 사용하고 있다. 성경은 결혼을 금하는 것이 '마귀들의 교리'라고 말한다.

이와 같은 사실을 다 고려해 볼 때 우리는 사도 바울의 예언 즉 디모데전서 4장 1-3절이 어떻게 이루어졌는지 잘 알 수 있다. 과연 본래의 믿음을 버리고 떠난 배교가 있었는가? 그렇다! 사람들이 이 교도들의 교리 즉 마귀들의 교리에 주의를 기울였는가? 그렇다! 사제들의 결혼을 금했는가? 그렇다! 이처럼 교회가 강요한 독신 교리 때문에 많은 사제들의 양심이 뜨거운 인두로 지져졌으며 그 결과 그들은 자기들의 부도덕성으로 인해 위선 중에 거짓을 말했다. 인류 역사는 이러한 성경의 예언이 어떻게 하나씩 하나씩 성취되어왔는지 잘 보여 준다.

사제들의 결혼을 금하는 이 독신 교리는 여러 세기 동안 고해 성사로 인해 다른 문제점을 갖게 되었다. 소녀들이나 여자들이 결혼하지 않은 사제에게 자기들의 도덕적 연약함이나 욕망을 말하는 것이 여러 면에서 남용될 수 있다는 것은 너무나 자명한 사실이다. 링컨 대통령 시대에 살면서 그와 개인적으로도 잘 아는 사이인 전직 사제 치니퀴(Charles Chiniquy)는 그의 유명한 책 『사제와 여인과 고해 성사』에서 이러한 남용 사례를 상세하게 설명하고 있다. 여기서 우리는 결코 몇몇 사제들의 실수와 죄로 인해 모든 사제를 판단해야 한다고 말하는 것이 아니다. 우리는 많은 사제들이 실제로 자기들이 서약한 대로 순결을 유지하고 있음을 의심하지 않는다. 그

---

12) 동일문서, p.484.

럼에도 불구하고 고해 성사에 대한 '셀 수 없이 많은 공격' — 이것은 『카톨릭 백과사전』의 말을 그대로 인용한 것임 — 이 아무 근거 없이 이루어진 것은 아니다.

고해 성사 교리가 이런 저런 면에서 카톨릭 교회에게 여러 가지 어려움을 가져다 주었음은 너무 분명하다. '셀 수 없이 많은 공격'에 대해 말한 뒤 『카톨릭 백과사전』은 다음과 같이 말한다. "만일 종교개혁 때에 또는 교회가 평화를 위해 또한 '과격한 말'을 부드럽게 하기 위해 어떤 교리나 관습을 포기해야 할 처지에 놓일 때에 첫 번째로 없애야 할 교리는 고해 성사였을 것이다."13)

『카톨릭 백과사전』은 고해 성사 항목에서 죄를 사하는 권세가 오직 하나님께 속해 있다고 주의를 기울여 말하면서도 그분께서 사제들을 통해 이러한 권세를 행사한다고 설명하고 있으며 또 사제가 죄를 사하기도 하고 죄를 사하는 것을 거절할 수 있음을 보여 주는 근거로 요한복음 20장 22-23절을 들고 있다. 사제가 이러한 일을 행하기 위해서는 사람들이 '특별하게 그리고 상세하게'(트렌트 공회에 따르면) 모든 죄를 그에게 고백해야만 한다. 그 이유는 다음과 같다.

> 만일 사제가 자기가 선언할 판단의 근거를 알지 못한다면 어떻게 현명하고도 신중한 판단을 내릴 수 있단 말인가? 만일 죄인이 자발적으로 죄를 시인하며 죄를 고백하지 않으면 어떻게 그가 판단의 지식을 얻을 수 있단 말인가? 그리스도께서 죄를 용서하는 권세를 사제들에게 주셨기 때문에 그분께서 죄 용서의 다른 방법 즉 '오직 하나님께만 죄를 고백하는 것'과 같은 다른 방법도 주시고자 했다고 믿는 것은 이치에 맞지 않는다. 세례를 받은 뒤 그들이 죄를 범했을 때 사제에게 죄를 고백하는 것은 구원을 얻는 일에 꼭 필요한 것이다.14)

성경이 가르치는 고백은 단 한 가지뿐이며 그것은 결혼하지 않은 사제에게 고백하는 것이 아니다. 성경은 "너희 잘못들을 서로 고백

---

13) 동일문서, 제11권, p.625, '고행' 항목.
14) 동일문서.

하라."(약 5:16)고 말한다. 만일 야고보서 5장 16절을 고해 성사라는 카톨릭 사상을 지지하는데 사용한다면 사람들이 사제들에게 고백해야 할 뿐만 아니라 사제들도 사람들에게 고백해야 하지 않겠는가? 사마리아의 시몬이 침례를 받은 뒤 죄를 범하였을 때 베드로는 자기에게 죄를 고백하라고 하지 않았다. 그는 또한 하루에 정해진 숫자대로 '성모 마리아여!'를 외치면서 그의 죄를 고백하라고 하지도 않았다. 베드로는 죄를 용서받기 위해 "하나님께 기도하라."고 하였다(행 8:22). 베드로 역시 죄를 범하였을 때 스스로 하나님께 죄를 고백하고 용서를 받았다. 그렇지만 가룟 유다는 죄를 범하고 제사장들 즉 사제 그룹에게 자기 죄를 고백하고 급기야는 자살을 하고 말았다(마 27:3-5).

사제에게 죄를 고백하는 사상은 성경에서 나온 것이 아니라 바빌론에서 나온 것이다. 누구든지 바빌론 신비 종교에 입교하려면 비밀리에 죄를 고백해야 했다. 일단 이렇게 고백하게 되면 죄를 고백한 자는 손과 발이 묶인 채 사제들의 손아귀에 들어가고 만다. 이러한 고해 성사가 바빌론에서 행해졌다는 데에는 의심의 여지가 없다. 왜냐하면 역사가들이 바빌론 사람들의 옳고 그른 개념에 대해 결론을 제시할 수 있었던 것은 바로 이와 같이 기록된 고백들 즉 고해 성사 기록들이 있었기 때문이다.[15]

이러한 고해 성사 개념은 바빌론 지역에만 국한된 것이 아니었다. 살베르테는 이런 행습이 그리스 사람들 가운데도 있었음을 기록하였다. 델피로부터 테르모필레에 이르기까지 모든 그리스 사람들은 델피 신전의 신비 종교에 입교하였다. 그들이 비밀을 지킬 것을 명령받은 것에 대해 침묵을 유지한 것은 입교 후 지망자들에게 강요된 일반적인 고백 의식 때문이었다.

고해 성사와 비슷한 유형들이 기독교가 탄생하기 전에 메대-페

---

15) 새그스(Saggs), 『위대한 바빌론』(*The Greatness that was Babylon*), p.268.

르시아, 이집트, 그리스, 로마의 종교 등에 있었다는 것은 잘 알려진 사실이다.[16)

검은 색은 로마 카톨릭 교회의 사제들이 입는 성직자 의복의 독특한 색이다. 또한 몇몇 프로테스탄트 교파들도 이러한 관습을 따르고 있다. 그런데 왜 검은 색인가? 예수님과 그분의 사도들이 검은 색 의복을 입고 거리를 나다녔을까? 검은 색은 수세기 동안 죽음과 관련을 맺고 있었다. 전통적으로 영구차는 검은 색으로 도색된다. 장례식에서 슬피 우는 사람도 검은 색 옷을 입고 있다. 만일 어떤 사람이 그리스도의 죽음을 기념하기 위해 검은 색 옷을 입어야 한다고 말한다면 우리는 예수 그리스도께서 더 이상 죽음 가운데 있지 않고 부활하셨음을 지적해야 하지 않겠는가?

한편 성경은 바알의 제사장들이 검은 색 옷을 입고 있음을 말한다. 스바냐를 통한 하나님의 메시지는 다음과 같다.

내가 또한 유다와 예루살렘 모든 거주민들 위로 내 손을 내밀어 바알의 남은 자들을 이곳에서 끊으며 또 그마림이란 이름과 그 제사장들을 아울러 끊고 (습 1:4)

여기에 나오는 '그마림'이란 검은 색 의복을 입은 제사장들이다.[17) 이와 동일한 단어가 바알 숭배에 관한 다른 구절에서 '우상 숭배 제사장들'로 번역되었다(왕하 23:5). 클락(Adam Clarke)은 다음과 같이 말한다.

아마 그들은 우상을 숭배한 유다 왕들이 만든 조직으로 그마림(Kemarim)이라 불렸다. 이는 '카마르'(camar)란 단어에서 나온 것으로 '어둡게 만든' 또는 '검은'이란 의미를 갖고 있다. 왜냐하면 그들이 하는 일이 계속하여 희생 제사에 관여하는 것이며 아마도 그들이 검은 색 의복을 입고 있었기 때문이다. 그러므

---

16) 히슬롭의 글에서, p.9, 10.
17) 『파우셋의 성경백과사전』, p.291, '산당' 항목.

로 유대인들은 기독교 성직자들을 조롱하여 '그마림'이라 불렀는데 그 까닭은 그들이 검은 색 의복을 입고 있었기 때문이다. 우리가 바알의 제사장들의 의복을 모방해서 성직자들의 옷을 만든다는 것은 이상한 일이며 설명하기도 어려운 일 아닌가?[18]

로마 카톨릭 교회의 또 다른 행습은 고대 세계와 비기독교인들 사이에 잘 알려진 삭발 의식이다. 『카톨릭 백과사전』은 '삭발'에 대해 다음과 같이 말한다.

이 의식은 거룩한 의식으로 교회에 의해 제정되었다. 그리스도인은 자기 머리를 깎음으로써 성직자 조직에 들어가게 된다. 역사적으로 삭발은 초대 교회에서 시행되지 않았다. 후에 성 제롬(주후 340-420)도 성직자들이 머리를 삭발하는 것을 찬성하지 않았다.[19]

그러나 16세기 경에는 삭발이 아주 일반적인 것이 되었다. 톨레도 공회에서는 모든 성직자가 삭발을 해야 한다는 엄격한 규칙을 제정하였으나 오늘날 이 관습은 여러 국가에서 더 이상 행해지지 않고 있다.

이런 관습이 '초대 교회에서 시행되지 않았음'은 이미 잘 알려진 사실이고 대개 그것을 인정한다. 사실 이런 관습은 이교도 국가들에서 행해진 것이다! 부처는 스스로 신의 명령이라고 생각한 것에 순종하고자 자기 머리를 깎았다. 이집트의 오시리스의 사제들은 그들의 머리를 깎음으로써 다른 사람들과 구별되었다. 바커스의 사제들도 삭발을 했다. 로마 카톨릭주의에서는 영국에서 사용된 삭발의 형태를 '켈틱' 삭발이라 부른다. 이 형태의 삭발은 이마 위에서 한 부분의 머리카락만을 깎는 것이었다. 몇몇 사람들은 이러한 형태의 삭발을 시몬 마구스(Simon Magus)의 삭발이라고 조소했다.[20]

---

18) 클락의 글에서, 제22권, p.562.
19) 『카톨릭 백과사전』, 제14권, p.779, '삭발' 항목.

로마식의 둥근 삭발

동양에서 삭발은 대개 머리 전체를 미는 것이었다. 그러나 로마의 삭발 형태는 성 베드로의 삭발이라 불리는데 이것은 머리의 윗 부분만을 깎는 것이었다. 즉 윗 부분은 대머리같이 하고 가장자리만 남겨 두는 둥근 형태의 삭발이다.

그러면 로마 카톨릭주의에서 이처럼 둥근 형태의 삭발을 선호한 이유는 무엇일까? 여기에 대해 완전한 대답을 알 수는 없으나 우리는 이러한 형태의 삭발이 '예전에 미트라 신비 종교의 사제들이 행한 행습' 임을 알고 있는데 그들은 이것을 통해 태양의 원을 모방했다. 태양신이 크게 애도를 받는 신이었고 그가 머리를 둥근 형태로 깎았기 때문에 그를 애도하는 사제들도 유사한 방식으로 그렇게 머리를 깎았으며 다른 나라에서도 죽은 자를 애도하는 사람들이 그들을 존경하는 표시로 원반 형태로 둥글게 머리를 깎았다.[21]

이와 같은 관습은 고대의 관습으로 모세 시대에도 알려졌으며 성경에서도 나타나고 있다. 그래서 이러한 행위는 제사장(사제)들에게 금지되어 있었다. "제사장들은 머리를 대머리로 만들지 말고 수염 끝을 깎지 말며 살을 베지 말고"(레 21:5) 이러한 '대머리' 는 레위기 19장 27절이 "너희 머리 가를 둥글게 깎지 말며"라고 말하는 것으로 보아 로마 카톨릭 교회의 사제들이 행한 둥근 형태의 삭발인 것 같다.

여러 면으로 볼 때 이 같은 삭발은 그리스도나 사도들 혹은 초대 교회가 행하던 것이 아니며 고대의 신비주의 종교에서 행하던 의식

---

20) 동일문서.
21) 히슬롭의 글에서, p.222.

임에 틀림없다. 이제 독자들은 스스로 로마 카톨릭 교회 내의 이런 관습의 원천이 어디인지 판단할 수 있을 것이다.

제17장 미사

    과연 사제들은 미사 의식을 집행하면서 빵과 포도주[1] 를 그리스도의 살과 피로 바꿀 권능을 가지고 있는가? 과연 이런 믿음이 성경에 나타나고 있는가? 로마 카톨릭 교회의 입장은 다음과 같은 말로 요약될 수 있다.

    거룩한 미사 의식에서 빵과 포도주는 그리스도의 살과 피로 바뀌며 우리는 이 것을 가리켜 화체설(Transubstantiation)이라고 한다. 왜냐하면 성체 성사에서 빵과 포도주의 실체는 그대로 남아 있지 않고 빵의 전 실체는 그리스도의 몸으로, 포도주의 전 실체는 그리스도의 피로 바뀌기 때문이다. 그러므로 단지 빵과 포도주의 외형만 남게 된다.[2]

    로마 카톨릭 교회는 이러한 믿음을 주장하기 위해 예수님께서 빵을 축복하신 말씀을 들고 있다.

    제자들이 먹을 때에 예수님께서 빵을 집으사 축복하시고 나누어 그들에게 주시며 이르시되, 받아서 먹으라. 이것은 내 몸이니라, 하시고 또 잔을 집으사 감사를 드리시고 그들에게 주시며 이르시되, 너희가 다 이것을 마시라.

---

1) 역자 주: 성경대로 믿는 교회들은 주의 만찬을 행하면서 예수님의 순결한 몸과 피를 기념하기 위해 누룩이 들지 않은 빵과 누룩이 들지 않은 포도즙을 사용한다. 그러나 여기서는 천주교를 다루고 있으므로 문맥에 맞게 그들이 현재 사용하는 대로 빵과 포도주라 번역하였으며 성경의 교리를 말할 때에는 빵과 포도즙이라 하였다.
2) 『카톨릭 백과사전』, 제4권, p.277, '성별' 항목.

그 까닭은 이것이 죄들의 사면을 얻게 하려고 많은 사람을 위하여 흘린 나의 피 곧 새 상속 언약의 피이기 때문이라. (마 26:26-28)

그러나 이 성경 말씀을 문자적으로 취하게 됨으로써 수많은 해석상의 문제가 발생했으며 성경이 종종 상징적 표현을 사용하고 있다는 사실을 간과하는 경향이 나타났다.

구약 시대에 다윗의 신하들 가운데 몇 사람이 자기 생명을 내걸고 베들레헴에 가서 그에게 물을 길어 가져 왔을 때 그는 "이것은 생명의 위험을 무릅쓰고 갔던 사람들의 피가 아니니이까?"라고 말하며 그 물 마시기를 거절하였다(삼하 23:17). 성경은 예수님을 가리켜 말하기를 '문', '포도나무', '반석' 등으로 묘사하고 있다(요 10:9, 15:5; 고전 10:4). 모든 사람이 이 말씀들을 상징적인 것으로 이해하고 있다. 그리스도께서 "이것은 내 몸이니라 … 이것은 내 피니라."고 말씀하신 것은 사실이다. 그러나 여기의 빵과 포도즙은 그분의 몸과 피를 상징하는 단어들이다. 이것을 상징적으로 취한다고 해서 신자들의 모임 안에 계시는 그분의 실재가 약화되는 것이 아니다. 왜냐하면 예수 그리스도께서 친히 "두세 사람이 내 이름으로 함께 모인 곳에 나도 그들 한가운데 있기 때문이니라."(마 18:20)고 약속하셨기 때문이다. 그분께서 문자 그대로 빵 조각이나 포도주 잔 안에 임재(臨在)하신다는 사상을 거절한다고 해서 그분께서 신자들 가운데 영적으로 임재하신다는 것을 거절하는 것은 결코 아니다!

예수님께서 빵과 포도즙을 축복하신 뒤에 그것들은 문자적인 살과 피로 변하지 않았다. 왜냐하면 그분께서 문자 그대로 거기 계셨기 때문이다. 그분께서는 빵과 포도즙의 형태로 나타나기 위해 사라지지도 않으셨다. 그분께서는 잔을 축복하신 후에도 여전히 그것을 '포도나무의 열매'라고 불렀으며 문자적인 의미의 피라고 부르지 않으셨다(마 26:29). 만일 예수님께서 그 잔을 마셨다면 자신의 피를 마셨단 말인가? 만일 포도즙이 실제적인 피가 되었다면 피

마시는 행위를 금하는 성경에 위배되는 것이다(신 12:16; 행 15:20).

로마 카톨릭 교회의 미사 의식을 통해 빵과 포도주에 어떤 변화가 일어났다는 증거는 전혀 없다. 그것들은 동일한 맛과 색과 냄새와 무게와 부피를 가지고 있다. 빵은 여전히 빵처럼 보이며 빵 같은 맛을 가지고 있고 빵 같은 촉감도 그대로 가지고 있다. 그러나 로마 카톨릭 교회는 그것이 하나님의 살이라고 생각한다. 포도주 역시 포도주처럼 보이며 포도주 같은 맛을 내고 포도주처럼 냄새가 나며 만일 누가 그것을 많이 마시면 포도주를 마신 것처럼 취하게 될 것이다! 그러나 로마 카톨릭 교회는 이것이 하나님의 피라고 생각한다.

사제는 빵과 포도주를 축복하면서 다음과 같이 라틴어로 말한다. "이것이 나의 몸이니라"(Hoc est corpus meus). 이때에 어떤 변화도 일어나지 않음을 고려할 때 이 말에서 파생된 'hocus-pocus'(속임수, 요술)란 표현이 무엇을 뜻하는지 잘 이해할 수 있다.[3] 다음에 나오는 이야기는 많은 신실한 카톨릭 교도들이 매우 거룩한 의식으로 여기는 미사를 조롱하거나 불쾌한 것으로 만들려는 의도로 적은 것이 아니다. 그 내용이 좀 세련되지 못함에도 불구하고 이 이야기는 요점을 잘 말해 주고 있다.

아름다운 프로테스탄트 자매가 카톨릭 교인과 결혼을 했다. 그녀는 어려서부터 성경의 진리들과 이야기들을 믿는 가정에서 양육을 받았다. 그런데 그녀의 남편은 자기 아내가 교회에 가입하지도 않고 교회의 요구에 순응하지 않음으로 인해 불쾌하게 생각했다. 그래서 날마다 감언이설로 그녀를 달래 보았지만 그녀는 전혀 변하지 않았다. 그녀는 나무로 만든 우상에게 절하는 것, 미사, 성병, 기적, 화체설 등이 다 거짓임을 알았고 그런 것을 믿으려 하지 않았다.

그래서 남편은 어느 날 성당의 사제에게 찾아가서 자기의 사정을 다 말했다. "사제님, 제 아내는 불신자입니다. 아마도 사제께서 오셔야 이길 수 있을 것입니다. 사제께서 행하시는 모든 기적들에 대해 제 아내는 부정적입니다. 그러므로 사제께서 직접 오셔서 기적을 보여 주셔야 믿을 것 같습니다."

---

3) 두란트, 『문명의 역사: 종교개혁』, p.749.

미사의 성체

그래서 사제는 그 사람과 함께 그의 집에 갔고 그 사람은 이제 모든 문제가 풀릴 것으로 기대했다. 사제는 말했다. "제가 그녀를 개종시키겠습니다. 그녀의 두 눈을 열어 놓겠습니다." 집에 도착하자 남편은 아내에게 큰 소리로 말했다. "사제께서 저녁 식사를 하러 오셨소." "어서 들어오시라고 하세요."

마침내 식사가 끝난 뒤에 사제는 사람이 죄악 중에 거한다는 사실을 지적하고 구원자의 크신 사랑을 말하면서 그분께서 친히 죄들로 인하여 자기 자신을 내어 주신 것을 이야기하기 시작했다. "내일 다시 오겠습니다. 빵과 포도주를 준비해 주시기 바랍니다. 미사의 기적을 보면 마음이 달라질 것입니다." 그러자 아내가 말했다. "빵을 굽겠습니다." 이에 남편이 말했다. "아마 당신도 이 기적을 보면 확신을 갖게 될 것이오."

그 다음 날 사제는 약속한 대로 와서 빵과 포도주를 축복했다. 부인이 물었다. "사제님, 이제 이것들이 변화되었습니까?" 그러자 사제가 대답했다. "물론입니다. 이제 빵과 포도주는 살과 피가 되었습니다. 저의 능력으로 인해 이 빵은 하나님이 되었습니다."

이제 이렇게 축복한 빵을 먹을 때가 되자 여인이 말했다. "사제님, 조심하시기 바랍니다. 제가 반죽할 때에 독약 반 스푼을 밀가루에다 넣었습니다. 그래도 이 빵을 살로 바꾸셨으니 상관은 없겠지요."

사제는 할 말을 잃었다. 그는 마치 죽은 사람처럼 창백한 얼굴을 하고 있었다. 빵과 포도주가 그의 손에서 떨어지면서 그는 숨을 몰아쉬기 시작했다. "빨리 말을 대령하시오. 이 집은 저주받은 집이오." 그러자 부인이 대답했다. "잘 가세요. 우리는 로마의 저주를 받고 싶지 않습니다." 남편도 놀랐지만 아무 말도 하지 않았다. "여보, 사제는 도망가 버렸소. 나도 이제부터 당신처럼 로마 카톨릭 신화를 저주할 것이오."

트렌트 공회는 화체설을 믿는 것이 구원에 필수불가결하다고 선언했고 이 같은 믿음을 거부한 자들에게 저주를 선언했다. 이 공회는 목사들에게 미사에 쓰이는 요소들 즉 빵과 포도주가 그리스도의 한 부분으로서 살과 뼈 그리고 신경들을 포함하고 있으며 동시에 그리스도 전체를 포함하고 있음을 설명하라고 명령했다.[4] 『카톨릭 백과사전』은 다음과 같이 말한다.

예수 그리스도의 실제적 임재(臨在)의 전체성 교리는 각각의 빵 조각 속에 그리스도 전체가 즉 살과 피와 육과 영과 신성과 인성이 실제로 임재한다는 것을 말한다.[5]

카톨릭 신자들은 빵 조각이 그리스도가 되었으므로 그것을 바치는 것이 사제가 그리스도를 희생시키는 것이라고 믿고 있다. 트렌트 공회는 로마 카톨릭 교회의 이 같은 가르침을 달리 믿는 자에게 다음과 같은 저주를 선포했다. "만일 누구든지 미사에서 참되고 적절한 희생물을 하나님께 바치는 것이 아니라고 말하는 자는 저주를 받을지어다."[6] 그런데 로마 카톨릭주의는 이 '희생'이 십자가의 희생을 다시 새롭게 하는 것이라고 믿는다.

---

4) 『종교백과사전』, 제2권, p.77.
5) 『카톨릭 백과사전』, 제14권, p.586, '신학' 항목
6) 동일문서, 제10권, p.6, '미사, 희생' 항목.

그리스도께서는 십자가에서 흘린 피의 희생이 미사에서 빵과 포도주를 통해 피를 흘리지 않고 자신의 살과 피를 드림으로써 매일매일 새롭게 되어야 한다고 명령했다.[7]

이런 요소들이 그리스도로 변했기 때문에 그분은 우리 교회 안에 영적으로 임재(臨在)하실 뿐만 아니라 실제적으로 참되게 실체 그대로 희생 재물로서 임재하신다.[8]

이러한 의식이 수백 만 번 이상 행해졌음에도 불구하고 그들은 매번 미사를 드릴 때의 희생 제물이 예수 그리스도이시므로 매번 미사 때마다 자기들이 갈보리에서의 희생과 동일한 희생을 드린다고 설명한다.[9]

예수 그리스도 그분 자체 — 즉 "그분의 살과 피, 몸과 혼, 인성과 신성" — 를 십자가의 희생으로 매번

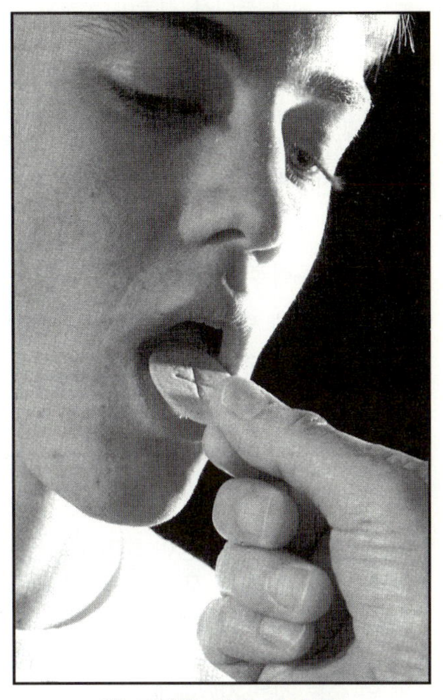

빵 조각을 입에 넣어 줌.
(최근에는 프로테스탄트 교회에서도
이런 가증한 일을 행하고 있음)

'다시 새롭게 하여 바치는 것'은 그분께서 십자가 위에서 "다 이루었다."(요 19:30)고 말씀하신 것과 완전히 상치된다. 구약 시대에는 사람들이 희생물을 반복해서 드렸는데 그 이유는 그 중 어떤 것도 완전한 희생물이 못 되었기 때문이다. 그러나 신약 시대에는 그렇

---

7) 동일문서, p.13.
8) 동일문서, 제7권, p.346, '대제단' 항목
9) 『신볼티모어 요리문답』(*The New Baltimore Catechism*), No, 3. 질문 931.

지 않으며 히브리서 기자는 이를 잘 말해 주고 있다.

> 바로 이 뜻으로 말미암아 예수 그리스도의 몸이 단 한 번 모든 사람을 위해
> 드려짐을 통해 우리가 거룩히 구별되었노라. 제사장마다 날마다 서서 섬기
> 며 자주 같은 희생물들을 드리되 이것들은 결코 죄들을 제거하지 못하거니
> 와 오직 이 사람은 죄들로 인하여 한 희생물을 영원히 드리신 뒤에 하나님
> 의 오른편에 앉으사 그 이후부터 자기 원수들이 자기 발받침이 될 때까지
> 기다리시나니 이는 그분께서 거룩히 구별된 자들을 단 한 번의 헌물로 영원
> 토록 완전하게 하셨음이라. (히 10:10-14)

로마 카톨릭주의의 교리는 십자가에서의 그리스도의 희생을 매
일매일 새롭게 반복해서 드려야 한다고 말하지만 신약성경은 이와
같은 카톨릭주의의 교리 즉 매일 같이 반복해서 희생물을 드려야
한다는 교리와 크게 대조를 이루고 있다. 신약성경은 그리스도께서
단 한 번에 영원한 희생을 드렸음을 말한다.

> 또 그분께서는 대제사장이 해마다 다른 것들의 피를 가지고 거룩한 곳에 들
> 어가는 것같이 자주 자신을 드려야 할 필요가 없으시니 이는 그리하였더라
> 면 그분께서 반드시 창세 이래로 자주 고난을 당하셨어야 할 것이로되 이제
> 세상 끝에 단 한 번 나타나사 자신을 희생물로 드려 죄를 제거하셨음이니라.
> 한 번 죽는 것은 사람에게 정하신 것이요, 그 뒤에는 심판이 있으리니 이와
> 같이 그리스도께서도 많은 사람의 죄들을 담당하시려고 단 한 번 헌물로 드
> 려지셨으며 또 자신을 기다리는 자들에게 죄 *문제와 상관*없이 두 번째 나타
> 나사 구원에 이르게 하시리라. (히 9:25-28)

이러한 관점에서 볼 때 미사를 통해 십자가의 희생을 계속해서 반
복해야 한다고 믿는 자들은 어떤 의미에서 하나님의 아들을 새로이
십자가에 못박아 드러내 놓고 그분을 모욕하는 것이다(히 6:6).

미사에서 사제는 빵을 그리스도로 변화시킨 뒤 햇살 모양과 같은
'성체 현시대'의 중앙에 그것을 놓는다. 성체 현시대 앞에서 카톨릭
교도들은 절을 하고 조그마한 빵 조각을 하나님으로 여기며 경배한
다. 우리는 이러한 행습이 고대 이교도들이 물건 신을 숭배했던 것

과 유사하다고 말할 수 있다.

과연 이런 것이 성경적인가? 우리는 『카톨릭 백과사전』이 전하는 말에 유의해야 한다.

성경적인 증거가 없으므로 교회는 이 같이 빵 조각을 신으로 여기고 경배하는 복된 성사 행위의 근거와 타당성을 가장 오래되고 늘 지속되어 온 전통 속에서 찾는다.[10]

성체 현시대

이러한 추론은 예수님의 말씀 즉 "(너희가) 너희의 전해 내려온 전통으로 하나님의 말씀을 무효가 되게 하며 또 이 같은 일을 많이 행하기 때문이니라."(막 7:13)고 하신 말씀을 생각나게 한다.

화체설 사상은 많은 문제를 일으킨다. 터툴리안은 우리에게 사제들이 빵 부스러기가 떨어지지 않도록 매우 세심한 주의를 기울였다고 말하는데 그 이유는 예수님의 몸이 상하게 되기 때문이다. 그들은 심지어 빵 부스러기에도 그리스도 전체가 포함되어 있다고 믿고 있다. 중세암흑시대에는 또한 어떤 사람이 빵을 받은 후에 토하거나 또는 이 빵을 우연히 개나 쥐가 먹는다면 어떻게 해야 할 것인가에 대해 큰 논쟁이 있었다. 콘스탄스 공회에서는 그리스도의 피를 자기 수염에 흘린 경우 이 사람의 수염을 태워야 할 것인가 아니면 수염과 그 사람을 함께 화형시킬 것인가에 대해 논쟁이 있었다. 화체설로 인해 여러 가지 이상한 교리들이 야기되었음은 모두가 다 인정하는 사실이다.

신약성경의 교회에서 그리스도인들이 그리스도의 죽음을 상징하

---

10) 『카톨릭 백과사전』, 제5권, p.581, '성체' 항목.

는 빵과 포도나무의 열매 두 가지에 다 참여했음은 명백한 사실이
다(고전 11:28). 『카톨릭 백과사전』도 이 사실을 다음과 같이 시인하
고 있다.

12세기까지는 서방과 동방 모든 교회에서 모두에게 성만찬을 행했으며 사람들
이 두 가지를 다 받았다는 것은 일반적인 사실로 인정된다. 이것은 논쟁의 여지
가 없는 사실이다.[11]

그러나 그로부터 수세기가 지난 후 로마 카톨릭 교회는 신도들에
게 잔을 주는 것을 금지시키기 시작했으며 단지 빵만을 먹게 했다.
단지 사제들만 포도주를 마실 수 있게 되었다. 사람이 실수로 그리
스도의 피를 엎지를 수 있기 때문에 잔을 금한다고 그들은 주장했
다. 그러나 초기의 제자들도 잔을 엎지를 수 있지 않았던가? 그럼
에도 불구하고 그리스도께서는 제자들에게 잔을 주는 것을 금하지
않았다.

예수님께서 제정하신 주의 만찬의 요소 중 단지 반에만 참여하게
하려면 이에 대한 설명이 마땅히 있어야 한다. 그들은 '둘 가운데
하나에만 참여하는 것'이 둘 다에 참여하는 것과 동일한 효과가 있
다고 말한다.

반에만 참여해도 사람들은 구원에 필요한 어떤 은혜도 박탈당하지 않으며 이
경우에도 그리스도께서 실제로 임재(臨在)하시고 그분의 몸과 피, 혼과 신성
전체를 다 받는 것이다 … 거룩한 어머니인 교회는 … 한 가지에만 참여하는 관
습을 인정하였다 … 그러므로 신실한 자들이 두 가지를 다 받는 성만찬에 꼭 참
여해야만 하는 것은 아니며 성만찬을 집행하는 사제 외에는 어느 누구도 이 잔
을 들지 못하도록 교회 법으로 엄격하게 정하였다![12]

수세기 후에 이러한 법은 완화되었으며 몇몇 카톨릭 국가에서는

---

11) 동일문서, 제4권, p.176, '두 종류의 성찬' 항목.
12) 동일문서.

신도들에게 빵과 잔에 참여하는 것을 허락하고 있고 지역에 따라 이러한 관습을 달리 시행하고 있다.

　과연 화체설 사상이 그리스도와 함께 시작하였는가? 유명한 역사가 두란트는 로마 카톨릭 교회에서 행해온 화체설에 대한 믿음이 원시 종교의 가장 오래된 의식들 가운데 하나라고 말한다.[13]

　학적인 권위를 갖춘 『해스팅의 종교와 윤리 백과사전』은 여러 면을 할애하여 '신(神)을 먹는' 내용을 소개하고 있다. 이 책은 많은 국가와 종족들 그리고 종교들에서 행해졌던 화체설 의식에 대한 풍부한 증거 자료들을 제시하고 있다.

　이와 같은 의식은 또한 이교도 국가 로마에도 잘 알려져 있었다. 이러한 증거들은 키케로의 수사학적 질문 즉 케레스의 옥수수와 바커스의 포도주에 대한 질문에 잘 나타나고 있다. "미트라교 역시 성만찬의 성체를 가지고 있었다. 그러나 거룩한 연회를 베푸는 사상은 인류의 기원만큼이나 오래된 것이며 모든 시대에 온 인류 가운데 존재해 왔다."고 『카톨릭 백과사전』은 시인하고 있다.[14]

　이집트에서는 제사장이 납작한 빵 조각을 거룩하게 구별했으며 이것이 변하여 오시리스의 살이 된다고 생각했다. 그들은 이 빵 조각을 먹었고 또 의식의 일부분으로 포도주도 마셨다.[15]

　심지어 멕시코와 중앙아메리카에서는 예수 그리스도에 관해 전혀 들어보지 못한 사람들이 신(神)의 살을 먹는 것이 유익하다고 믿었음이 밝혀졌다. 로마 카톨릭 선교사들이 거기에 처음으로 도착했을 때 그들은 자기들의 성만찬 의식을 기억나게 하는 그들의 종교 의식을 보고 밀가루로 만든 빵 조각 형상이 제사장들에 의해 거룩하게 구별된 뒤에 그것을 먹는 사람들 사이에 분배되며 또 사람들이 그것을 신의 살이라고 선포하는 것을 보고 깜짝 놀랐다.[16]

---

13) 두란트의 글에서, p.741.
14) 『카톨릭 백과사전』, 제10권, p.414, '미트라교' 항목.
15) 『종교백과사전』, 제2권, p.76.

히슬롭은 신(神)의 살을 먹는 것이 식인 사상에서 발생하였다고 말한다. 이교도 사제들이 모든 희생 제물을 먹었으므로 경우에 따라 인신 제물을 바친 경우에는 바알의 제사장들이 사람의 살을 먹어야만 했다. 그러므로 '칸나-발'(Cahna-Bal), '바알의 제사장'이라는 말은 현재 우리가 '식인종'을 부를 때 쓰는 'Cannibal'이란 단어의 어근이다.[17]

미사를 드리는 동안 교회와 좋은 관계를 갖고 있는 카톨릭 교인들은 앞으로 나아가 '그리스도'라 불리는 빵 조각을 자기 입에 넣어 줄 사제 앞에 무릎을 꿇는다. 이것은 보통 '성병'(host: 미사의 빵)이라 불리는데 이 단어는 원래 라틴어로 '희생물'(victim) 또는 '희생 제물'(Sacrifice)이란 의미를 갖는 단어에서부터 파생되었다.[18] 카톨릭 신도들은 성병이 수많은 기적을 일으키는 대상으로 생각해 왔는데 그 이유는 이 빵이 돌로도 변하였다가 피를 흘리기도 하고 계속해서 피를 흘리는 성병으로 바뀌기도 했기 때문이다.[19]

성병은 둥근 형태로 되어 있으며 이런 형태는 주후 4세기에 성 에피파니우스에 의해 처음으로 언급되었다.[20] (옆의 그림은 『카톨릭 그림 백과 사전』에 들어 있는 성병을 보여 준다) 그러나 예수님께서는 기념 만찬을 제정하셨을 때 단순히 빵을 취하여 그것을 부수어 나누어 주셨다. 빵은 결코 둥근 모습으로 부서지지 않는다! 빵을 부수어 나누어 주는 것은 우리를 위해 심한 채찍질로 당하여 부서진 예수님의 몸을 상징하고 있다. 그러나 이러한 상징과 그로 인한 의미는 접

---

16) 프레스코트, 『멕시코 정복의 역사』, 제3권.
17) 히슬롭, 『두 개의 바빌론』, p.232.
18) 『카톨릭 백과사전』, 제7권, p.489. '성병' 항목.
19) 동일문서, p.492.
20) 동일문서, p.491.

시 모양의 둥근 빵 조각을 통해서는 결코 나타나지 않는다.

만일 이처럼 둥근 빵 조각을 사용하는 것이 성경적 근거가 없다면 이것 또한 이교주의의 영향을 받은 것으로 볼 수 있지 않겠는가? 히슬롭은 다음과 같이 말한다. "이 둥근 빵 조각에서 둥근 형태는 로마의 신비주의의 매우 중요한 요소였는데 이것은 바알 또는 태양을 상징했다."[21]

우리는 고대 이집트의 신비 종교에서 이러한 둥근 형태의 납작한 빵이 사용되었음을 잘 알고 있다. "얇고 둥근 형태의 빵이 제단 위에 드려졌다."[22]

미트라교라는 신비 종교에서도 고급 사제들은 태양 원반을 상징하는 조그만 둥근 빵이나 누룩 없는 빵 조각을 받았는데 이것 역시 태양 원반을 상징하는 둥근 삭발과 비슷한 동기에서 나온 것이다.[23]

1854년 이집트에서는 제단 위에 조그마한 둥근 빵 조각들을 보여 주는 조각품을 담고 있는 고대 사원이 발견되었다. 그 제단 위에는 커다란 태양의 형상이 있었다.[24] 이와 유사한 태양 상징물이 이집트 북부의 바바인이라는 도시 근처의 신전 제단 위에도 사용되었는데 거기에는 태양

이집트의 태양 숭배

을 상징하는 것이 있고 두 사제들이 그 앞에서 경배하고 있다.

이렇게 제단 위에 태양의 형상을 사용한 것은 이집트에만 국한된 것이 아니었다. 심지어 이집트에서 멀리 떨어져 있는 페루에서도

---

21) 히슬롭의 글에서, p.163.
22) 윌킨슨(Wilkinson), 『이집트 사람들』(Egyptians), 제5권, p.353(히슬롭, p.160으로부터 재인용).
23) 블라바츠키, 『이시스의 정체』, p.351.
24) 인맨, 『고대 이교주의와 현대 기독교의 상징주의』, p.34.

페루의 태양숭배

이와 동일한 신상이 알려졌고 숭배의 대상이 되었다.[25]

만일 성체 현시대가 있는 곳에서 태양의 형상 앞에 이교도들이 무릎을 꿇고 절하고 있는 모습과 성체를 태양처럼 담아 놓은 성체 현시대 앞에서 절하는 카톨릭 교인들을 비교해 보면 누구라도 즉시 이 둘 사이에 큰 유사성이 있음을 발견하게 될 것이다.

심지어 구약 시대 이스라엘 백성도 바알 숭배로 인해 타락했을 때 태양의 형상들을 제단 위에 세우곤 했다! 그러나 요시야의 통치 때에 이러한 형상들은 파괴되었으며 이에 대해 구약성경은 다음과 같이 말한다.

유대인들의 우상 숭배

사람들이 왕의 눈앞에서 바알들의 제단들을 헐었으며 또 왕이 그 제단들 위에 높이 달린 형상들(즉 태양 형상들)을 찍어 내리고 또 작은 숲과 조각한 형상과 부어 만든 형상들을 산산조각 내며 가루를 만들어 그것들에게 희생물을 드리던 자들의 무덤에 뿌리고 (대하 34:4)

옆에 있는 고대 목판화는 우상을 숭배하던 유대인들이 경배 대상으로 삼은 이상한 형상들을 보여 주는데 여기에는 기둥 꼭대기의 태양 형상들도 포함되어 있다.

---

25) 도빈스, 『세계의 예배 이야기』, p.383.

옆에 있는 사진
은 성 베드로 성
당의 제단과 네
개의 기둥에 위해
지탱되고 있는
30미터 높이의
천장을 보여 주는
데 이 기둥들은
빙빙 꼬여 있고
가지들로 덮여 있
다. 로마 카톨릭
주의에서 가장 중
요한 물건인 제단
은 기둥들의 꼭대

태양 형상을 보여 주는 성 베드로 성당의 제단

기에 있으며 거기에는 태양의 형상들이 장식되어 있다. 사진에서
볼 수 있듯이 벽에는 높은 곳에 거대하고 정교한 형상 즉 작열하는
태양의 형상이 있으며(그림 중앙 왼쪽) 이런 형상은 또한 제단 위에
도 있다. 거대한 태양 형상은 또한 로마의 게수 교회의 제단 위에도
놓여 있고 그 밖의 다른 교회 제단 위에도 놓여 있다. 그런데 매우
흥미로운 것은 바빌론에 있는 거대한 신전 역시 금으로 된 태양 형
상을 가지고 있었다는 점이다.[26]

둥그런 태양 형상은 종종 제단 위에 있는 스테인드 글라스에도
있으며 또한 일반적으로 교회의 입구 위에도 있다. 중앙에 있는 둥
그런 유리창들 가운데 몇몇은 아주 아름답게 장식되어 있으며 어떤
유리창들은 태양 광선으로 둘러싸여 있다. 바빌론에는 떠오르는 태
양을 마주보는 태양 형상을 갖춘 신전들이 있는데 이런 형상들은

---

26) 히슬롭의 글에서, p.162.

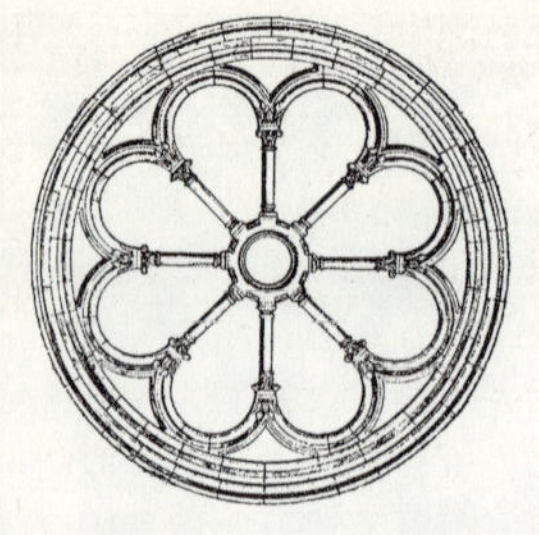

교회 입구 위에 놓였다.[27] 구데아 왕이 지은 초기 바빌론 신전은 입구 위에 태양신의 상징물을 갖추고 있었다.[28]

이집트에서는 건축가들이 자기들의 신전 위에 태양원반 — 때로는 날개나 다른 상징들로 둘러싸인 — 을 두는 것이 일종의 관습이었는데 이것은 태양신을 영화롭게 하고 악령들을 쫓아내기 위함이었다. 물론 우리는 오늘날 사용되는 둥근 형태들이 고대 이교도 신전에 갔던 사람들이 그런 것들을 사용하면서 전달하고자 했던 의미를 전달하고 있다고 말하는 것은 아니다. 그럼에도 불구하고 설계상의 유사성은 호기심을 불러일으킨다.

아주 공통적으로 교회 입구 위에 사용된 둥그런 창문은 종종 '바퀴' 창문이라 불렸다. 고대 사람들은 수레바퀴와 같은 바퀴 형태의 도안이 태양을 상징한다고 믿었다. 그들은 태양을 커다란 수레로 생각했으며 매일같이 낮에는 태양신이 이것을 몰고 다니며 하늘을 가로질러 여행을 하고 밤에는 지하세계를 통과한다고 생각했다. 이스라엘 백성도 자기들의 예배에 바알 종교를 혼합했을 때 '태양수레' 즉 태양신에게 봉헌된 수레를 가지고 있었다(왕하 23:4-11). 수레바퀴 형태의 신상 하나가 성 베드

바빌론의 태양 수레바퀴

---

27) 레타비(Lethaby), 『건축, 자연 그리고 마술』(*Architecture, Nature and Magic*), p.29.
28) 동일문서.

로 성당에 있는 유명한 베드로의 동상 위에 놓여 있다. 현재 영국 박물관에 있는 한 점토 판은 바빌론 왕들 가운데 하나가 벨 신전에서 태양신의 상징을 복구하는 모습을 보여 주고 있다.

성 베드로 광장의 태양 햇살

이 상징은 여덟 개로 교차된 십자가 형태로서 마치 수레바퀴의 살과 비슷하다. 왼쪽의 그림에 나타나 있는 바빌론의 태양 수레바퀴는 신비주의와 점성술 등과 관계가 있다. 이와 유사한 도안이 성 베드로 교회 앞에 있는 둥그렇게 포장된 뜰에도 표시되어 있다.

마리아와 성인들을 그린 로마의 그림들은 그들의 머리 둘레에 둥근 태양을 상징물로 가지고 있다. 로마 식의 삭발도 역시 둥그렇다. 둥그런 형상들은 제단과 입구 위에도 있다. 로마 카톨릭 교회의 미사에 쓰이는 둥그런 성병이 놓여 있는 성체 현시대 역시 햇살을 가지고 있다. 태양을 상징하는 이러한 모든 것을 사용하는 것이

그리 중요한 것이 아니라고 생각할 수도 있다. 그러나 이러한 모든 것을 종합해 볼 때 하나 하나가 현대 바빌론 신비주의를 이해하는 데 도움을 주는 단서가 된다.

예수님께서 기념 만찬을 제정하셨을 때는 밤이었으며 아침 시간도 아니고 저녁 시간도 아니었다. 초대 그리스도인들은 구약의 모형들과 그리스도의 본을 따라 밤에 주의 만찬을 행하였다. 그러나 후에 주의 만찬은 아침의 모임에서 행해지게 되었다.[29]

---

29) 니콜스(Nichols), 『기독 교회의 성장』(*The Growth of the Christian Church*), p.23.

이러한 변화가 미트라교에서 어느 정도 영향을 받았는지 우리는 말할 수 없다. 그렇지만 우리는 태양이 떠오르는 것과 관련하여 새벽에 미트라 의식이 행해졌음을 알고 있다. 이유야 어떻든지 지금은 카톨릭 교회나 프로테스탄트 교회가 대개 주의 만찬을 아침에 행하고 있다.

카톨릭 교회에서 아침 일찍 미사를 드릴 것을 제안하게 된 요인 중 하나는 신도가 성찬을 받기 전에 금식해야 한다는 것이다. 분명히 이른 아침에는 이러한 요구를 만족시키기가 훨씬 쉬웠음에 틀림없다! 그러나 이와 같이 금식을 요구하는 것은 확실히 성경적인 것이 아니다. 왜냐하면 예수님께서 기념 만찬을 제정하시기 바로 전에 식사를 하셨기 때문이다.

한편 엘레우시스 신비주의[30]에서는 입교하려는 사람들에게 첫 번째로 "당신은 금식하고 있는가?"라고 질문하였다. 만일 이러한 질문에 대해 부정적으로 답하는 경우 그는 입교할 수 없었다.[31] 물론 금식 그 자체는 성경적이다. 그러나 참된 금식은 마음에서 우러나와야 하며 사람이 만든 규칙 때문에 어쩔 수 없이 하는 금식은 참된 금식이 아니다. 이에 대해 하나님께서는 다음과 같이 말씀하시

---

30) 고대 그리스에서 가장 유명한 비밀종교의식(elevsinian mysteries): 〈데메테르 찬가〉에 따르면 엘레우시스 신비의식은 데메테르의 생애에 관한 2가지 이야기(딸과 헤어진 뒤 다시 만난 이야기와 여왕의 아들을 불멸의 존재로 만드는 데 실패한 이야기)에서 비롯되었다. 엘레우시스가 아테네시에 편입되자 이 의식을 거행할 책임이 아테네 시민들에게로 돌아갔으나, 이 의식은 원래의 지역적 특징을 잃지 않았다. 이 의식은 미스타이('입문자들')가 아테네에서 엘레우시스까지 엄숙한 행렬을 벌이는 것으로 시작된다. 당시 텔레스테리온, 즉 '입문의 전당'(Hall of Initiation)에서 거행되던 이 의식은 당시나 지금이나 비밀의식이다. 이 비밀의식들을 이교의 혐오스러운 행위들로 보고 단죄하려고 한 후대 그리스도교 저자들이 몇 가지 정보를 제시하기 했으나, 그 정보들은 왜곡된 내용을 담고 있다. 낭송과 계시가 있고 의식이 거행되었으나 실제로 어떻게 진행되었는가에 대해서는 확실한 자료가 없다. 그러나 초신자들이 무대에 서서 입문의식을 했다는 점과 '안테스테리온' 달(2~3월)에 아테네 바깥을 흐르는 일리소스강 근처의 아그라이에서 '소(小)비밀의식'이라 불리는 정결의식을 거행한 뒤 연례 행렬을 시작했다는 점은 분명하다. '대(大)비밀의식'은 매년 '보이드로미온' 달(9~10월)에 엘레우시스에서 거행되었다. 이 의식에는 바다에서 거행하는 목욕의식, 3일 동안의 금식, 여전히 비밀로 남아 있는 본(本)의식이 포함되어 있었다. 이 행위들로 입문의식이 끝났으며, 입문자들은 내세(來世)에 받을 몇 가지 복을 약속받았다(브리태니커 백과사전).
31) 히슬롭의 글에서, p.164.

고 계신다.

그들이 금식할지라도 내가 그들의 부르짖음을 듣지 아니하겠고 그들이 번제 헌물과 봉헌물을 바칠지라도 내가 그것들을 받지 아니할 뿐 아니라 오히려 칼과 기근과 역병으로 그들을 진멸하리라, 하시니라. (렘 14:12)

바리새인들은 엄격하게 특정한 날에 금식을 했지만 그보다 더 중요한 율법의 문제에 대해서는 무관심하였다(마 6:16). 사도 바울은 "음식물을 폐하라."는 어떤 명령들이 배교의 표시라고 경고하였다 (딤전 4:3).

미사와 미사의 복잡한 의식에 대해 비평을 하는 『로마주의와 복음』은 다음과 같이 말한다.

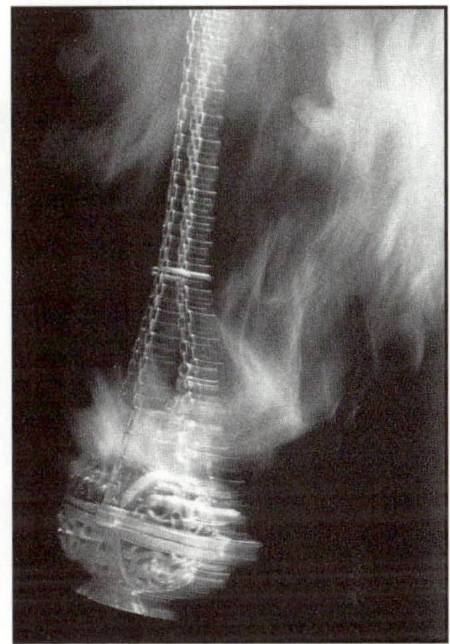

촛불과 향

그 의식은 눈부실 정도로 휘황찬란하다. 불빛, 색깔, 의복, 음악, 향, 그리고 묘하게 심리적인 효과를 불러일으키는 것, 예배드리는 사람들과는 전혀 상관없이 아주 잘 훈련받은 자들이 멋있게 의식을 수행하는 것 등은 장엄한 광경을 묘사하기에 충분하다. 예배하는 사람들은 사실 구경꾼에 지나지 않는다. 그들은 함께 참여하는 자들이 아니며 고대 신비 종교의 의식에 참석하던 구경꾼들과 비

숫한 존재들이다.[32]

로마 카톨릭주의에 대한 유명한 작품은 미사 때에 사제가 행하는 기계적인 의식에 대해 다음과 같이 말한다.

그는 십자가 표시를 열여섯 번이나 하고 회중을 향해 여섯 번 돌아서고 하늘을 향해 자기 눈을 열한 번 들고 제단에 여덟 번 입을 맞추고 자기 팔을 네 번 모으고 자기 가슴을 열 번 치고 머리를 스물한 번 굽히고 무릎을 여덟 번 구부리고 어깨를 일곱 번 숙이고 십자가 표시로 제단을 서른 번 축복하고 제단에 손을 스물한 번 놓고, 열한 번 은밀하게 기도하고. 큰소리로 열세 번 기도하고 빵과 포도주를 그리스도의 몸과 피로 바꾼 후 잔을 열 번 덮었다 열었다 하고 앞으로 뒤로 스무 번 왔다 갔다 한다.[33]

이러한 복잡한 의식 외에도 찬란한 제복, 양초, 종, 향, 음악 그리고 로마 카톨릭주의가 자랑하는 각종 겉치레가 있다. 이 모든 것은 우리 주 예수 그리스도께서 제정하신 단순한 기념 만찬과 얼마나 대조적인가!

---

32) 스코트(Scott), 『로마주의와 복음』(*Romanism and the Gospel*), p.93.
33) 뵈트너, 『로마 카톨릭 사상 평가』, p.170.

성 금요일 제18장

우리는 대개 예수님께서 '금요일'(Good Friday)에 죽으시고 '부활절' 주일 이른 아침에 죽음에서 일어나셨다고 당연하게 생각해 왔다. 예수님께서 친히 '셋째 날'에 살아나실 것이라고 말씀하셨다는 이유로 어떤 사람들은 금요일의 일부를 첫째 날로, 토요일 전체를 둘째 날로, 그리고 일요일의 일부를 셋째 날로 계수했다. 이런 사람들은 하루의 일부를 하루 전체로 계산할 수도 있기 때문에 때때로 '셋째 날'과 같은 표현 속에 하루의 일부분이 들어갈 수 있다고 지적한다. 예를 들어 『유대백과사전』에 따르면 비록 장례식을 오후에 치른다 해도 장례식 치른 그 날을 애통의 7일 중 첫째 날로 센다고 한다.[1]

예수님께서 "너희는 가서 저 여우에게 이르기를, 보라, 오늘과 내일 내가 마귀들을 내쫓고 치료하다가 셋째 날에 완전하게 되리라, 하라."(눅 13:32-33)고 말씀하신 적이 있는데 이 경우 하루의 일부분을 계산에 넣으면 '모레'가 셋째 날이 될 것이다. 많은 사람들이 이 같은 계산법을 사용해서 예수 그리스도의 죽음과 장사와 부활 사이의 기간을 잘 설명할 수 있다고 느낀다.

그러나 이런 설명에 전혀 만족해하지 않는 크리스천들도 있다.

---

1) 『유대백과사전』, 제4권, p.475, '날' 항목.

예수님께서는 종종 '셋째 날'에 다시 일어날 것이라고 말씀하셨다(마 16:21; 막 10:34). 그러나 그분께서는 또한 이 기간을 '밤낮으로 사흘' ― 원래는 세 낮과 세 밤(three days and three nights) ― 이라고 말씀하셨다.

예수님께서 그들에게 대답하여 이르시되, 악하고 음란한 세대가 표적을 구하나 대언자 요나의 표적 외에는 아무 표적도 주지 아니하리라. 이는 요나가 밤낮으로 사흘 동안 고래 뱃속에 있었던 것같이 사람의 아들도 <u>밤낮으로 사흘 동안</u>(three days and three nights) 땅의 중심부에 있을 것임이라. (마 12:39-40)

성경에서 '셋째 날'이란 표현이 세 밤과 세 낮을 포함하고 있음은 창세기 1장 4-13절에서 찾아볼 수 있다.

하나님께서 빛을 어둠에서 나누사 … 그 저녁과 아침이 첫째 날이니라 … 하나님께서 궁창을 하늘이라 부르시니라. 그 저녁과 아침이 둘째 날이니라 … 땅이 풀과 그 종류대로 씨 맺는 채소와 그 종류대로 열매 맺는 나무 곧 열매 속에 씨가 있는 나무를 내니 하나님께서 보시기에 좋았더라. 그 저녁과 아침이 셋째 날이니라.

이 구절은 '셋째 날'이란 단어가 세 밤과 세 낮을 의미할 수도 있음을 보여 주는 실례 중 하나이다.

우리가 지금까지 여기서 제시하려는 견해 즉 예수님께서 죽으신 뒤 부활할 때까지의 기간이 정확하게 세 밤과 세 낮이라는 견해를 수용하고 그것을 지지한 것은 사실이다. 하지만 우리가 먼저 지적하고자 하는 바는 기독교인으로서 우리가 구원자로 믿는 예수 그리스도께서 살아 계시다가 죽으셨다가 다시 살아나셨다는 그 사실이 그분의 무덤에서의 매장과 관련된 시간적 요소와 관련하여 지금부터 우리가 제시하려는 그 어떤 설명보다 더 중요하다는 것이다.

낮이 열두 시간 그리고 밤이 열두 시간이기 때문에(요 11:9-10) 만일 우리가 정확하게 '세 낮과 세 밤'을 계산한다면 72시간이 될 것이다. 그렇다면 그분의 죽음과 부활 사이의 시간이 정확하게 72시간이었단 말인가? 예수님께서는 '세 밤과 세 낮' 동안 무덤에 계시다가 '사흘 뒤에' 살아나셨다(막 8:31). 우리는 이 기간이 정확하게 72시간보다 더 짧다고 생각할 다른 이유를 찾을 수 없다. 한편 그분께서 '사흘만에(안에)' 죽음에서 다시 살아나셨다면 그 기간이 72시간 이상은 아니었을 것이다(요 2:19). 이런 다양한 진술을 조화시키기 위해 그 기간이 정확히 72시간이었다고 추측하는 것은 결코 비합리적인 일이 아니다. 사실 하나님은 정확한 하나님이시다. 그분께서는 계획에 따라 정확하게 모든 일을 행하시며 어떤 것도 그분에게는 우연히 일어나지 않는다.

충만한 때가 이르매 — 즉 일년이라도 빠르거나 일년이라도 늦지 않고 정확하게 — 하나님께서는 자신의 아들을 보내사 여자에게서 나게 하시고 율법 아래 있게 하셨다(갈 4:4). 그분께서 기름부음을 받으신 때는 대언자 다니엘에 의해 미리 정해졌으며 마찬가지로 그분께서 백성의 죄를 위해 '끊어질 때' 또한 그러하였다(단 9:24-26).

> 주께서 네 백성과 네 거룩한 도시에게 칠십 이레를 정하셨나니 이것은 … 지극히 거룩하신 이에게 기름을 붓고자 함이라 … 예루살렘을 회복하고 건축하라는 명령이 나가는 때로부터 통치자 메시아에 이르기까지 일곱 이레와 육십이 이레가 있을 것이요 … 육십이 이레 후에 메시아가 끊어질 것이나 자기를 위한 것은 아니니라. (단 9:24-26)

그래서 이 정해진 때가 이르기 전에 그분을 죽이려 했던 자들은 다 실패하였다. 왜냐하면 그분의 때가 완전히 이르지 않았기 때문이다(요 7:8). 그분의 죽을 해와 때뿐만 아니라 시각까지도 하나님의 계획 속에 들어 있었다. 요한복음 17장 1절을 보면 예수님께서 이렇게 기도하셨다.

아버지여, 때가 이르렀사오니 아버지의 아들을 영화롭게 하사 아버지의 아들도 아버지를 영화롭게 하옵소서.

그분께서 태어나셔야 할 정확한 때, 기름부음 받아야 할 정확한 때, 사역을 시작하셔야 할 정확한 때, 죽어야 할 정확한 때가 있었기 때문에 우리는 또한 그분의 장사와 부활 사이에 정확한 기간 — 아주 정확하게 72시간 — 이 있었음을 믿는데 아무 문제가 없다. 이것이 옳다면 그분의 부활은 그분께서 장사된 날의 같은 시각 — 단지 사흘 후에 — 에 일어났다. 그렇다면 이 일이 그 날 몇 시에 일어났을까?

예수님께서는 유대인들의 시간으로 아홉시 즉 지금 시간으로 오후 세 시가 지나서 곧 죽으셨다(마 27:46-50).

이 날은 예비일이므로 유대인들이 안식일에 몸들을 십자가에 그냥 두고자 하지 아니하여 빌라도에게 그들의 다리를 꺾어 치워 달라고 간청하니 (이는 그 안식일이 큰 날이기 때문이라.) 이에 군사들이 가서 그분과 함께 십자가에 못박힌 첫째 사람과 또 다른 사람의 다리를 꺾되 예수님께 이르러서는 이미 죽으신 것을 보고 다리를 꺾지 아니하였으나 (요 19:31-33)

이때는 '저녁 때'(막 15:42)요 늦은 오후였다. 모세의 율법은 다음과 같이 말한다.

사람이 만일 죽음에 해당하는 죄를 범하였으므로 네가 그를 죽여 나무 위에 달거든 그 시체를 밤새도록 나무 위에 두지 말고 반드시 그 날에 그를 묻어서 주 네 하나님께서 네게 상속으로 주시는 땅을 더럽히지 말지니 (이는 나무에 달린 자가 하나님께 저주를 받았음이니라.) (신 21:22-23)

큰 안식일 전날 해가 저물기 전에 아리마대 사람 요셉이 허락을 얻어 그분의 몸을 가져갔다. 그와 니고데모는 그분을 장사지내기 위해 향품과 함께 그 몸을 아마포로 싸서 가까운 무덤 안에 두었다 (요 19:38-42). 이 모든 일은 해질 무렵에 완결되었다.

　만일 예수님의 부활이 장사된 후 사흘이 지나서 장사되던 때와
똑같은 시간에 일어났다면 이는 곧 부활이 해질 무렵에 일어났음을
말해 주는 것이다. 해뜰 무렵이 아니다. 만일 그분께서 해뜰 무렵에
부활하셨다면 하룻밤이 더 필요하며 이 경우에는 세 밤과 세 낮이
아니고 네 밤과 세 낮이 된다. 물론 이것은 성경과 위배된다. 해 돋
을 때에 무덤에 온 사람들은 자기들이 도착한 바로 그 때에 그분께
서 부활하신 것을 목격한 것이 아니었다. 그들은 사실 비어 있는 무
덤을 발견했을 뿐이다(막 16:2). 요한복음의 기자는 막달라 마리아
가 그 날 아침 아직 어두울 때에 그 무덤에 왔으며 예수님이 거기에
없었음을 우리에게 알려주고 있다(요 20:1-2).

　복음서 기자들은 한 주가 시작되는 첫 날 즉 일요일 아침에 제자
들이 그 무덤에 들린 사실을 기록하고 있다. 그들은 한결같이 비어
있는 무덤을 발견하였다. 천사는 여자들에게 "그분께서는 여기 계
시지 아니하니 이는 친히 말씀하시던 대로 일어나셨음이니라. 와서
주께서 누우셨던 곳을 보라."(마 28:6)고 전해 주었다. 제자들이 그
분께서 살아나셨음을 발견했던 때는 한 주의 첫째 날이었다(눅
24:1-2 등). 그러나 성경은 어느 곳에서도 바로 이때에 그분께서 부
활했다고 기록하지 않는다.

　그분께서 일요일 아침에 부활하셨다고 가르치는 것처럼 보이는
유일한 구절은 마가복음 16장 9절이다. "이제 예수님께서 주(週)의
첫날에 일찍 일어나신 뒤에 전에 일곱 마귀를 내쫓아 주신 막달라
사람 마리아에게 처음으로 나타나시니"(막 16:9) 그러나 이 구절은
예수님께서 '그때에 부활하시던 중'이었다거나 혹은 그분께서 그때
에 '부활하셨다'고 말하지 않는다. 이 구절은 안식 후 첫날이 되었
을 때에 그분께서 '이미 부활해 있었다' — 영어로는 "Now when
Jesus was risen early the first day of the week" — 고 말한다.
즉 'was risen'이라는 과거 완료 시제가 사용되었다. 우리의 신약
성경의 모체가 된 그리스어 사본들에는 쉼표가 없기 때문에 '주의

첫 날에 일찍'이란 구절은 좀더 정확히 말하자면 — 어떤 사람들은 이것이 더 정확하다고 생각한다 — 예수님께서 마리아에게 나타나신 때와 관련이 있다. 따라서 '일어나셨다'라는 단어 뒤에 쉼표를 찍게 되면 이 절은 다음과 같이 된다. "이제 예수님께서 일어나신 뒤에 주(週)의 첫날에 일찍 막달라 사람 마리아에게 처음으로 나타나시니" 나는 이것이 바로 마가가 의도했던 것이라 생각한다. 왜냐하면 그 뒤에 나오는 구절들에서 마가는 언제 그분께서 부활하셨는지에 대해 설명하지 않고 여러 번 자신을 드러내서 나타나신 것을 보여 주고 있기 때문이다.

예수님께서는 일요일 아침에 이미 부활하셨다. 그러므로 그분의 부활은 그 전날 해질 무렵에 있었다. 이때로부터 사흘 뒤로 돌아가면 수요일에 이르게 된다. 만일 이것이 사실이라면 밤낮으로 사흘이 될 수 있는가? 그렇다. 수요일 밤, 목요일 밤 그리고 금요일 밤을 합치면 밤이 세 번이며 또한 목요일 낮, 금요일 낮 그리고 토요일 낮을 합치면 낮이 세 번이다. 이렇게 되면 정확하게 그 합이 '밤낮으로 사흘'이며 이는 곧 72시간이다. 수요일이 지난 후 목요일이 첫째 날이 되며 토요일은 셋째 날이 될 것이다.

그러면 엠마오 도상의 두 제자들은 왜 다음과 같이 말했을까?

그러나 우리는 그분께서 이스라엘을 구속할 분이시라고 믿었노라. 이 모든 것 외에도 오늘은 이런 일들이 있은 지 사흘째 되는 날이요. (눅 24:21)

이 상황은 안식일 후 첫 날에 일어났고(13절) 그 날이 '이런 일들이 있은 지 사흘째 되는 날'이므로 이 구절은 예수님께서 금요일에 죽으셨음을 암시하고 있지 않은가? 만일 하루의 일부분을 전체 하루로 계산한다면 그러할 수 있다.

한편 다른 방식으로 계산해 보면 다른 결론이 날 수도 있다. 만일 이런 일들이 금요일에 발생했다면 금요일 '이후' 이틀째 되는 날은 일요일이며 금요일 '이후' 사흘째 되는 날은 월요일이 될 것이다.

물론 이런 계산법은 틀릴 수 있으며 또한 이 계산 방식에 따르면 그분께서 금요일에 십자가에 달린 것이 아니라는 결론이 날 가능성도 있다.

나는 이에 대하여 적절한 설명을 제시하려고 찾던 중에 다음과 같은 사실을 받아들이게 되었다. 그들은 '일어난 모든 것'에 대하여 이야기하였다(14절). 만일 '이런 일들'에 그분의 체포와 십자가의 죽음과 장사와 무덤을 봉인하고 파수꾼을 배치한 일이 다 포함된다면 이 모든 일은 목요일에야 비로소 이루어졌을 것이다. 우리는 예수님께서 '예비일'(수요일)에 십자가에 달려 죽으셨음을 이미 살펴보았다.

이제 그 이튿날(목요일) 곧 예비일 다음 날에 수제사장들과 바리새인들이 함께 빌라도에게 와서 이르되, 각하, 저 속이는 자가 살았을 때에 말하기를, 내가 사흘 뒤에 다시 일어나리라, 한 것을 우리가 기억하노니 그러므로 명령하사 그 돌무덤을 셋째 날까지 굳게 지키게 하소서. 그의 제자들이 밤에 와서 그를 훔쳐 가고 백성에게 이르되, 그분께서 죽은 자들로부터 일어나셨다, 하면 나중 잘못이 처음보다 심할까 염려하나이다, 하매 빌라도가 그들에게 이르되, 너희에게 파수꾼이 있으니 가서 너희가 할 수 있는 대로 그곳을 굳게 지키라, 하매 이에 그들이 가서 그 돌을 봉인하고 파수꾼을 세워 돌무덤을 굳게 지키니라. (마 27:62-66)

이런 이유 때문에 무덤은 봉인되고 파수꾼들이 그것을 지키게 되었다. 이처럼 무덤이 봉인되고 파수꾼들이 그것을 지킴으로써 '이런 일들'은 완전히 완결되었다. 다시 말해 이런 일들이 다 '끝났다.' 우리가 이미 살펴본 것처럼 이 일은 그 주의 목요일 즉 그 큰 날에 일어났다. 그러므로 일요일은 그분께서 십자가에 달려 죽으신 지 사흘째 되는 날이 아니라 '이런 일들이 있은 지 사흘째 되는 날'이었을 것이다.

예수님께서 안식일(보통 토요일) 전날 십자가에서 못박히셨기 때문에 사람들이 그분께서 금요일에 죽으신 것으로 믿는데 우리는 그것을 이해한다. 그러나 그분께서 죽으신 다음 날의 안식일은 매주 돌아오는 안식일 즉 토요일의 안식일이 아니었다. 그 날은 매년 한 번 있는 안식일이었다. 왜냐하면 그 안식일이 큰 날이었기 때문이다.

> 이 날은 예비일이므로 유대인들이 안식일에 몸들을 십자가에 그냥 두고자 하지 아니하여 빌라도에게 그들의 다리를 꺾어 치워 달라고 간청하니 (이는 그 안식일이 큰 닐이기 때문이라.) (요 19:31)

이러한 큰 안식일은 한 주의 어떤 요일이 될 수 있으며 그 해에는 분명히 목요일이었다.

예수님께서는 예비일(수요일)에 십자가에 못박혀 죽으시고 장사되었으며 그 다음날은 큰 안식일(목요일)이었고 그 다음날은 금요일 그리고 곧바로 매주 지키는 안식일(토요일)이 뒤따라왔다. 그 주에 두 번의 안식일이 있었다는 것을 이해하게 되면 그리스도께서 안식일 전날 십자가에서 처형을 당하시고 안식일 다음날 이미 무덤에서 일어나셨음에도 불구하고 밤낮으로 사흘 동안 무덤 속에 있을 것이라는 표적을 성취할 수 있었는지 알게 될 것이다.

마가복음 16장 1절과 누가복음 23장 56절을 주의 깊게 비교해 보면 그 주에 두 번의 안식일이 있었다는 확실한 증거를 찾아볼 수 있으며 이 두 안식일 사이에 평상시와 다름없이 일할 수 있는 날이 있었다는 사실도 찾아볼 수 있다. 마가복음 16장 1절은 다음과 같다.

> 안식일이 지나매 막달라 사람 마리아와 야고보의 어머니 마리아와 또 살로메가 가서 예수님께 바르려고 사 두었던 향품을 가지고

이 구절은 여자들이 향품을 사 둔 때가 바로 안식일이 지난 후라고 말한다. 그러나 누가복음 23장 56절은 그들이 향품을 준비했으

며 향품을 준비한 후에 안식일에 쉬었다고 말한다.

(그들이) 돌아가서 향품과 기름을 예비하고 명령에 따라 안식일에 쉬더라.

한 절은 여자들이 향품을 사 둔 때가 안식일이 지난 후라고 말하는 반면에 다른 절은 그들이 안식일 전에 향품을 준비했다고 말한다. 그들이 먼저 향품을 산 후에야 그것을 준비했다고 말할 수 있으므로 그 주에 서로 다른 두 개의 안식일이 있었다는 것은 거의 확실하다고 할 수 있다.

『영원』(Eternity)이란 잡지의 편집장인 반하우스는 다음과 같이 말한다.

나는 개인적으로 우리 주님께서 돌아가신 마지막 주에 두 번의 안식일이 있었다고 주장해 왔다. 바로 이 두 안식일은 토요일 안식일과 유월절 안식일이며 후자는 목요일이었다. 그들은 수요일에 십자가에 못박혀 죽으신 그분의 몸을 급히 끌어내렸으며 그분께서는 밤낮으로 사흘(적어도 72시간) 동안 무덤 안에 계셨다.

그는 또한 최후의 만찬이 화요일에 있었다고 주장하는 사해 사본 두루마리로부터의 증거를 제시하며 불어로 출판된 로마 카톨릭 저널에서 "에피파니우스와 페타우의 빅토리누스(304년에 사망) 뿐만 아니라 『사도들의 교훈』(Didascalia Apostolorum)이 증거하는 고대 기독교 전통은 화요일 밤이 최후 만찬의 날이라고 규정하며 그리스도께서 체포된 것을 기념하기 위해 수요일에 금식할 것을 규정하고 있다."[2]는 것을 인용하고 있다.

비록 예수님께서 금요일에 십자가에 못박혀 죽으셨다는 것을 믿는 사람들이 많지만 『카톨릭 백과사전』은 모든 학자들이 이렇게 믿은 것은 아니라고 말한다. 에피파니우스, 락탄티우스, 웨스코트, 카

---

2) 『영원』(Eternity), 1958년 6월호.

시오도루스 그리고 뚜르즈의 그레고리는 그분께서 금요일에 십자가에서 죽으셨음을 반대하는 사람들로 언급되고 있다.[3]

페팅길은 그의 저서 『성경 난제 해설』에서 이렇게 질문과 대답을 제시하고 있다. "그 주의 어떤 요일에 우리 주님께서 십자가에 달려 죽으셨는가? 그분께서 수요일에 죽으셨음은 우리에게 너무도 명확하다."[4]

『데이크 주석 성경』은 마태복음 12장 40절의 주석에서 다음과 같이 말한다.

그리스도께서는 정확히 세 낮과 세 밤 동안 죽어 무덤에 계셨다. 그분께서는 수요일 해가 지기 바로 전에 무덤에 안치되셨으며 토요일 해질 무렵에 부활하셨다 … 그분께서 금요일 해질 무렵에 장사되었다고 말하는 성경 구절은 어디에도 없다. 만일 그것이 사실이라면 그분께서는 한 낮과 한 밤 동안 무덤에 있은 것이며 이는 그분 자신의 말씀이 거짓이었음을 입증한다.[5]

여기에서 제시한 다양한 사역자들의 인용문들은 상당히 중요한데 그 이유는 이런 믿음이 그들이 소속된 다양한 교회 조직들이 일반적으로 수용한 입장이 아니었기 때문이다. 이런 경우 사람들은 단순히 편의상 그렇게 말하는 것이 아니라 확신에서 말한다. 복음주의자이며 성경 연구소 소장으로 알려져 있는 토레이의 경우도 그러하다. 1907년에 그는 우리가 여기에서 제시한 기본적인 입장을 다음과 같이 잘 요약해서 발표한바 있다.

교회가 일반적으로 수용한 전통에 따르면 예수님은 금요일에 십자가에 못박혀 죽으셨고 일요일 이른 아침에 죽음에서 살아나셨다고 한다. 성경 독자들 가운데 많은 이들은 금요일 늦은 오후와 일요일 이른 아침 사이의 간격이 밤낮으로 사흘이 될 수 없음을 발견하고 혼란스러워할 것이다. 그 기간은 두 밤과 한 낮

---

3) 『카톨릭 백과사전』, 제8권, p.378, '예수 그리스도' 항목.
4) 페팅길(Pettingill), 『성경 난제 해설』(*Bible Questions Answered*), p.182.
5) 『데이크 주석 성경』(*Dake's Annotated Reference Bible*), p.13.

그리고 또 다른 날의 낮의 일부에 지나지 않는다.

많은 주석가들은 이 같은 혼란을 해결하기 위해 '한 낮과 한 밤'이 '하루'를 나타내는 표현의 하나이며 고대 유대인들이 하루의 일부분을 하루 전체로 간주했다고 주장한다 … 그러나 이 같은 해결책에 전혀 만족하지 못하는 사람들이 많이 있다. 그래서 필자는 이런 제안이 필자를 전혀 만족시키지 못했다고 부담 없이 고백할 수 있다. 내가 볼 때 그것은 미봉책처럼 보인다.

성경은 어느 곳에서도 예수님께서 금요일에 십자가에 못박혀 죽으셨다고 말하거나 암시하지 않는다. 단지 예수님께서 '안식일 전날'에 십자가에 못박히셨다고 말할 뿐이다 … 한편 성경은 이 경우 그 안식일이 어떤 안식일인지 추측하지 않고도 알 수 있게 해 준다 … 그 날은 매주 돌아오는 안식일 전 날(즉 금요일)이 아니라 유월절 안식일 전날이었다. 그 해에는 이 안식일이 목요일이었으므로 예수 그리스도께서 십자가에서 죽으신 날은 수요일이었다. 요한은 이를 대낮처럼 분명하게 보여 준다.

예수님께서는 수요일 해질 무렵에 장사되었고 그로부터 72시간 후에 무덤에서 일어나셨다. 여자들은 일요일 아침 해뜨기 바로 전에 그 무덤을 방문했고 이미 비어 있는 무덤을 발견했을 뿐이다.

그분께서 금요일에 십자가에 죽으셨다는 사실을 조금이라도 지지해 주는 증거는 전혀 없다. 오히려 성경의 모든 것이 그분께서 수요일에 죽으셨다는 사실과 완벽하게 조화를 이룬다. 예수님께서 금요일이 아니라 수요일에 죽으셨다는 것을 이해하게 될 때 구약성경의 예언적인 구절들과 기타 대표적인 다른 많은 구절들이 문자 그대로 성취된 것과 복음서의 이야기들 사이에 일치하지 않는 것처럼 보이는 것들이 문제없이 정리되는 것을 보게 되며 이는 참으로 놀랄만한 일이다.[6]

---

6) 토레이(Torrey), 『성경에 나타난 난제들과 잘못된 것으로 추정된 실수와 모순들』(*Difficulties and Alleged Errors and Contradictions in the Bible*), p.104-109.

제19장

봄 축제 : 부활절

전 장에서 우리는 예수 그리스도께서 금요일에 십자가에서 못박히셨다는 것에 문제를 제기하는 여러 가지 근거를 성경을 통해 살펴보았다. 그럼에도 불구하고 많은 카톨릭 교인들은 금요일에 고기 먹는 것을 삼가고 있으며 대신 물고기를 먹는다. 아마도 이것은 예수님께서 금요일 십자가에 못박히신 것을 기억하기 위한 것으로 생각된다. 현재 미국의 카톨릭 교인들은 사순절 기간을 제외하고는 금요일에 고기를 먹는 것에 대해 이전과 같이 교회로부터 강요를 받지는 않는다. 그럼에도 불구하고 여전히 많은 카톨릭 교인들이 금요일에 고기를 먹지 않는 관습을 따르고 있다.

분명히 성경은 금요일과 물고기가 어떤 관련이 있다고 말하지 않는다. 한편 '금요일'(Friday)이란 단어는 '프레야'(Freya)라는 여신의 이름으로부터 나왔는데 그녀는 평화와 기쁨 그리고 다산의 여신이었으며 특히 물고기는 그녀의 다산을 나타내는 상징물이었다. 그래서 중국과 아시아, 페니키아, 바빌론 그리고 그 밖의 다른 지역에서는 초기부터 물고기가 다산의 신으로 여겨졌다.[1]

'물고기'(fish)란 단어는 '증가' 또는 '다산'을 의미하는 '다그'(dag)에서 유래되었는데 여기에는 상당한 근거가 있다.[2]

---

1) 커롯(Cirlot), 『상징사전』(*A Dictionary of Symbols*), p.29.
2) 『파우셋의 성경백과사전』, p.232.

왜냐하면 대구 한 마리가 매년 9,000,000마리 이상, 광어는 1,000,000마리 이상, 철갑상어는 700,000마리 이상, 농어류는 400,000마리 이상, 고등어는 500,000마리 이상, 청어는 10,000 마리 이상의 알을 낳기 때문이다.

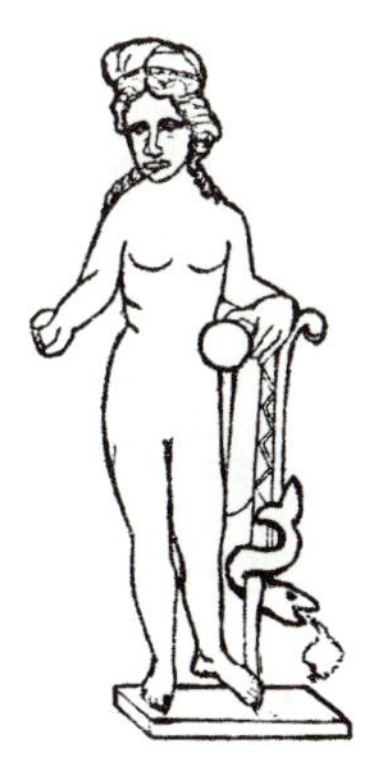

비너스

로마 사람들은 '비너스'(Venus)를 성적 다산의 여신으로 생각했는데 그녀의 이름으로부터 '성교 (性交)' 또는 '성병(性病)'을 나타내는 'venereal' 이라는 단어가 파생되었다('성병'은 'venereal disease'라고 한다). 또 그들은 금성(Venus)이 금요 일의 첫 시간을 다스린다고 믿었기 때문에 금요 일을 비너스 여신의 거룩한 날로 여겼으며 그래 서 '비너스의 날'(dies Veneris)이라 불렀다.[3]

이런 의미에서 물고기는 그녀에게 신성한 것으 로 여겨졌다.[4] 옆의 그림은 자기의 상징물인 물 고기를 가지고 있는 비너스 여신을 보여 준다.[5] 또한 물고기는 이 스라엘 백성이 숭배했던 이교 여신 아스다롯에게도 거룩한 것으로 여겨졌다.[6]

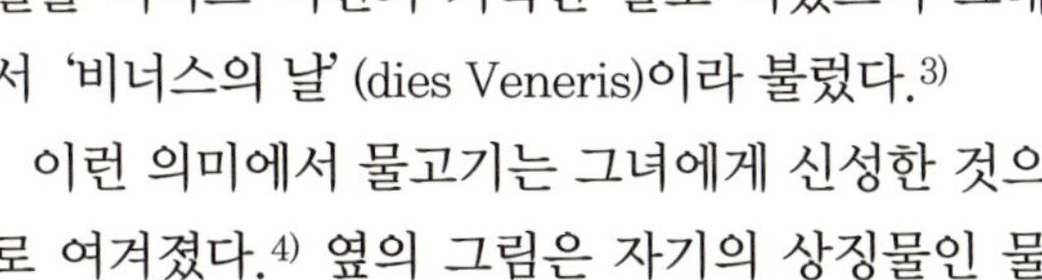

고대 이집트에서 이시스는 머리에 물고기를 한 모습으로 나타나 는데 다음 그림은 이를 보여 주고 있다. 금요일이 성적 다산의 여신 즉 '프레야'라는 이름에서 나온 것을 고려해 볼 때 그리고 금요일 이 그 여신의 거룩한 날인 것과 물고기가 그 여신의 상징물인 것을 고려해 볼 때 카톨릭 교인들이 금요일 고기를 삼가고 물고기를 먹 어야 한다고 교육받아 온 것은 우연의 일치 이상으로 보인다!

전 장에서 우리는 어떤 그리스도인들이 예수님께서 금요일에 십

---

3) 『종교백과사전』, 제2권, p.120, '금요일' 항목.
4) 동일문서, 제2권, p.105, '물고기' 항목.
5) 인맨(Inman), 『고대 이교인과 현대 기독교인의 상징주의』(*Ancient Pagan and Modern Christian Symbolism*), p.55.
6) 『종교백과사전』, 제2권, p.105.

자가에 못박히시고 일요일 아침에 부활하신 것을 거부한 이유에 대해 살펴보았다. 그렇다면 과연 부활절 준수는 어디에서 유래된 것인가? 과연 초대 그리스도인들이 부활절 달걀에 새칠을 하였을까? 베드로나 바울이 부활절 이른 아침 예배를 드린 기록이 있는가? 물론 답은 분명하다.

‘부활절’(Easter)이란 단어는 킹제임스 흠정역 성경에 단 한 번 나타나고 있다.

그가 베드로를 붙잡아 감옥에 가두고 군사가 넷씩인 네 소대에게 맡겨 지키게 하더니 이것은 이스터가 지난 뒤에 그를 백성 앞에 끌어내고자 함이더라. (행 12:4)

이시스와 호루스

여기에서 ‘이스터’로 번역된 그리스어는 모든 학자들이 알고 있듯이 ‘파스카’(Pasca)인데 이것은 유대인들의 유월절(Passover) 혹은 이교도들의 부활절을 가리킨다. 부활절 즉 이스터란 단어가 원래의 의미로 볼 때 기독교 용어가 아니라는 것은 이미 잘 알려진 사실이다. 이 단어는 이교 여신 즉 낮과 봄의 떠오르는 빛의 여신의 이름에서 나왔다. ‘부활절’ 즉 ‘이스터’란 에오스트레(Eostre), 오스테라(Ostera), 아스타르테(Astarte) 또는 이슈타르(Ishtar)의 현대적 표현으로 히슬롭은 특히 후자 즉 이슈타르가 오늘날 우리가 ‘이스터’라고 발음하는 것과 같이 발음되었다고 한다.[7]

많은 부활절 관습들이 비기독교 종교들에 그 기원을 두고 있다. 예를 들어 고대 이교도들은 부활절 달걀을 색칠하고 숨겨 두고 찾아서 먹었다. 이러한 관습이 오늘날에도 여전히 행해지고 있으며

---

7) 히슬롭, 『두 개의 바빌론』, p.103.

바빌론의 달걀

특히 어린아이들의 놀이와 장난으로 여겨지고 있다. 그러나 그것은 고대 이교도들의 산물이며 성경과는 거리가 먼 것이다.

달걀은 바빌론 사람들 사이에서도 거룩한 상징물로 여겨졌는데 그들은 하늘로부터 유프라테스강으로 떨어진 거대한 크기의 달걀 이야기를 믿었다. 고대 신화에 의하면 이 거대한 달걀로부터 아스타르테 — 이스터(Easter)와 동일함 — 여신이 부화되었고 따라서 달걀은 그녀를 상징하는 물건이 되었다.[8]

고대 드루이드 교도들 역시 달걀을 자기들 종교의 거룩한 상징물로 지니고 다녔다.[9] 로마에서 케레스 여신의 행렬이 있을 때에는 달걀이 앞서 나아갔으며[10] 바커스의 신비 종교에서는 달걀이 거룩하게 구별되었다. 중국에서는 염색하거나 색칠한 달걀을 성스런 축제 때에 사용하였으며 고대 일본에서도 달걀에 놋 색깔을 칠해 거룩하게 하던 관습이 있었다. 또한 북유럽 사람들도 이교도들의 시대에는 달걀에 색을 칠해 봄의 여신의 상징물로 사용하였다. 다음의 그림은 이교도들이 자기들의 거룩한 달걀을 표현하는 두 가지 방법을 보여 준다. 왼쪽 그림은 헬리오폴리스의 달걀이고 오른쪽 그림은 타이폰

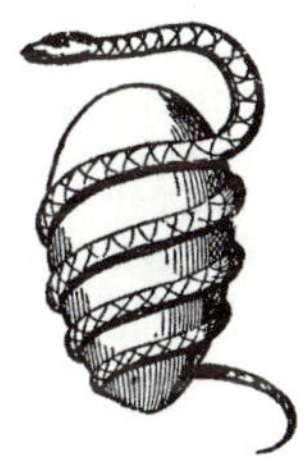

---

8) 동일문서, p.109.
9) 동일문서, p.108.
10) 『종교백과사전』, 제2권, p.13.

의 달걀이다. 이집트 사람들은 달걀이 태양 즉 황금 달걀과 관련이 있다고 믿었으며[11] 물들인 달걀을 부활절에 거룩한 제물로 사용하였다.[12]

『브리태니커 백과사전』은 다음과 같이 말한다.

달걀이 다산과 다시 새로워진 삶을 상징하게 된 것은 고대 이집트 사람들과 페르시아 사람들 시대에까지 거슬러 올라가는데 그들은 봄 축제 동안 달걀을 색칠하고 먹는 관습을 가지고 있었다.[13]

그렇다면 어떻게 이런 이교의 관습이 기독교와 관련을 갖게 되었을까? 분명히 어떤 이들이 병아리가 달걀에서 나오는 것처럼 그리스도께서 무덤으로부터 나오셨음을 제시하면서 달걀을 기독교화시켰다. 교황 바오로 5세(주후 1605-1621)는 이와 관련해서 기도문까지 지정하였다.

오 주여, 간청하오니 당신의 피조물인 이 달걀들에게 복을 주소서! 우리 주 예수 그리스도를 기념하여 달걀을 먹을 때 이것이 당신의 종들에게 건강에 좋은 음식이 되게 하소서.[14]

『카톨릭 백과사전』의 다음 인용문은 상당히 중요하다.

사순절 동안에 달걀을 사용하는 것이 금지되었기 때문에 사람들은 부활절 날 부활의 기쁨을 나타내기 위해 붉은 색을 칠한 달걀을 테이블에 가져왔다 … 아마도 이 관습의 기원은 이교주의에서 찾아볼 수 있을 것이다. 왜냐하면 봄이 다시 돌아오는 것을 경축하는 이교도들의 많은 관습들이 부활절에 그 유래를 두고 있기 때문이다!

---

11) 동일문서, p.12.
12) 본윅(Bonwick), 『이집트 사람들의 신앙』(*Egyptians Belief*), p.24.
13) 『브리태니커 백과사전』, '부활절' 항목.
14) 히슬롭의 글에서, p.110.

특히 유럽에서 널리 유행하던 관습이 이런 경우에 해당한다.

부활절 불(Easter fire)은 마찰에 의해 나무로부터 발생시킨 새로운 불을 가지고 산에서 점화되었다. 이 관습은 이교주의에서 나온 관습으로 유럽 전역에서 유행하였는데 이 불은 봄이 마침내 겨울을 이기고 승리함을 의미했다. 주교들은 신성을 모독하는 부활절 불 사용에 대해 엄격한 칙령들을 내렸으나 모든 곳에서 유행하던 관습들을 폐하지 못했다.

그리하여 무슨 일이 발생하였는가? 다음의 말을 주의 깊게 살펴보도록 하라.

교회는 부활절 불이 구약 시대 광야에서의 불기둥과 신약 시대 그리스도의 부활과 관련이 있다고 하면서 부활절 행사 때에 이것을 준수할 것을 채택했다.[15]

이교도들의 관습들이 로마 교회에서 수용되어 기독교의 모습을 띠고 나타났는가? 그렇다.

『카톨릭 백과사전』은 부활절 토끼에 대해서도 다음과 같이 언급한다.

토끼는 이교주의의 상징으로 항상 다산의 상징물이 되어 왔다.[16]

『브리태니커 백과사전』은 다음과 같이 말한다.

부활절 달걀처럼 부활절 토끼도 고대에 기독교화 되었다. 토끼는 고대 이집트나 그 밖의 다른 지역의 전설에서 달과 관련을 갖고 있다 … 토끼를 뜻하는 이집트어 '움'(um)이 '열린'(open)이란 의미와 '기간'(period)이란 의미를 포함하고 있다는 사실 때문에 토끼는 달과 사람의 주기와 관련된 상징물로 여겨졌다. 또한 젊은 남녀가 새로운 삶을 시작하는 것을 의미했으므로 이것은 결국 새로운 삶과 다산의 상징이 되었다. 이런 이유로 토끼는 부활절 달걀과 연관을 갖

---

15) 『카톨릭 백과사전』, 제5권, p.227, '부활절' 항목.
16) 동일문서.

게 되었다.[17)

이렇게 해서 부활절 토끼와 부활절 달걀은 성적 중요성의 상징과 다산의 상징이 되었다.

부활절 기간에 그리스도인들이 세벽 일찍 예배에 참석하는 것은 아주 흔한 일이다. 사람들은 그리스도께서 부활절의 일요일 아침 태양이 떠오르는 때에 죽은 자들로부터 부활하셨기에 이런 예배가 그분께 영광을 돌리는 것이라고 추측한다. 그러나 그분의 부활은 태양이 떠오를 때에 일어나지 않았다. 막달라 마리아가 무덤에 왔을 때는 여전히 어두웠으며 무덤은 이미 비어 있었다! 한편 이와는 대조적으로 이런 새벽 예배는 고대 태양 숭배의 한 부분이었다. 물론 오늘날의 그리스도인들이 부활절 새벽에 예배를 드린다고 해서 그들이 태양을 숭배한다고 말하는 것은 결코 아니다. 또 둥그런 태양 모양의 성병이 있는 성체 현시대 앞에서 절하는 카톨릭 교도들이 태양을 숭배한다고 말하는 것도 아니다. 다만 우리는 이러한 행습이 성경에 없으며 이교주의와의 혼합물임을 보여 주려는 것이다.

구약의 에스겔 대언자 시대에 참되신 하나님을 아는 자들도 태양 숭배에 빠졌고 그것을 자기들 종교의 한 부분으로 삼았다.

> 그분께서 나를 데리고 **주**의 집 안뜰에 이르시니, 보라, **주**의 성전의 문 곧 주랑과 제단 사이에서 스물다섯 명 가량이 자기 등은 **주**의 성전을 향하게 하고 자기 얼굴은 동쪽을 향하게 한 채 동쪽을 바라보며 태양에게 경배하더라. (겔 8:16)

해가 떠오를 때 당연히 그것은 동쪽에 있다. 엘리야 시대에 바알의 대언자들도 동쪽을 바라보았다. 바알은 태양신도 되고 불의 신도 된다. 엘리야가 "불로 응답하시는 이가 곧 하나님이다."라고 말

---

17) 『브리태니커 백과사전』에서.

하며 바알의 대언자들에게 도전했을 때 사실 그는 바알의 진영에서 바알 숭배와 정면으로 맞선 것이다. 바알의 대언자들이 바알을 부른 것은 언제인가? 바알이 즉 태양이 동쪽 수평선 위로 첫 모습을 나타냈을 때 그들은 바알을 불렀다. 다시 말해 그때는 '아침'이요 해가 뜨는 때였다(왕상 18:26).[18]

해가 떠오르는 것과 관련한 의식들은 여러 형태로 많은 고대 국가들에서 잘 알려져 있었다. 이집트의 스핑크스는 동쪽을 보도록 위치를 잡고 있다. 일본의 후지 산에서는 사람들이 떠오르는 태양에게 기도를 드렸다.

> 순례자들은 산비탈을 오르면서 떠오르는 태양에게 기도를 한다 … 종종 흰 제복을 입은 수백 명의 신토 순례자들이 자기들의 거처에서 나와 떠오르는 태양에게 노래를 바치는 것을 볼 수 있다.[19]

로마의 이교주의자들인 미트라 교도들도 태양신에게 경배하기 위해 동틀 때에 함께 만났다.

'이스터'(Easter)란 이름의 출처인 봄의 여신 즉 이슈타르는 동쪽에서 떠오르는 태양과 관련을 갖고 있다. 심지어 '동쪽'(East)이란 단어도 봄의 여신과 관계가 있다. 이와 같이 동쪽에서 해가 솟아오르는 것과 이스터(부활절)란 이름 그리고 봄철은 모두 연결되어 있다.

고대 전설에 따르면 담무스는 살해당한 후에 지하세계로 내려갔으나 그의 어머니 '이슈타르'(Ishtar, Easter)의 통곡으로 인해 신비하게 봄에 살아났다고 한다. "이슈타르의 고통으로 인한 담무스의 부활은 매년마다 극적으로 재현되는데 이것은 농작물의 다산과 사람들의 다산을 확보하기 위한 것이다. 매년 남자와 여자들은 이슈

---

18) 『스트롱의 성경용어색인』, No.1242.
19) 도빈스, 『세계의 예배 이야기』, p.330.

타르와 함께 담무스의 죽음을 애통해 하며 신의 귀환을 축하하는데 이것은 그 여신으로부터 새로이 호의와 은덕을 얻기 위함이다!"[20]

새로운 식물이 싹을 내며 나올 때 고대 사람들은 자기들의 '구원자'가 지하세계로부터 나와서 겨울을 끝내고 봄을 새롭게 시작하는 것으로 믿었다.[21] 에스겔 대언자가 "거기에 여자들이 앉아서 담무스를 위하여 슬피 울고 있더라."(겔 8:14)고 말하는 것을 볼 때 심지어 이스라엘 백성도 매년 거행되는 이교도들의 봄 축제 의식과 교리들을 받아들였음을 알 수 있다.

우리는 그리스도인으로서 예수 그리스도께서 실제로 죽은 자들로부터 부활하셨음을 믿는다. 이것은 단순히 자연계의 부활이나 또는 봄에 새로이 식물이 부활하는 것과 같은 종류의 부활이 아니다. 그러나 그분의 부활이 한 해의 봄에 있었기 때문에 주후 4세기의 교회가 — 이때는 세속적인 교회가 이미 여러 면에서 원래의 기독교 믿음에서 벗어난 상태였다 — 이교도들의 봄 축제를 기독교 안으로 흡수해서 통합시킨 것은 그리 어려운 일이 아니었다. 이러한 흡수 통합에 관해『브리태니커 백과사전』은 다음과 같이 말한다.

> 기독교는 기독교의 큰 축제일을 기념하면서 이교도들의 많은 의식들과 봄 축제 관습들을 통합시켰다.[22]

전설에 따르면 담무스는 40세가 되었을 때에 멧돼지에 의해 죽었다고 한다. 히슬롭은 이 40일에 대해 언급하면서 — 여기서 40일은 담무스가 땅에서 살았던 40년을 나타냄 — 이 기간이 '담무스를 위해 우는 날'로 정해졌다고 지적한다. 고대 사람들은 이 40일을 울고 금식하며 자신을 응징하는 날로 여겼는데 이것은 담무스의 은총

---

20) 스미스,『인간과 그의 신들』, p.86.
21) 울린,『축제, 거룩한 날들 그리고 성인의 날들』, p.89.
22)『브리태니커 백과사전』,의 글에서.

을 얻기 위함이었다. 그렇게 하면 그가 지하세계로부터 나와 봄이 다시 시작되게 한다고 그들은 믿었다. 이러한 관습은 바빌론 사람들뿐만 아니라 페니키아 사람들, 이집트 사람들, 멕시코 사람들, 그리고 한동안은 심지어 이스라엘 백성에게도 잘 알려져 있었다. 히슬롭은 다음과 같이 말한다. "이교도들은 이 사순절을 담무스의 죽음과 부활을 기념하는 연중 대축제에 없어서는 안 될 예비 기간으로 생각한 것 같다."[23]

로마 카톨릭 교회가 봄 축제에 대한 여러 가지 믿음을 교회 안으로 받아들였으므로 그 축제에 앞서 옛날의 '금식'을 받아들인 것은 그러한 풍습 발전의 또 다른 단계에 지나지 않았다. 『카톨릭 백과사전』은 이에 대해 매우 정직하게 다음과 같이 말한다.

> 4세기의 저술가들은 많은 행습들 ― 예를 들어 사순절의 40일 금식 ― 을 사도들이 정한 규정으로 묘사하려 했지만 그렇게 주장할 근거는 하나도 없다.[24]

교황은 사순절 즉 '거룩한 금식' 기간에 사람들에게 고기나 그 밖의 다른 몇 가지 음식을 삼가라고 말했는데 이 같은 명령을 공식적으로 선언한 것은 주후 6세기 경이었다.

카톨릭 학자들 역시 자기들의 교회 안에 이교주의로부터 차용한 관습들이 남아 있음을 알며 이를 시인한다.[25] 그러나 그들은 비록 그런 것들이 이교주의에서 나왔다 하더라도 여전히 그것들을 기독교화 할 수 있다고 생각한다. 만일 어떤 이교도 부족이 자기들이 섬기는 이교 신을 영화롭게 하기 위해 40일 동안 금식하는 관습을 준수했을진대 우리가 그리스도를 영화롭게 하기 위해 그와 같은 일을 하는 것이 무슨 잘못이란 말인가? 비록 이교도들이 동쪽을 향

---

23) 히슬롭의 글에서, p.104, 105.
24) 『카톨릭 백과사전』, 제3권, p.484, '독신' 항목.
25) 동일문서, 제11권, p.390, '이교주의' 항목.

해 태양을 숭배했다 하더라도 우리가 그리스도의 부활을 기념하기 위해 새벽 일찍 예배를 드리는 것이 무슨 잘못이란 말인가? 비록 그분께서 새벽에 부활하지 않았다고 해도 그런 예배가 무슨 잘못이란 말인가? 비록 이교도들이 달걀을 사용했다 하더라도 우리가 그것을 예수님의 무덤 앞에 있던 큰 바위를 상징하는 것으로 여기며 계속해서 사용하는 일이 무슨 잘못이란 말인가? 한마디로 이교도들은 이교 신들을 영화롭게 하기 위해 여러 풍습을 사용했지만 우리가 그리스도를 영화롭게 하기 위해 그런 것들을 사용하고 수용하는 것이 무슨 잘못이란 말인가?

이 모든 진술이 논리적인 것처럼 들릴지 모르지만 성경은 이에 대해 안전한 가이드라인을 제시하고 있다.

> 네가 가서 소유할 그 민족들을 **주** 네 하나님께서 네 앞에서 끊어 버리시고 너로 하여금 그들을 대신하여 그들의 땅에 거하게 하실 때에 너는 스스로 조심하여 그들이 네 앞에서 멸망한 뒤에 그들을 따라감으로 올무에 걸려들지 말고 또 그들의 신들을 따르며 물어 이르기를, 이 민족들은 자기 신들을 어떻게 섬겼는가? 나도 그와 같이 하리라, 하지 말라. 너는 **주** 네 하나님께 그와 같이 행하지 말지니 이는 그들이 **주**께서 미워하시는 일 곧 그분께 가증한 모든 것을 자기 신들에게 행하되 심지어 자기 아들딸들을 불에 태워 자기 신들에게 드렸음이니라. 내가 너희에게 명령하는 이 모든 말을 너희는 지켜 행하고 거기에 더하거나 거기에서 빼지 말지니라. (신 12:29-32)

겨울 축제 : 크리스마스

제 **20** 장

12월 25일 크리스마스는 그리스도께서 탄생한 날로 달력에 지정된 날이다. 그러나 이 날이 정말 그분께서 탄생한 날인가? 이때에 이루어지는 오늘날의 크리스마스 관습들은 기독교의 기원을 갖고 있는가? 아니면 기독교와 이교주의의 또 다른 혼합물인가?

'크리스마스'(Christmas)라는 단어를 주의 깊게 살펴보면 그것이 혼합물임을 알 수 있다. 이 단어에 '그리스도'(Christ)의 이름이 포함되어 있지만 동시에 '미사'(Mass)라는 단어도 포함되어 있다. 우리가 로마 카톨릭 교회의 미사 속에 포함된 모든 정교한 의식들, 죽은 자를 위한 기도, 화체설 의식 등을 고려해 볼 때 이것과 복음서의 역사적 예수 그리스도를 연관시켜 생각해 볼 수 있겠는가? 그분의 생애와 사역은 이와 같은 의식들처럼 복잡하지 않았다. 사도 바울과 같이 우리도 어떤 사람들이 '그리스도 안에 있는 단순함'에서 떠나 부패하지 않을까 두려워한다(고후 11:3). 왜냐하면 이교주의가 미사와 같은 여러 의식들에 영향을 미쳤기 때문이다. 이러한 관점에서 볼 때 '크리스마스'(Christ-Mass)란 단어는 스스로 모순이 된다.

그리스도께서 실제로 12월 25일에 태어나셨는가에 대해서는 의구심이 많다. 성경은 예수님께서 태어났을 때에 대해 이렇게 말한다. "바로 그 지역에서 목자들이 들에 거하며 밤에 자기 양떼를 지키더니"(눅 2:8) 팔레스타인의 목자들은 한겨울에 들에서 지내지 않았다! 클락(Adam Clarke)은 이에 대해 다음과 같이 쓰고 있다.

> 이 목자들이 아직 자기 양떼를 집으로 데려오지 않았기 때문에 아직 10월이 도래하지 않았고 따라서 결과적으로 우리 주님께서 어떤 양떼도 들에 있지 않은 12월 25일에 태어나지 않았다는 것은 가능성이 높은 주장이다 … 바로 이러한 이유 때문에 12월에 예수님께서 태어나셨다는 주장은 버려야 한다.[1]

성경은 우리에게 예수님의 탄생 날짜를 명확하게 말해 주지 않지만 아마도 그분께서 가을에 태어났음을 시사하는 구절들이 있다. 우리는 예수님께서 봄에, 유월절 기간에 십자가에서 못박혀 돌아가셨음을 안다(요 18:39). 그분의 공생애 사역 기간이 3년 반임을 고려하면 그분께서 가을에 자신의 사역을 시작했음을 알 수 있다. 그 당시 그분의 나이는 약 30세였는데(눅 3:23) 이 나이는 구약 시대에 남자가 공적인 사역자가 되는 나이였다(민 4:3 참조). 만일 그분께서 그 가을에 30세가 되었다면 30년 전에 그분께서 태어나신 때도 가을이어야 한다.

예수님께서 탄생하실 때 요셉과 마리아는 조세 등록을 하러 베들레헴으로 갔다(눅 2:1-5). 한겨울에 조세등록을 했음을 보여 주는 기록은 하나도 없다. 한 해 중 조세 등록하기에 보다 논리적인 계절은 수확이 끝난 가을이었을 것이다. 만일 이것이 사실이라면 그때는 예루살렘에서 장막절을 지키던 때였을 것이며 이것은 또한 마리아가 요셉과 함께 간 이유도 설명해 준다(눅 2:41 참조). 이것은 또한 누가복음 2장 7절 말씀 즉 베들레헴의 여관에 방이 없었다는 사실도 설명해 준다. 역사가 요세푸스에 따르면 예루살렘에는 평상시에 120,000명의 거주민이 있었지만 명절 기간에는 2백만 명의 유대인들이 종종 모여들었다고 한다. 이러한 거대한 무리는 예루살렘뿐만

---

1) 클락, 『클락의 주석』, 제5권, p.370.

아니라 베들레헴을 포함한 그 주변 도시들을 채우고도 남았다. 만일 마리아와 요셉의 여행이 명절에 참석하고 또 조세 등록하기 위해서였다면 예수님의 탄생이 그 해 가을에 있었다고 말할 수 있다.

그리스도께서 태어나셨다는 것이 중요하므로 그분께서 언제 태어나셨는지 정확한 날짜를 아는 것은 그리 중요한 일이 아니다. 주의 만찬에 참여하면서 초대 그리스도인들은 그리스도의 죽음을 기념하였다(고전 11:26). 사실 예수님의 탄생을 기념하기 위해 어떤 날을 준수했다는 내용을 담은 기록은 찾아볼 수 없다. 『카톨릭 백과사전』은 다음과 같이 말한다.

> 크리스마스는 교회의 초기 축제일 가운데 들지 않았다. 이레니우스와 터툴리안은 축제일의 목록에 크리스마스를 넣지 않았다.[2]

후에 여러 지역의 교회들이 그리스도의 탄생일을 축하하기 시작했을 때 그리스도가 탄생한 정확한 날짜에 대해 이견들이 많이 있었다. 로마 카톨릭 교회가 12월 25일을 그리스도의 탄생일로 지키기 시작한 것은 4세기 후반이었다.[3] 그렇지만 『카톨릭 백과사전』은 5세기에 이르러서야 카톨릭 교회가 12월 25일을 — 비록 이 날이 태양신의 이름 중 하나인 솔(Sol)의 탄생을 기념한 고대 로마의 축제일이었음에도 불구하고 — 그리스도의 탄생일로 영원히 지킬 것을 명령했다고 말한다.[4]

한편 프레이저는 다음과 같이 말한다.

> 로마와 그리스 세계에서 12월 25일을 휴일로 기념하게 만든 가장 큰 이교도들의 종파는 이교주의의 태양신 숭배 즉 미트라교였다 ⋯ 그들은 이 겨울 축제를 '태양의 탄생' 이라고 불렀다.[5]

---

2) 『카톨릭 백과사전』, 제3권, p.724, '크리스마스' 항목.
3) 동일문서, p.725.
4) 『아메리카 백과사전』(*The Encyclopedia Americana*), 제6권, p.623.
5) 프레이저, 『황금가지』, p.471.

　　로마 카톨릭 교회가 그리스도의 탄생일을 12월 25일로 정하는 일에 이 이교도들의 축제가 관련이 있을까? 『카톨릭 백과사전』은 다음과 같이 답한다. "유명한 '나탈리스 인빅티' 즉 정복할 수 없는 태양의 탄생을 축하하는 태양 축제가 12월 25일에 있었는데 바로 이것이 12월 25일을 그리스도의 탄생일로 잡은 것과 깊은 관련이 있다."[6]

　　이교도들의 태양 숭배 관습들이 기독교화 되었을 때에 혼돈이 발생했다는 것은 이해할 만하다. 심지어 어떤 사람들은 예수님이 태양신인 솔이었다고 생각했다! 그래서 터툴리안은 솔이 그리스도인의 하나님이 아니었다고 주장했으며 어거스틴은 그리스도와 솔로 동일시하는 자들을 이단으로 발표했다. 교황 레오1세는 사도들의 대성당 현관에서 솟아오르는 태양을 향해 숭배를 드리던 태양신 숭배자들 — 그때까지 남아 있던 자들 — 을 매우 엄하게 책망했다.[7]

　　겨울 축제는 고대에 매우 유행했던 관습이다. "이교도들의 로마와 그리스에서, 야만족인 튜튼족들의 시대에, 고대 이집트 문명 시대에, 사람들이 동서남북으로 흩어지던 초기 시대에 동지는 기쁨과 축제의 기간이었다."[8] 이 계절이 크게 유행하였으므로 로마 카톨릭 교회는 12월 25일을 그리스도의 탄생일로 수용한 것이다.

　　현재의 크리스마스 관습들 가운데 몇몇은 로마의 농신제(12월 17일경에 행함)에 의해 영향을 받았다. 어느 저술가는 다음과 같이 말한다. "크리스마스 시즌과 관련된 많은 것들 — 휴일, 선물을 주고받음, 그리고 일반적으로 관대함을 보이는 것 등 — 은 이교주의의 잔존물인 로마의 겨울 축제 즉 농신제의 유물이다."[9]

　　터툴리안도 선물을 교환하는 행위가 농신제의 한 부분이었다고

---

6) 『카톨릭 백과사전』의 글에서.
7) 동일문서.
8) 왈쉬(Walsh), 『인기 있는 관습들의 진귀함』(*Curiosities of Popular Customs*), p.242.
9) 베일리, 『로마의 유산』.

언급하였다. 물론 우리는 선물을 주는 것 자체가 바르지 못하다고 말하는 것은 아니다. 이스라엘 백성도 축하할 때에 서로에게 선물을 주었으며 심지어는 단순한 관습 때문에 준수하게 된 기념일에도 그렇게 하였다(에 9:22). 그러나 크리스마스 선물을 동방의 지혜자들이 예수님께 드린 선물과 연결시키는 것은 바르지 못하다. 동방 박사들이 도착했을 때에 예수님은 목자들이 찾아왔을 때처럼 더 이상 "구유에 누워 계시지 않았으며" 집에 계셨다(마 2:9-11). 이들의 방문은 그분의 탄생 이후 오래 시간이 지난 후에 이루어졌다. 물론 그들은 예수님께 예물을 드렸지 자기들끼리 서로 주고받은 것이 아니다.

우리가 아는 바와 같이 크리스마스 트리는 비록 거룩한 나무들에 대한 사상이 매우 오래되긴 했지만 단지 몇 세기 전에 시작된 것이다. 고대 바빌론 우화는 죽어 버린 나무의 그루터기에서 상록수가 솟아났다고 말한다. 여기서 그루터기는 죽은 니므롯을 상징하고 상록수는 니므롯이 담무

스 안에서 새로 태어난 것을 상징한다! 드루이드 교도들은 상수리 나무를 거룩히 여겼으며, 이집트 사람들은 종려나무를, 로마 사람들은 농신제 동안 붉은 열매들로 장식한 전나무를 거룩하게 생각하였다![10]

사람들은 스칸디나

---

10) 왈쉬의 글에서.

비아의 신인 오딘이 크리스마스날(yuletide) 자기의 거룩한 전나무에게 접근하는 자들에게 특별한 선물을 준다고 믿어왔다.[11] 성경에서도 최소한 10번 정도 푸른 나무가 우상숭배와 관련되어 나타나고 있다(왕상 14:23 등). 모든 나무가 일년 중 어느 시기에는 푸르기 때문에 성경이 '푸른 나무'라고 특별히 언급하는 이유는 아마도 이것이 항상 푸른 나무 즉 상록수이기 때문일지도 모른다.

이러한 모든 사실을 고려해 볼 때 오늘날 크리스마스 시즌에 나무를 장식하는 관습과 예레미야 대언자의 진술을 비교하는 것은 흥미 있다.

> 그 백성들의 관습은 헛된 것이니 이는 사람이 숲에서 나무를 베어 내고 장인의 두 손이 도끼로 그것을 만들며 사람들이 금과 은으로 그것을 꾸미고 못과 망치로 고정하여 움직이지 못하게 하기 때문이로다. 그것들이 종려나무같이 똑바로 서 있으되 말도 못하고 걷지도 못하므로 반드시 메고 다녀야 하느니라. 그것들은 화를 주지도 못하며 그 안에 선을 행하는 것이 없나니 그러므로 너희는 그것들을 두려워하지 말라, 하셨느니라. (렘 10:3-5)

위의 진술에서 알 수 있듯이 예레미야 시대 사람들은 실제로 나무를 가지고 우상을 만들었다. '장인'이란 단순히 나무를 베는 사람이 아니라 우상을 제조하는 사람을 말한다(사 40:19-20; 호 8:4-6 참조). 도끼 역시 여기에서는 특별히 새기는 도구를 말한다. 예레미야의 진술을 인용하면서 우리는 결코 교회나 가정에 크리스마스 트리를 두는 사람들이 이것들을 우상으로 숭배하고 있다고 말하려는 것이 아니다. 그러나 이러한 관습들은 분명히 어떻게 혼합물이 생기게 되었는지를 보여 주는 생생한 실례를 제공한다.

12월 25일은 실제로 예수님께서 태어난 날이 아니며 오늘날의 많은 크리스마스 관습들이 기독교 이전의 이교주의에 그 기원을 두고 있다는 사실은 일반적으로 인정되어 온 것이다. 그렇다면 이로 인

---

11) 울린, 『축제, 거룩한 날들 그리고 성인의 날들』, p.222.

해 그리스도인이 크리스마스 시즌에 가족들과 친구들과 함께 식사하는 것을 거절해야만 한단 말인가? 이로 인해 크리스마스 반대 운동을 해야 하는가? 이것이 옳든 그르든 크리스마스는 분명히 우리의 달력에 휴일로 정해져 있으며 지금까지의 모든 사실을 고려해 볼 때 크리스마스를 폐지하기 위한 반대 운동으로 인한 효과보다는 긍정적인 요소들이 가져다 준 좋은 효과들이 더 많았음이 명백하다. 무신론에 뿌리를 둔 공산주의는 자기가 세력을 장악한 국가들에서 크리스마스를 폐지시켰다. 무신론주의를 표방하는 기관들은 자기들이 어떠한 종교적인 표현도 다 반대해 왔기 때문에 공립학교에서 성경을 읽고 기도하는 것뿐만 아니라 크리스마스 활동들도 금지시키기 위한 소송들을 제기하였다. 따라서 만일 그리스도인들이 자기 자녀들이 크리스마스 프로그램이나 활동에 참여하지 못하도록 하기 위해 그 시즌에 학교에 다니지 못하게 한다면 그들은 부지중에 자기 자신을 무신론주의자와 같은 편에 속한 것으로 만드는 것이다. 크리스마스를 지나치게 반대함으로써 가족과 친구들 사이에 불필요하게 마음 상하는 일이 발생할 수 있다. 그리고 이런 일은 오해와 분란의 불씨가 될 수 있다. 이러한 독특한 점으로 인해 적당히 균형을 유지하고 극단을 피하는 것이 분명히 필요하다.

주후 6세기에 로마 카톨릭 교회 안으로 이교도들을 모으기 위해 로마 카톨릭 교회 선교사들이 북유럽으로 파송되었다. 그들은 6월 24일이 이교도들에게 매우 인기 있는 날임을 발견하였다. 그래서 그들은 이 날을 기독교화 시켰다. 그들이 어떻게 그런 일을 했을까? 이미 이때는 12월 25일이 그리스도의 탄생일로 수용되었다. 6월 24일이 12월 25일보다 대략적으로 6개월 앞에 있으므로 이 날을 침례자 요한의 탄생일로 부르면 어떠한가? 우리가 기억하듯이 침례자 요한은 예수님보다 6개월 먼저 태어났다(눅 1:26, 36). 그래서 6월 24일은 교황의 달력에 성 요한의 날로 잘 알려져 있다!

영국에서는 기독교가 들어오기 전에 드루이드 교도들이 6월 24

일에 바알을 영화롭게 하기 위해 타오르는 불꽃으로 경축했다. 헤로도토스, 윌킨슨, 레이야드 그리고 다른 역사가들은 여러 국가에서 행해지던 기념 축하 불에 대해 말한다. 6월 24일이 성 요한의 날로 지정되었을 때 그 거룩한 불 역시 수용되어 '성 요한의 불'이 되었다!『카톨릭 백과사전』은 이에 대해 증언한다.[12]

한편 과거의 한 저술가는 이렇게 말한다. "나는 아일랜드에서 성 요한의 불 속을 달려가고 뛰어넘는 사람들을 보았다 … 그들은 불 탄 흔적 없이 통과한 것을 자랑하며 자기 자신이 그 의식을 통해 특별한 방법으로 축복 받은 것으로 생각했다."[13] 이러한 의식들은 침례자 요한을 영화롭게 하기보다 몰렉을 영화롭게 하기 위한 것으로 보인다.

6월 24일은 고대의 물고기 신인 오안네스에게 거룩한 것으로 여겨졌는데 니므롯은 이 이름으로도 알려져 있다.[14] 파우셋은 니므롯에 관하여 다음과 같이 말한다. "오안네스 즉 물고기 신은 바빌론 문명을 만든 존재로 홍해로부터 나왔다."[15] 로마 교회의 공식 언어인 라틴어로 요한은 '요안네스'(Joannes)라 불린다. 이 명칭이 '오안네스'(Oannes)와 얼마나 유사한지 주의해 보라! 이와 같은 유사성은 이교주의의 혼합물이 기독교 안으로 쉽게 들어오는 일에 많은 기여를 했다.

이교도들의 시대에 이시스와 다이아나에게 거룩한 것으로 여겨진 날은 8월 15일이었는데 이제 이 날은 단순히 '동정녀 마리아의 몽소승천 일'로 다시 이름이 붙여져서 지금 이 시간까지도 여전히 큰 날로 대우를 받고 있다.[16]

이교주의에서 수용된 또 다른 날은 2월 2일이다. 이 날은 마리아

---

12)『카톨릭 백과사전』, 제8권, p.491, '침례자 요한' 항목
13)『톨란드의 드루이드 교도들』(*Toland's Durids*), p.107. (히슬롭, p.746으로부터 재인용함)
14) 히슬롭,『두 개의 바빌론』, p.114.
15)『파우셋의 성경백과사전』, p.510.
16) 두란트,『문명의 역사: 신앙의 시대』, p.746.

를 영화롭게 하는 날로서 '촛불미사' 또는 '복된 동정녀의 정결'의 날로 불린다. 모세의 율법에서는 남자아이를 출산하면 그 어머니를 40일 동안 부정하게 여겼다(레 12장). 모세의 율법에 따라 그녀를 정결하게 하는 날들을 채우매 요셉과 마리아는 아기 예수를 성전에서 보였고 율법이 규정한 희생제물을 드렸다(눅 2:22-24). 12월 25일을 그리스도의 탄생일로 받아들였으므로 2월 2일은 마리아가 정결하게 된 날이 되면 좋을 것이다. 그런데 이 날 촛불을 사용하는 것과 이 일이 무슨 상관이 있는가? 이교도들의 로마에서 이 축제를 기념할 때에는 이 축제의 여신 '페브루아'(Februa)를 영화롭게 하기 위해 횃불과 촛불을 가지고 다녔다. 이 여신의 이름으로부터 '2월'(February)이라는 이름이 유래되었다. 그리스 사람들은 프로세르피나의 어머니인 케레스 여신을 영화롭게 하기 위해 축제를 거행했다. 프로세르피나는 촛불을 든 경축자들과 함께 지하 세계에 있는 케레스를 찾고 있었다.[17] 이로써 우리는 마리아가 정결하게 된 것을 기념하기 위해 2월 2일을 수용한 것이 어떻게 촛불을 포함한 이교

촛불 미사에서 초를 나누어주는 교황

도들의 관습에 영향을 받았는지 그리고 심지어는 그날을 '촛불미사'의 날로 부르게 되었는지 알게 되었다. 바로 이 날 그 해에 카톨릭 의식에서 사용될 모든 초는 축복을 받는다. 위의 그림은 교황이 사제들에게 복된 초들을 나누어 주는 모습을 보여 주고 있다. 『카톨릭 백과사전』은 다음과 같이 말한다. "우리는 향이나 깨끗이 하는

---

17) 울린의 글에서, p.27, 28.

물처럼 촛불이 일반적으로 이교도들의 예배와 죽은 자에게 뿌리는 의식에서 사용되어 왔다는 것을 시인하는 것을 회피할 필요가 없다."[18]

만일 사도 바울이 부활해서 이 세대에게 말씀을 선포한다면 오래 전에 갈라디아 사람들에게 말한 그대로 배교한 교회에게 말할지도 모른다.

> 그럼에도 불구하고 너희가 하나님을 알지 못하던 때에는 본래 신들이 아닌 것을 섬겼느니라. 그러나 이제는 너희가 하나님을 알 뿐 아니라 하나님께서도 너희를 아시거늘 어찌하여 너희가 다시 약하고 천한 초등 원리로 돌아가 다시 그것에게 종노릇하려 하느냐? 너희가 날과 달과 때와 해를 지키니 내가 너희를 위하여 수고한 것이 헛될까 염려하노라. (갈 4:8-11)

여기서 우리는 갈라디아 사람들이 전에 이교도들의 신들을 섬기다가 개종했음을 알 수 있다(8절). 그런데 이들 중에 몇 사람은 자기들의 예전 예배로 되돌아갔다(9절). 그러면서 그들이 준수한 날들과 절기들은 명백히 이교도들의 신들을 영화롭게 하기 위해 만든 날들이었음에 틀림없다! 참으로 이상한 일이긴 하지만 바로 이와 같은 날들 중 몇몇이 말로만 믿음을 고백하는 교회의 예배 속으로 통합되어 기독교화 되었다!

---

18) 『카톨릭 백과사전』, 제3권, p.246, '촛불' 항목.

혼합주의의 신비 제21장

　지금까지 우리는 여러 가지 실례를 통해 이교주의와 기독교가 섞인 혼합주의가 로마 카톨릭 교회를 만들어 냈음을 보았다. 이교도들은 어미 여신에게 기도하고 그녀를 숭배하였으며 타락한 로마 교회도 마리아란 이름으로 어미 숭배를 채택했다. 이교도들은 이 세상에서의 다양한 날과 직업 그리고 인생의 사건들과 관련된 신과 여신들을 가지고 있었다. 로마 카톨릭 교회는 이러한 이교도들의 체제를 수용하였고 그들의 '신들'을 '성인들'로 불렀다. 이교도들은 그들의 예배에 이교주의 신들의 우상이나 동상을 사용하였으며 타락한 로마 교회도 단지 이름만 달리했을 뿐 기본적으로 그것들을 그대로 사용하였다.

　고대로부터 다양한 형태의 십자가가 미신적인 방법으로 사용되었는데 이러한 사상들 가운데 몇몇이 부패된 교회에서 수용되어 그리스도의 십자가와 연관을 갖게 되었다. 하나의 형상에 불과한 십자가가 외적으로 경배의 대상이 되었지만 십자가 위에서 단번에 영원토록 '끝내신' 예수 그리스도의 참된 희생은 미사라는 의식에 의해 그 의미가 희석되었다. 미사는 화체설을 기반으로 하는 신비주의 드라마로서 죽은 자를 위한 기도 등도 동반된다.

　헛되이 반복하는 기도, 로사리오, 그리고 유물 등은 다 이교주의로부터 수용된 것들로서 겉으로는 기독교적인 모습을 띄게 되었다.

이교도들의 직분과 승정원(Pontiff Maximus)이라는 칭호가 로마의 주교에게 적용되었다. 예수님께서는 땅에서 어떤 선생도, 어떤 지도자도 아버지라 부르지 말라고 경고해 주셨음에도 불구하고 그는 교황 즉 '아버지 중의 아버지'로 알려졌다. 문자 그대로 여러 방법에 의해 이교주의의 의식들이 로마의 배교한 기독교 안으로 유입되었다.

로마 카톨릭 교회 학자들 역시 자기들의 교회가 이러한 혼합물로부터 발전되어 왔음을 시인하고 있다. 그러나 그들은 이러한 혼합물이 기독교를 위한 승리라고 생각하는데 그 이유는 교회가 이교도들의 행습들을 기독교화 했기 때문이다. 『카톨릭 백과사전』은 다음과 같이 진술한다.

향이나 깨끗이 하는 물처럼 촛불이 일반적으로 이교도들의 예배와 죽은 자들에 대한 예식에 사용되었음을 시인하는 일을 회피할 필요가 없다. 사실 로마 교회는 초기부터 교회 예배에 그것들을 도입했는데 이것은 마치 교회가 많은 다른 것들 즉 음악, 빛, 향수, 세정식 — 성찬식 전후에 손과 거룩한 물건을 씻는 의식 —, 꽃 장식, 덮개, 부채, 스크린, 의복 등과 같은 것들을 도입한 것과 비슷하다 … 이런 것들은 특별히 우상을 섬기는 어떤 특정 종파에만 존재한 것이 아니고 거의 모든 종파에서 공통적으로 찾아볼 수 있는 것들이다.[1]

물, 기름, 빛, 향, 노래, 행렬, 엎드림, 제단 장식, 사제들의 의복 등은 자연히 전 세계의 보편적 종교 의식에서 발견되는 것들이다 … 심지어 이교도들의 축제에서도 세례를 받았던 것으로 추측된다 … 크리스마스는 태양을 숭배하던 이교도들의 태양 탄생일(Natalis Invicti)이 12월 25일이라고 생각한 데서 나온 것으로 볼 수 있다.[2]

로마 카톨릭 교회 신학은 동상들을 사용하는 것과 형상 앞에서 절하는 관습이 고대의 황제 숭배에서 발전된 것으로 설명하고 있다.

---

1) 『카톨릭 백과사전』, 제3권, p.246, '촛불' 항목.
2) 동일문서, 제11권, p.90, '이교주의' 항목.

비잔틴 궁정의 예법은 점차적으로 정교한 형태의 존경으로 발전했는데 여기에는 카이사르뿐만 아니라 그의 동상들과 상징들에 대한 존경도 포함된다. 필로스토르기우스는 4세기에 동방의 로마 시민 그리스도인들이 선물과 향과 심지어 기도를 황제의 동상에게 드렸다고 말한다(Hist. Eccl II. 17). 제국의 독수리와 카이사르의 형상들에게 절하고 입맞추며 분향한 사람들이(물론 이것이 우상숭배라고 생각하지 않고) 십자가와 그리스도의 형상과 제단에 동일한 일을 했음은 너무나 당연하다. 1세기 그리스도인들은 황제의 동상들과 이교주의 신들의 신상들 그리고 벽화 등을 보는 일에 아주 익숙해 있었다. 따라서 그들도 자기 종교의 그림을 그렸고 재정적인 여유가 있게 되자 자기들의 주(Lord)와 자기들이 섬기는 영웅들의 동상을 만들었다.[3]

우리는 성경에 이러한 것들을 하라는 명령이 전혀 없음에 주의해야 한다. 이러한 관습들이 이교주의로부터 발전된 것임은 아주 명백하다.

로마의 카타콤에 있는 벽화 같은 여러 종류의 초기 벽화들은 종종 초대 그리스도인들의 믿음을 나타내는 것으로 언급되곤 한다. 그러나 우리는 이 사실을 믿지 않는다. 왜냐하면 거기에도 혼합물의 증거가 분명히 나타나기 때문이다. 이런 그림들 가운데 몇몇은 그리스도께서 많은 무리에게 빵과 물고기를 먹이는 장면, 고래가 요나를 삼키는 장면, 이삭의 희생 제사 장면 등을 포함하고 있으나 다른 그림들은 분명히 이교주의의 모습을 묘사하고 있다. 어떤 사람들은 이러한 혼합물이 박해를 피하기 위해 위장한 것이라 믿는다. 그럼에도 불구하고 혼합물의 뿌리가 그 안에 남아 있음은 부인할 수 없다. 이에 대해 『카톨릭 백과사전』은 다음과 같이 말한다.

선한 목자가 자기 어깨에 양을 메고 가는 그림은 자주 발견되는데 그 이유는 그런 모습이 그 당시에 유행하던 크리오포루스나 아리스타에우스 같은 이교도 인물의 모습과 유사했기 때문일 수도 있다 … 심지어 오르페우스의 우화조차도 그대로 차용되어 그리스도로 둔갑되었다. 이와 마찬가지로 에로스와 프시케 이야기 역시 재생되고 기독교화 되어 신자들의 몸의 부활을 생각하게 만들었다

---

3) 동일문서, 제7권, p.666-668, '신상들' 항목.

··· 팔을 들어 기도하는 여인인 오란의 신상은 고대 사람들에게 이미 잘 알려진 것이다 ··· 이와 유사하게 그리스도를 나타내는 물고기 상징, 희망의 닻, 승리의 종려나무 같은 것은 다 이교도들에게 친숙한 상징물이었다.[4]

구약성경에서 이스라엘 백성이 반복해서 저지른 배교 역시 이교주의와의 혼합물의 배교였다. 대개 그들은 참되신 하나님께 예배하는 것을 완전히 거절하지 않았고 단지 그런 예배에 이교도들의 의식들을 혼합해서 하나님께 예배했다. 그들이 금송아지를 숭배한 것도 이런 경우 중 하나이다(출 32장). 우리는 이런 예배가 하나님 보시기에 거짓되며 이교적이고 혐오스러운 것임을 잘 알고 있다. 그럼에도 불구하고 이들은 이것을 가리켜 '주의 절기' 라고 즉 '참되신 하나님께 드리는 절기' 라고 주장했다(5절)! 그들은 앉아서 먹고 마시며 일어나 놀았고 또 옷을 벗고 맨 몸으로 행하는 의식을 지켰다(25절). 이것은 바빌론 제사장들이 벌거벗고 행한 의식들과 유사한 것이라 할 수 있다.[5]

이스라엘 백성은 광야에서 40년 동안 하나님의 성막을 가지고 다녔다. 그런데 그들 중 몇몇은 이에 만족하지 않고 다른 어떤 것을 거기에 덧붙였다. 즉 그들은 바빌론 형식의 장막을 만들어서 그것도 함께 가지고 다녔다.

오히려 너희가 너희의 몰록의 장막과 너희의 형상들 기윤 곧 너희가 너희를 위하여 만든바 너희 신의 별을 가지고 다녔나니 (암 5:26)

그때에 하나님께서 돌이키시고 그들을 내어 주사 그들로 하여금 하늘의 천

---

4) 동일문서, 제14권, p.374, '상징주의' 항목.
5) 새그스, 『위대한 바빌론』, p.182, 354.

체들에게 경배하게 하시니 이것은 대언자들의 책에 기록된바, 오 너희 이스라엘의 집아, 너희가 광야에서 사십 년 동안 죽인 짐승과 희생물을 내게 드린 적이 있었느냐? 참으로 너희가 몰록의 장막과 너희의 신 렘판의 별 곧 너희가 경배하고자 하여 만든 형상들을 들고 다녔은즉 내가 너희를 바빌론 너머로 끌고 가리라, 함과 같으니라. (행 7:42-43)

이것들은 태양신 바알과 어미 여신 아스타르테의 다른 이름에 불과할 뿐이었다. 이 혼합물 때문에 하나님께서는 그들의 찬송과 희생제물과 예배를 거부하신 것이다.

또 다른 시기에 이스라엘 백성은 신비의식을 행했고 산당을 지었으며 점을 쳤고 심지어 자기 자녀들을 불 가운데로 지나가게 했으며 해와 달과 별들을 숭배했다(왕하 17:9-17). 그 결과 그들은 자기들의 땅에서 추방되었다. 그들을 침략한 아시리아 왕은 이스라엘 백성을 그 땅에서 추방하고 바빌론을 포함한 여러 나라 사람들이 그 땅에 거주하도록 하였다. 그런데 이들 역시 이교주의의 의식을 행하자 하나님께서는 그들에게 사자들을 보내셨다. 그들은 이것이 하나님의 심판임을 인정하고 하나님을 두려워하는 법을 가르쳐 줄 하나님의 사람을 보내 달라고 요청하였다.

그러나 각 민족이 각각 자기 신들을 만들어 사마리아 사람들이 만든 산당 집들에 두되 각 민족이 자기들이 거하는 도시들에서 그와 같이 하여 바빌론 사람들은 숙곳브놋을 만들었고 구드 사람들은 네르갈을 만들었고 하맛 사람들은 아시마를 만들었고 아바 사람들은 닙하스와 다르닥을 만들었고 스발와임 사람들은 자기 자녀들을 불에 태워 스발와임의 신들인 아드라멜렉과 아남멜렉에게 드렸더라. (왕하 17:29-31)

결국 그들은 자기들의 신들과 주 하나님을 혼합하여 예배하였다.

그들이 **주**를 두려워하여 이와 같이 자기들 중에서 가장 천한 자들을 취해 산당들의 제사장으로 삼았더니 이들이 그 산당들에서 그들을 위하여 희생물을 드리니라. 이와 같이 그들이 **주**도 두려워하고 또한 어디서부터 민족들을 사로잡아 왔든지 그 민족들의 풍속대로 자기 신들도 섬겼더라. (왕하 17:32-33)

이 같은 혼합물은 또한 재판관(사사) 시대에도 명백히 나타나는데 한 예로 이 때에는 주의 말씀을 말한다고 주장하는 한 레위인 제사장이 '신들의 집'에서 섬겼고 '아버지'라는 칭호로 불렸다(삿 17:5-13).

대언자 에스겔 시대에도 예루살렘 성전 입구에 우상이 놓여졌다. 제사장들은 벽에 그려진 거짓 신들에게 분향했다. 여인들은 담무스를 위해 울었고 남자들은 성전 지역에서 떠오르는 태양을 숭배했다 (겔 8장).

심지어 몇몇 사람은 자기 자녀를 희생 제물로 드렸다.

> 이 외에도 그들이 내게 이 일을 행하였나니 곧 그들이 같은 날에 내 성소를 더럽히고 내 안식일을 더럽혔도다. 이는 그들이 자기 자녀들을 죽여 그 우상들에게 바치고는 바로 그 날에 내 성소로 들어와 그것을 더럽혔음이라. 보라, 그들이 내 집의 한가운데서 그와 같이 행하였도다. (겔 23:38-39)

대언자 예레미야의 메시지는 "주를 경배한다."고 주장한 사람들에게 임하였는데(렘 7:2) 사실 그들은 이교주의 의식과 주님을 섬기는 것을 혼합한 사람들이었다.

> 너는 그들이 유다의 도시들과 예루살렘의 거리들에서 무슨 짓을 하는지 보지 못하느냐? 자녀들은 나무를 모으고 아버지들은 불을 피우며 여인들은 가루를 반죽해서 납작한 빵을 만들어 하늘의 여왕에게 바치고 다른 신들에게 음료 헌물을 부음으로 나의 분노를 일으키느니라. (렘 7:17-18)

이러한 성경의 실례들을 고려해 볼 때 우리는 하나님께서 이교주의와 혼합된 예배를 기뻐하시지 않음을 분명히 알 수 있다. 사무엘은 다음과 같이 말한다.

> 사무엘이 이스라엘의 온 집에게 말하여 이르되, 너희가 온 마음으로 **주**께 돌아오려거든 이방 신들과 아스다롯을 너희 가운데서 제거하고 너희 마음을 **주**께로 향하게 하고 그분만 섬기라. 그분께서 너희를 블레셋 사람들의 손에서 건져 내시리라, 하니 (삼상 7:3)

우리는 사탄이 괴물처럼 뿔과 긴 꼬리와 갈퀴를 갖고 나타나지 않는다는 사실을 기억해야 한다. 사실 사탄은 '빛의 천사'(고후 11:14)로 나타난다. 예수님께서 '양의 옷을 입은 이리떼'(마 7:15)

를 경고하신 것 같이 많은 경우에 외적으로 기독교의 옷을 입고 변장한 이교주의는 수백만 명을 속여 멸망의 구렁텅이로 몰아넣은 혼합물이 되고 말았다. 이것은 마치 독이 든 병의 경고 표시를 떼 내고 달콤한 캔디 상표로 대치한 것과 같다. 그러나 아무리 포장을 잘 해도 그 내용물은 치명적인 독약이다. 아무리 외적으로 그럴듯하게 옷을 잘 입힌다 할지라도 이교주의는 치명적인 것이며 죽음을 초래한다. 참된 예배는 '영과 진리'로 이루어져야만 하며(요 4:24) 그 안에 결코 이교주의의 잘못이 있어서는 안 된다.

이교주의가 교묘한 방법으로 기독교와 혼합했기 때문에 바빌론의 영향은 '바빌론 신비주의'로 가려지게 되었다. 그러나 탐정이 신비를 해결하기 위해 단서들과 사실들을 모으는 것처럼 이 책에서 우리는 성경적이고도 역사적인 여러 단서를 증거물로 제시하였다. 이런 단서들 중 몇몇은 언뜻 보기에는 또는 그것만을 따로 볼 때에는 별로 중요한 것처럼 보이지 않는다. 그러나 전체 그림을 볼 때에는 그것들이 조화를 이루며 고대와 현대의 바빌론 신비 종교를 푸는 열쇠가 된다. 수세기를 통해 하나님께서는 자신의 백성을 바빌론의 속박에서 불러 내셨으며 여전히 지금 이 시간에도 다음과 같이 말씀하고 계신다.

내가 바빌론에서 벨을 벌하고 그가 삼킨 것을 그 입에서 꺼내리니 민족들이 다시는 그에게로 다 같이 흘러가지 아니할 것이요, 참으로 바빌론 성벽이 무너지리라. 내 백성아, 너희는 그녀의 한가운데서 나올지어다. 각 사람이 주의 맹렬한 분노로부터 자기 혼을 건질지어다. (렘 51:44-45)

그가 우렁찬 음성으로 힘차게 외쳐 이르되, 무너졌도다, 무너졌도다, 저 큰 바빌론이여, 그녀가 마귀들의 거처가 되고 온갖 더러운 영의 요새가 되며 온갖 부정하고 가증한 새들의 집이 되었도다. 이는 모든 민족들이 그녀의 음행으로 인한 진노의 포도즙을 마셨고 또 땅의 왕들이 그녀와 음행하였으며 땅의 상인들도 그녀의 넘치는 사치로 말미암아 치부하였음이라, 하더라. (계 18:2-3)

내 백성아, 그녀에게서 나와 그녀의 죄들에 참여하는 자가 되지 말고 그녀가 받을 재앙들을 받지 말라. 이는 그녀의 죄들이 하늘에까지 닿았고 하나님께서 그녀의 불법들을 기억하셨음이라. (계 18:4-5)

매우 훌륭하고 신실한 사람들이 심각한 견해의 차이를 보이는 주제에 관해 글을 쓴다는 것은 매우 미묘한 일이다. 사람들은 솔직하게 말하여 논점을 충분히 제시하면서도 적절하게 균형을 유지해서 사람들이 자기 의견에 동의하지 않아도 큰 문제가 생기지 않기를 원한다. 성경을 제외한 다른 모든 책의 경우에서처럼 이 책의 경우에도 오해나 의견의 차이가 있을 수 있음은 너무 당연하다. 어떤 이들은 너무 많은 것을 썼다고 느낄 수도 있고 다른 이들은 충분하지 않다고 느낄 수도 있다. 그럼에도 불구하고 빌라도의 말대로 "나는 쓸 것을 썼다." 만일 결코 변하지 않는다고 주장하는 로마 카톨릭 교회가 점차적으로 비성경적인 관행들로부터 돌아선다면 우리는 그들이 진리의 길을 가면서 발견할 진리로 인해 기뻐할 수 있다. 또한 이 책이 이러한 변화에 조금이라도 기여한다면 우리는 기뻐할 것이다.

우리는 참된 그리스도인의 목표가 혼합물에 기초한 종교가 아니라 원래의 단순하고도 능력이 있으며 영적인 믿음 즉 단번에 성도들에게 전달된 믿음이라고 생각한다. 이제 우리는 더 이상 우리 자신을 의식주의의 미로나 무기력한 전통에서 헤매지 않게 해야 하며 '그리스도 안에 있는 단순함'을 찾아내고 "그리스도께서 속박의 멍에로부터 우리를 자유롭게 하시기 위해 사용하신 그 자유"를 기뻐해야 한다(고후 11:3; 갈 5:1).

사람의 구원은 사제나 마리아 혹은 성인들이나 교황에게 달려 있지 않다. 예수님께서는 다음과 같이 말씀하셨다. "내가 곧 길이요 진리요 생명이니 나로 말미암지 않고는 아버지께로 올 자가 없느니라"(요 14:6). "다른 이에게는 구원이 없나니 이는 하늘 아래 사람들 가운데 우리를 구원할 다른 이름을 주신 적이 없기 때문이니라"(행 4:12).

자 이제 우리는 우리 믿음의 창시자시요, 완성자시며 우리 신앙 고백의 사도이시며 대제사장이신 분, 하나님의 어린양이시며 우리 구원의 대장이신 분, 하늘로부터 내려오신 빵이시며 생명수이시며 선한 목자이신 그분, 평강의 왕이시며 왕의 왕이시고 주의 주이신 예수 그리스도만을 바라보아야 할 것이다!

참고 문헌

• Araki, Zsolt. *The Popes—The History of How they are Chosen, Elected, and Crowned*. London: Macmillan, 1950.

• Artz, Frederick B. *The Mind of the Middle Ages*. New York: Knopf, 1959.

• Bach. Marcus. *Strange Sects and Curious Cults*. New York: Dodd, Mead, 1961.Bailey, Cyril (editor). The Legency of Rome. Oxford: The Clarendon Press, 1923.

• Benson, George Willard. *The Cross—Its History and Symbolism*. Hacker, 1934.

• Blavatsky, H. P. *Isis Unveiled*. London: Theosophical Publishing Co., 1923.

• Boettner, Loraine. *Roman Catholicism*. Philadelphia: Presbyterian and Reformed Publishing Co., 1962.

• Bonwick, James. Egyptian Belief and Modern Thought

• Bower, Archibald. *History of the Popes*. Philadelphia: Griffith and Simon, 1845.

• Broderick, Robert C. *Concise Catholic Dictionary*. Milwaukee: The Bruce Publishing Co., 1944.

• Brown, Lewis. *This Believing World*. New York: The Macmillan Co., 1930.

• Brown, Sanger. *Sex Worship and Symbolism of Primitive Races*. 1916.

• Bullinger, Ethelbert William. *Number in Scripture*. Grand Rapids: Kregel, 1967.

• Bury, J. B. (editor). *The Cambridge Ancient History—Egypt and Babylonia*. New York: The Macmillan Co., 1924.

• Busenbark, Ernest. *Symbols, Sex, and the Stars in Popular Beliefs*. New York: The Truth Seeker Co., 1949.

• Calvin. John. *Calvin's Tracts*.

• Catholic Encyclopedia. *The New York*, Robert Appleton Co., 1911.

• Champdor, Albert. *Ancient Cities and Temples—Babylon*. New York: Putnam, 1958.

• Chiniquy, Charles. *Fifty Years in the Church of Rome*. New York: Christ's Mission, 1953. (first printed in 1885)

• __. The Priest, the Woman, and the Confessional. Sea Cliff, New Jersey: Christ's Mission, n.d.

• Cirlot, J. E. *A Dictionary of Symbols*. New York: Philosophical Library, 1962.

• Clarke, Adam. *Clarke's Commentary*. New York/Nashville: Abingdon press, n.d.

• Contenau, George. *Everyday Life in Babylon and Assyria*. London: E. Arnold, 1954.

• Cotterill, H. B. *Medieval Italy*. New York: F.A. Stokes Co., 1915.

• Cummings, Charles. *History of Architecture in Italy*. Boston and New York: Houghton, Miffin and Co., 1901.

• Cumont, Franz. *The Mysteries of Mithra*. New York: Dover Publication, 1956.

• Dake, Finis Jennings. *Dake's Annotated Reference Bible*. Atlanta: Dake Bible Sales, 1963.

• D'Aubigne, J. H. Merle. *History of the Reformation*. New York: Putnam, 1872.

• Doane, T. W. *Bible Myths*. J.W. Bouton, 1928.

• Dobbins, F. S. *Story of the World's Worship*.

• Durant, Will. *The Story of Civilization*. Caesar and Christ(Vol. 3), The Age of Faith(Vol. 4), The Renaissance(Vol. 5), The Reformation(Vol. 6). New York: Simon and Schuster, 1944—1977.

• Eichler, Lillian. The Customs of Mankind. Garden City: 1924.

• *Encyclopedia Americana*. Danbury, Connecticut: Grolier Inc.

• *Encyclopedia Britannica.* New York: Henry G. Allen Co.

• Fausset, A. R. *Fausset's Bible Encylopedia.* Grand Rapids: Zondervan, n.d.

• Flick, Alexander C. *The Decline of the Medieval Church.* New York: Knopf, 1930.

• Forlong, J. G. R. *Encyclopedia of Religions.* New Hyde Park, New York: University Books, 1964.

• Foxes, John. *Foxe's Book of Martyrs.*

• Frazer, James George. *The Golden Bough.* New York: Macmillan Co., 1935.

• Gaster, Theodor H. *Myth, Legend, and Custom in the Old Testament,* New York: Harper and Row, 1969.

• Goldberg, B. Z. *The Sacred Fire.* New York: Liveright, 1930.

• Goldsmith, Elizabeth. *Ancient Pagan Symbols.* Gale, 1929.

• Gross, J. B. *The Heathen Religion.*

• Halley, Herny H. *Halley's Bible Handbook.* 24th edition. copyright 1965 by Halley's Bible Handbook, Inc. and used by permission of Zondervan Publishing House.

• Hastings, James. *Hastings' Encyclopedia of Religion and Ethics.* New York: Chas. Scribner's Sons, 1928.

• Hays, H. R. *In the Beginnings, Early Man and His Gods.* New York: Putnam, 1963.

• Hefele, Karl Joseph. *A History of the Councils of the Church.* Edinburgh: T.T. Clarke, 1883.

• Hirn, Yrjo. *The Sacred Shrine. London*: Macmillan and Co., 1912.

• Hislop, Alexander. *The Two Babylons.* New York: Loizeaux Brothers, 1959. (first published 1853)

• Horan, Ellamay. *Official Revised Baltimore Catechism*(No. 2).

• Inman, Thomas. *Ancient Pagan and Modern Christian Symbolism.* Bristol: 1874.

• Ironside, H. A. Revelation. *New York: Loizeaux Brothers,* 1953.

• Jewish Encyclopedia. *New York: Funk and Wagnalls Co.*

• John, Eric(editor). *The Popes—A Concise Biographical History*. *New York: Hawthorn Books*, 1964.

• Josephus, Flavius. *Antiquities of the Jews*. Philadelphia: John C. Winston Co., 1957.

• Layard, Austen Henry. *Nineveh and Its Remains*. New York: Putuam, 1849.

• __.*Nineveh and Babylon*. New York: Harper and Brothers, 1853.

• Lea, Henry Charles. *History of Sacerdotal Celibacy*. New York: The Macmillan Co., 1907.

• Lethaby, W. R. *Architecture, Nature, and Magic*. London: Duckworth, 1956.

• Luther, Martin. *To the German Nobility*.

• Masson, Georgina. *The Companion Guide to Rome*. New York: Harper and Row, 1965.

• Miller, Madeleine S. *Harper's Bible Dictionary*. New York: Harper and Row, 1961.

• Nichols, Robert Hastings. *The Growth of the Christian Church Philadelphia*: The Westminster Press, 1941.

• Peck, Harry Thursdon(editor). *Harper's Dictionary of Classical Literature and Antiquities*. New York: Harper and Brothers, 1896.

• Pettingill, W. L. *Bible Question Answered*. Grand Rapids: Zondervan, n.d.

• Pfeiffer, Harold. *A Catholic Picture Dictionary*. Garden City, New York: Garden City Books, 1948.

• Ridpath, John Clarke. *Ridpath's History of the World*. Cincinnati: Jones Pubishing Co., 1912.

• Pignatorre, Thodore. *Ancient Monuments of Rome*. London: Trefoil, 1932.

• Prescott. William H. *History of the Conquest of Mexico*. London, 1843.

• Robinson, James Harvey. *Earlier Ages*.

• Saggs, H. W. F. *The Greatness that was Babylon—Mentor Books*. 1968 edition.

• Schaff, Philip. *History of the Christian Church*. Grand Rapids: Eerdmans, 1960.

• Scofield, C. I. *Scofield Reference Bible*. New York: Oxford University Press, 1917.

• Scott, C. Anderson. *Romanism and the Gospel*. Philadelphia: Westminster, 1946.

• Seldes, George. *The Vatican; Yesterday, Today, Tomorrow*. London: Harper and Brothers, 1934.

• Seymour, William Wood. *The Cross in Tradition, History, and Art*. New York; G.P. Putnam's Sons, 1897.

• Smith, Homer W. *Man and His Gods*. Boston: Little, Brown, and Co., 1953.

• Strong, James. *Strong's Exhaustive Concordance of the Bible*. New York, Nashville: Abingdon—Cokesbury Press. 1890.

• Torrey, R. A. *Difficulties and Alleged Errors and Contradictions in the Bible*. 1909.

• Tucker. Thomas G. *Life in the Roman World New York*: Macmillan Co., 1911

• Urlim, Ethel. *Festivals, Holy Days, and Saints' Days*. London, 1915

• Vine, W. E. *An Expository Dictionary of New Testament Words*. Westwood, New Jersey: Revell, 1940.

• Wallechinsky, David. *The People's Almanac Presents The Book of Lists*. New York: William Marrow Co., 1977.

• Walsh, Mary E. *The Wine of Roman Babylon*. Nashville: Southern Publishing Association, 1945.

• Walsh, William S. *Curiosities of Popular Customs*. Philadelphia: Lippincott Co., 1897.

• Weigall, Arthur. *The Paganism in our Christianity*. NewYork: Putnam's Sons, 1928.

• Wells, H. G. *The Outline of History*. Garden City, New York: Garden City Publishing Co., 1920.

• Wilder, John P. *The Other side of Rome*. Grand Rapids: Zondervan—1959.

• Williams, Henry Smith(editor). *The Historians' History of the World*. New York: The History Association, 1907.

독자들의 이해를 돕기 위해 『브리태니커 백과사전』에서 몇몇 중요한 용어
들을 옮겼다.

• **드루이드(Druids)** : 켈트어로 '참나무를 아는 것'이라는 뜻. 고대 켈트
족의 지식층을 일컬음. 이들은 주로 참나무 숲에서 자주 모인 듯하며 사
제·교사·법관 역할을 했다. 최초의 기록은 BC 3세기 때 보인다. 율리우
스 카이사르는 드루이드에 관한 기록을 많이 남겼는데 그에 따르면 갈리
아에서는 기사 계급과 더불어 존경받는 계급이었다고 한다. 이들은 공
적·사적인 제사를 주관했으며 많은 젊은이들을 가르쳤다. 또 모든 공사
(公私)의 분쟁을 심판해 벌을 내렸으며, 이들의 판결을 따르지 않는 사람은
제사 참석을 금지당했는데 이것은 당시에 가장 혹독한 벌로 여겨졌다. 드
루이드들 가운데에는 우두머리가 있었고 그가 죽으면 다른 드루이드가 그
직책을 맡았다. 그러나 공덕이 비슷한 사람이 여러 명 있을 때에는 투표로
결정했으며 때로는 결투에 의하기도 했다. 드루이드들은 카르누테스족의
영토에 있는 성지(聖地)에 매년 모여 그들에게 제출된 법적 분쟁의 판결을
내렸는데 모든 갈리아인들은 그 성지를 자신들의 중심지로 여겼다. 카이
사르의 기록에 따르면 드루이드들은 전쟁에 참가하지 않았고 세금도 내지
않았으며 이런 특권 때문에 많은 사람들이 가족의 뜻에 따라 또는 자진해
서 드루이드가 되었다고 한다. 드루이드는 그들의 고대시(古代詩)·자연철
학·천문학·신화를 배웠는데 어떤 이들은 20년 동안이나 학문을 닦기도
했다. 이들은 영혼 불멸을 주요 교리로 삼았으며 사람이 죽으면 다른 사람
에게로 영혼이 옮아간다고 믿었다. 제사 때에는 중병에 걸린 환자나 죽음
에 직면한 군인들을 위해 산 사람을 제물로 바쳤는데 작은 나뭇가지로 엮
어 만든 커다란 우상 속에 산 사람들을 채워 넣어 불살랐다. 보통 범죄자

들을 제물로 바쳤지만 필요한 때에는 죄없는 사람들까지도 희생시켰다.

드루이드에 관해 가장 자세한 설명을 남긴 것은 카이사르이지만 그도 이런 사실들 일부는 스토아 철학자 포세이도니우스에게서 배웠던 것 같다. 포세이도니우스가 한 이야기나 드루이드 연례 모임과 우두머리 선출에 대한 카이사르의 묘사는 가끔 중세 초기의 아일랜드 전설에도 나오며 이를 통해 이들의 말이 사실에 근거했음을 알 수 있다. 드루이드 의식은 초기에는 숲속 빈터에서 열렸고 성전에서 의식을 행한 것은 그들 지역이 로마 세력권에 들어간 뒤였다. 티베리우스 황제(AD 14~37 재위) 때 갈리아 지방 드루이드들은 탄압을 받았고 얼마 뒤 브리튼 섬에서도 박해를 당했다. 아일랜드의 드루이드들은 그리스도교가 들어온 뒤에는 사제 역할을 빼앗겨 시인 · 역사가 · 법관 역할에 국한되었다. 많은 학자들은 고대 인도-유럽 문화권의 사제직이 변해서 동양에서는 힌두교의 브라만이 되었고, 서양에서는 켈트족의 드루이드가 된 것으로 보고 있다.

● **로사리오(Rosario)** : (영)rosary. ('장미화원'을 뜻하는 라틴어 rosarium 에서 나온 말) 실에 꿴 묵주(염주)알이나 매듭의 골을 만지면서 기도문을 암송하는 종교적 행위. 넓은 의미에서 묵주나 매듭을 로사리오라고 부르기도 한다. 이 관행은 그리스도교 · 힌두교 · 불교 · 이슬람교 등에서 광범위하게 행해지고 있다(역자 주 - 참고로 여기서 말하는 그리스도교는 천주교나 그리스/러시아 동방 정교임).

그리스도교의 경우 이 관행은 3세기 동방 그리스도 교회 수사들에 의해 시작되었고 그 뒤 여러 형태의 묵주가 개발되었다. 로마 카톨릭 교회에서는 공중 및 개인 기도를 할 때 흔히 묵주를 사용한다. 가장 흔한 묵주기도는 작은 묵주(chaplet), 즉 로사리오를 손으로 만지면서 암송하는 기도문인 성모 마리아의 묵주기도이다. 작은 묵주의 구슬들은 5개의 고리(decade : 로사리오의 일부로서 작은 구슬 10개와 큰 구슬 1개로 되어 있음)로 되어 있는데, 각 고리는 큰 구슬로 다른 고리와 구분되어 있다. 작은 묵주의 양 끝은 십자가, 2개의 큰 구슬, 3개의 작은 구슬을 연결한 작은 끈으로 묶여 있다.

가장 많이 하는 묵주기도인 성모 마리아 묵주기도를 할 때는 작은 묵주를 3번 돌려야 한다. 이 묵주기도는 15단의 성모송(聖母誦)을 암송하게 되어 있는데 각 성모송을 암송할 때는 작은 구슬을 잡고 있어야 한다. 각 단 맨 앞에 주기도문을 암송하고(이때는 큰 구슬을 잡음) 그 다음에 영광송

(Gloria Patri : 아버지께 영광이 있을지어다)을 암송하며 묵상과 기적 (mystery)의 회상이 따른다. 15개의 기적은 예수와 마리아의 생애·죽음· 영광과 관련된 사건들로, 이런 내용의 3편이 각기 5개의 사건으로 구성되어 있다. 묵주기도의 서두와 맺음말은 다양하다.

성모 마리아의 묵주기도문을 만든 사람은 13세기초 도미니쿠스 수도회 창설자 성 도미니쿠스로 여겨져 왔으나 확실하지 않다. 이 묵주기도는 시편 임송이나 성무일도의 대용으로 문맹인 사이에서 점차로 발전된 듯하며, 이는 15세기 프랑스의 두에와 독일의 쾰른에 로사리오 봉사회(Rosary Confraternities)를 세운 도미니쿠스 수도회 수사 알람 드 라 로슈와 그의 동료들의 설교를 통해 정형화되었다. 1520년 교황 레오 10세는 묵주기도를 공식적으로 인정했고, 로마 카톨릭 교회는 그것을 거듭 권장했다. 그러나 1960년대 이후 공식 집회에서 묵주기도를 암송하는 일은 거의 없어졌다.

동방 정교회의 경우 로사리오는 거의 수도원에서만 하는 기도 형식이었다. 그리스와 터키의 정교회에서 사용하는 콤볼로기온(작은 묵주)은 똑같은 크기의 구슬 100개로 이루어져 있다. 러시아 정교회의 베르티차(끈), 초트키(작은 묵주), 리예프스토카(사닥다리)는 모두 103개의 작은 구슬이 4개의 큰 구슬에 의해 불규칙하게 분리되어 있으며, 작은 구슬을 꿴 실들이 사닥다리 모양을 이루도록 서로 평행하게 연결되어 있다.

루마니아 교회에서는 작은 묵주를 마타니에(절)라고 부르는데 그 이유는 루마니아의 수사들이 묵주 알을 세면서 하는 기도의 시작과 끝에 매번 엄숙하게 절을 하기 때문이다.

● **미트라교(Mithraism)** : 조로아스터교 이전 이란의 태양·정의·계약·전쟁의 신인 미트라를 숭배하는 종교. 2, 3세기 로마 제국에서 미트라스로 알려진 이 신은 황제에 대한 충성의 후원자로 존경받았다. 4세기초 황제 콘스탄티누스가 그리스도교를 받아들인 뒤 미트라교는 급속히 쇠퇴했다.

조로아스터 이전에(BC 6세기나 그 이전) 이란인은 다신교를 믿었으며 미트라는 신 중에서 가장 중요한 신이었다. 무엇보다도 그는 계약과 상호간의 의무의 신으로 히타이트인과 미탄니인 사이의 조약을 담고 있는 설형 문자판에서 서약의 신으로 나타난다. 더욱이 인도의 몇몇 베다 문서에는 신 미트라(Mitra : 미트라의 인도식 표기)가 '친구'와 '계약'으로 묘사된다. 미트라란 단어는 계약과 상호간의 의무가 친구를 만들기 때문에 양자 모두를 의미하는 뜻으로 번역되었다. 간단히 말해서 미트라는 사람들 사이의 교제와 사람들 사이의 좋은 관계를 확립하는 것을 중요시했다. 미트라는 중재자로 불렸다. 또한 미트라는 태양의 신이며 만물을 품은 빛나는 빛의 신이어서 맹세의 대상이었고 그리스인과 로마인은 미트라를 태양신으로 간주했으며, 왕들의 신이기도 했을 것이다. 왕과 왕의 전사 사이의 쌍무(雙務) 신이자 전쟁신이었으며, 왕이 보증하는 정의의 신이기도 하여 사람들이 정의와 계약을 준수할 때는 언제든지 미트라를 경배했다.

가장 중요한 미트라 의식은 황소를 제물로 바치는 것이다. 이 의식의 기원이 조로아스터교 이전이었는지 아닌지에 대해서는 의견이 일치하지 않으나 조로아스터는 황소의 희생 제물을 비난했기에 그 의식은 고대 이란의 우상숭배의 일부였던 것 같다. 이러한 추론은 미트라가 흰 황소나 달의 형상으로 나타나는 소마라는 이름을 가진 신의 희생에 마지못해 참여하곤 했다는 내용의 인도 문서에 의해 확인되었다. 로마의 기념비들에 따르면, 미트라는 나중에 달로 변형되는 흰 황소를 마지못해 제물로 바친다. 이렇게 세세한 부분이 유사한 점으로 볼 때 희생 제물은 조로아스터교 이전에 행해졌음이 틀림없는 것으로 보인다. 고대의 조약은 공동 식사를 통해 승인되었기 때문에 계약과 제물이 연결된다.

다리우스(BC 522~486)에서 시작되는 아케메네스왕조의 페르시아 왕들은 조로아스터교도였다. 그러나 다리우스와 그의 후계자들은 다수의 귀족이 마음 속에서 여전히 존중하는 옛 신앙을 근절시켜 정치적인 문제를 만들려고 하지 않았기 때문에 조로아스터교는 점차 오래된 다신론적인 예배 요소에 물들었다. 찬송가(Yasht)는 옛 신들을 기리며 작곡되었는데 거기에는 만물을 주의 깊게 보는 천상의 빛의 신, 서약을 보호하는 자, 이승과 저승에서 의로움을 수호하는 자, 무엇보다도 악과 어두움의 세력에 대항하는 자이며, 그래서 전쟁과 승리의 신으로 미트라를 찬송하는 내용이 포함되어 있다. 그러나 후기 아케메네스 시대의 혼합 종교에서는 분명히 조로아스터교의 양상이 이교도적인 양상을 지배하여, 모든 조로아스터교도가 거부했던 황소 희생 제물이 전혀 언급되지 않고 있다. BC 330년에 알렉산드로스 대왕이 페르시아 제국을 정복했을 때, 사회의 옛 구조가 완전히 붕괴되었으며 페르시아의 미트라 예배도 더 이상 볼 수 없었다.

전기 페르시아 제국 서부의 지역 귀족들은 미트라 숭배를 존속시켰고 그리스 로마와 이란 세계 사이 경계 지역의 왕과 귀족은 여전히 미트라를 예배했다. 아르메니아의 티리다테스가 로마 황제 네로를 자신의 최고 주인으로 승인했을 때 그는 계약과 우정의 신이 아르메니아와 강력한 로마 사이에 좋은 관계를 확립시켜 줄 것을 기원하면서 미트라 의식을 치렀다. 코마제네(터키의 남동쪽)의 왕들은 미트라 의식을 거행했고 폰투스의 미트라다테스 6세도 그 신의 숭배자였으며 동맹자인 실리시아의 해적들도 미트라 의식을 행한 것으로 알려져 있다(BC 67). 반면 그리스 세계에서는 미트라 숭배가 전혀 인기가 없었는데 그리스인들은 미트라가 자신들의 적인 페르시아 신이라는 것을 절대로 잊지 못했기 때문이었다.

2세기가 시작되기 전까지 로마 세계는 페르시아의 신에 대한 관심이 없었으나 136년 이후로는 미트라에게 바쳐진 수백 개의 비문이 나타났다. 이러한 관심이 되살아난 이유를 쉽게 설명할 수 없다. 가장 그럴듯한 가설에 따르면 100년경 생존했던 어떤 종교적 천재가 전통 페르시아 의식을 신(新)플라톤적으로 해석하여 미트라교가 로마 세계에 받아들여질 수 있게 했기 때문에 로마의 미트라교는 실제로 새로 창조된 것이다. 이란의 미트라교와 같이 로마의 미트라교도 왕에게 충성하는 종교였고 콤모두스(180~192), 셉티미우스 세베루스(193~211), 카라칼라(211~217) 같은 황제들에 의해서 권장되었다. 비문을 통해 알려진 미트라 신봉자들은 신이 자신들을 승진시켜 주리라 믿었던 하급 및 고급 군인, 황제에게 봉사하는 공직자, 제국의 노예와 자유인(강한 영향력을 지닌 사람들이 많았음)들이었다.

미트라에게 바쳐진 신전과 봉헌물은 로마와 오스티아에서, 군사적 변경을 따라서는 영국, 라인·도나우·유프라테스강에 수없이 많이 있다. 평화로운 지역에서는 봉헌물이 거의 발견되지 않는데 봉헌자가 있다면 지방의 통치자나 제국의 공직자였다. 로마 세계는 몇 세대 안 가서 페르시아의 이 신에게 완전히 동화되었다. 디오클레티아누스가 로마의 도시와 종교를 부활시키려고 했을 때 미트라를 잊지 않았다. 307년 카르눔툼(빈 근처의 도나우 강가에 있음)의 봉헌식에서 디오클레티아누스와 그의 동료들은 제국의 보호자(fautori imperii sui)인 미트라에게 제단을 봉헌했다. 그러나 312년 콘스탄티누스는 십자가를 기치로 밀비아교(橋) 전투에서 이겼다. 미트라 의식을 즉각 공식적으로 금지시키지 않았으나 사람들은 곧 미트라에 대한 헌신을 그만두었고 제국이 미트라교도에 대해 호의적이지 않았기 때문에 예배가 갑자기 쇠퇴했다. 미트라에 대한 헌신이 357년과 387년 사이에 다시 나타난 것은 사실이나 단지 로마에서뿐이었다. 로마시의 오래된 이방인 귀족 출신의 봉헌자들이 콘스탄티노플의 그리스도교 황제를 공공연히 반대했지만 미트라는 여러 이방신 중 하나로 격하되었고 그 신비 의식은 점차로 사라졌다. 로마인 반대자들이 패배했을 때, 이방신의 예배도 모두 금지되었다.

• **알비파(Albigenses)** : 12~13세기 프랑스 남부에서 발생한 카타르파 이단 분파(역자 주 – 참고로 여기서 이단이라는 말은 로마 카톨릭 교회가 붙여 준 것이며 따라서 이들은 성경대로 믿는 신자들이었음)로 이들이 '알비파'라는 이름을 가진 때는 12세기말경으로 추측되지만 이 운동의 중심지가 알비(고대에는 '알비가')보다는 툴루즈와 주변 지역들이었기 때문에 이 이름이 무엇을 뜻하는지는 정확하지 않다. 무역로를 따라 이 지역들에 파고 들어간 것으로 보이는 이 이단 분파는 원래 동유럽에서 왔다. 알비파 교도들의 이름 가운데는 종종 불가리아 사람들의 이름(Bougres)이 나오며, 이들은 항상 트라케의 보고밀파와 관계를 유지했다.

오늘날 알비파에 관한 지식은 이들이 남긴 자료들이 드문데다가 내용이 부실하고 반대파들의 자료들에 의존한 것이기 때문에, 알비파 교리들에 대해 올바른 견해를 갖기란 매우 어렵다. 확실한 것은 무엇보다도 이들이 로마 카톨릭 교회와 대립하여 반(反)성직자파를 결성하고 당시 성직자들의 부패를 끊임없이 비판했다는 점이다. 프랑스 남부에서 '선량한 사람들'(bons hommes 또는 bons chretiens)로 알려진 알비파 신학자들과 금욕주의자들은 언제나 소수파였다.

최초의 카타르파 이단들은 1012~1020년 리무쟁에서 나타났다. 아키텐의 공작 기욤 9세와 남부 귀족들 대다수에게 보호를 받은 이 운동은 남부에 뿌리를 내렸다. 1119년 툴루즈 공의회가 교회 당국을 도와 이 이단을 진압하라고 세속 정부에게 명령했으나 아무런 성과도 거두지 못했다. 당시 국민들은 '선량한 사람들'을 좋아했다. 금욕생활과 성직제도를 비판하는 이들의 설교는 많은 사람들에게 감명을 주었고, 이 운동은 인노켄티우스 3세가 교황에 오르기 전까지 100년 동안 계속 열정적인 활동을 벌였다.

이노켄티우스 3세는 처음에는 평화적인 방법으로 이들을 개종시키려 했으나 마침내 1209년 시토 수도회 수사들에게 알비파에 대한 십자군 원정을 선포하라고 명령했다. 타협의 여지가 없던 이 십자군 원정은 프랑스 북부의 귀족들 전체가 남부 귀족들을 공격하여 찬란한 프로방스 지방의 문화를 짓밟고 난 뒤 파리 조약(1229)으로 끝났다. 이 조약은 남부 영주들의 독립성을 무너뜨리고 전쟁 기간 동안 알비파 교도들을 대량 학살했으나 이단을 박멸하지는 못했다. 그러나 종교재판소는 툴루즈, 알비, 그밖의 남부 도시들에서 13, 14세기 대부분에 걸쳐 지속적인 활동을 펼친 끝에 이들을 뿌리뽑는 데 성공했다.

십자군 전쟁을 선포하는 우르반 2세

● **야누스(Janus) :** 로마 종교에서 문간(janua)과 아치 길(janus)의 애니미즘적 수호신. 야누스 숭배는 사실상 로마시가 형성되기 전의 로물루스 시대까지 거슬러 올라간다. 로마에는 많은 야누스(의례용 출입구)가 있었다. 이것들은 흔히 독립적인 구조물로, 행운을 주는 상징적인 출입구로 이용되었다. 로마 군대의 출정에는 특별한 미신이 결부되어, 야누스를 통해 행진해 가는 방식에는 행운을 가져오는 것과 불운을 가져오는 것이 있었다. 로마에서 가장 유명한 아치 길은 야누스 게미누스(Janus Geminus)로 로마 광장(Forum)의 북편에 있는 야누스의 성소였다. 그것은 양쪽 끝에 양쪽으로 열리는 문이 달린 단순한 직4각형 모양의 청동 구조물이었다. 전통적으

로 이 성소의 문들은 전쟁 때는 열려 있고 평화시에는 닫혀 있었다. 로마의 역사가 리비우스에 따르면 이 문들은 누마 폼필리우스(BC 7세기) 시대와 아우구스투스(BC 1세기) 시대 사이의 긴 기간 중 오직 2번만 닫혀 있었다고 한다. 어떤 학자들은 야누스를 모든 시작의 신으로 생각하고 출입문을 그와 연결하여 생각하는 것은 거기서 파생된 것이라 본다. 정규 예배때 여러 신 중 그에 대한 기원을 제일 먼저 했다. 책력에 있어서나 농경에 있어서나 새로운 날·달·해의 시작은 그에게 봉헌되었다. 1월(January)은 그의 이름을 따서 붙여졌고, 그의 축제가 1월 9일 아고니움에서 거행되었다. 야누스에게 바쳐진 몇 개의 중요한 신전들이 있었으며, 또한 초기에는 고대인들이 '야누스의 도시' 라는 의미를 붙인 야니쿨룸에서도 제사 의식을 가졌을 것이라 추측된다. 야누스는 양면(兩面) 얼굴의 머리를 가지고 있는 것으로 묘사되었고, 미술에서는 턱수염을 가졌거나 가지지 않은 모습으로 그려졌다. 때때로 4갈래 길의 아치의 정령으로서 4개의 얼굴을 가진 모습으로 그려지기도 했다.

- **위그노(Huguenot)** : 프랑스의 프로테스탄트. 16세기 프랑스에서 종교개혁이 진행되는 동안에 성장했으며 여러 해 동안 극심한 박해에 시달렸다. 위그노라는 이름의 기원은 확실하지 않지만 16세기 중반부터 프랑스의 프로테스탄트를 가리킬 때 분명히 쓰였다.

1517년 독일에서 종교개혁이 시작된 후 마틴 루터의 저작물들이 유럽에 널리 유포되었으며 프랑스에서도 개혁 운동이 시작되었다. 그러나 프랑스의 프로테스탄트는 시작부터 박해를 받았으며 최초의 순교자가 1523년 화형에 처해졌다. 1534년 10월 카톨릭 미사의식을 맹렬히 공격하는 플래카드가 거리와 왕궁에서 발견되자 카톨릭 세력은 큰 충격과 함께 위기의식을 느꼈다. 이와 더불어 장 칼뱅을 포함한 많은 프로테스탄트들이 피신해야만 했다. 그럼에도 프랑스에서 프로테스탄티즘은 계속 확산되었으며 곧 귀족들 가운데서도 지지자가 생겨났다. 프로테스탄트에 대한 박해도 계속되었으며 1명씩 처형되던 관행이 대량 학살로 비화했다. 앙리 2세 치하에서는 대개의 감옥이 위그노들로 가득 찼다.

1559년 흩어졌던 위그노들이 파리에서 모임을 갖고 신앙고백서를 작성했다. 이들은 칼뱅의 사상에서 크게 영향을 받았으며 따라서 프랑스의 프로테스탄트는 루터파 교회가 아나라 칼뱅파에 속하게 되었다. 1562년 프랑스에서 종교전쟁이 시작되었으며 1598년까지 간헐적으로 계속되었다. 이 시기에 일어났던 유명한 사건으로 성 바르톨로메오 축일의 학살사건이 있다. 이 사건은 1572년 8월 23일 파리에서 불이 붙어 프랑스 전역으로 확산되었다. 위그노의 주요 인물 거의 모두가 파리에서 목숨을 잃었으며 나머지 지역에서도 수천 명이 학살당했다. 이 학살사건 이후 전쟁이 다시 시작되었으며 1574년 샤를 9세의 뒤를 이어 즉위한 앙리 3세 치세기에는 잠깐 동안을 제외하고 전쟁의 연속이었다.

1589년 앙리 3세가 암살된 후 그의 뒤를 이어 즉위한 앙리 4세는 프로테스탄트였으나 1593년 7월 카톨릭으로 개종함으로써 비로소 왕국에 평화를 가져올 수 있었다. 1598년 앙리 4세는 낭트 칙령을 선포했으며 이로써 위그노에게 종교적·정치적 자유가 인정되었다.

그러나 1620년대 루이 13세 치하에서 내란이 다시 벌어졌다. 결국 위그노가 패배했으며 1629년 6월 28일 알레스 평화조약을 통해 위그노는 종교의 자유를 회복할 수 있었으나 모든 군사적 우위를 상실했다.

더 이상 정치적 실체로 존재할 수 없게 된 위그노는 왕의 충성스러운 신하가 되었다. 낭트 칙령으로 유지되었던 모든 권리들은 1643년 어린 왕 루이 14세의 이름으로 발표된 선언으로 효력을 인정받았다. 그럼에도 프랑스의 카톨릭 성직자들은 위그노를 인정하지 않았으며 위그노의 권리를 박탈하고자 노력했다. 여러 해 동안 대대적인 탄압이 가해졌으며 수천 명의 위그노들이 강제로 개종해야 했다. 마침내 1685년 10월 18일 루이 14세가 낭트 칙령의 철회를 선언했으며 그 결과 여러 해에 걸쳐 프랑스에서는 25만 명 이상의 위그노들이 영국·프로이센·네덜란드 또는 신대륙 아메리카로 피난길에 올랐다.

18세기 전반에는 위그노가 완전히 사라진 듯이 보였다. 루이 14세는 1715년 프랑스에서는 이제 프로테스탄트의 모든 종교 의식이 종식되었다고 선언했다. 그러나 같은 해 님지방에서 프로테스탄트 교회의 재건을 위한 프로테스탄트 회의가 개최되었다. 비록 그 수는 많이 줄어들었으나 프랑스에서 프로테스탄티즘이 명맥을 유지하고 있었던 것이다. 1745~1754년에는 위그노에 대한 박해가 되살아났다. 그러나 프랑스의 여론은 박해에 반대하는 방향으로 흐르기 시작했다. 카톨릭 성직자들의 맹렬한 반대에도 불구하고 1787년에 한 칙령을 통해 위그노의 공민권이 부분적으로 회복되었다. 1789년 프랑스 대혁명 기간 중 국민의회는 종교의 자유를 명확히 인정

했으며 프로테스탄트에게 모든 관직과 직업에 종사할 수 있도록 허용했
다.

● **이슈타르(Ishtar)** : 수메르어로는 'Inanna', 메소포타미아 종교에서
전쟁과 성애(性愛)의 여신.

이슈타르는 아카드어로 서(西)셈족의 여신 아스타르테에 해당하는 아카
드족의 여신이다. 수메르 신들 가운데 주요 여신 이난나는 이슈타르와 동
일신으로 여겨지게 되었지만, 이난나가 셈족에게서 기원했는지 또는 이난
나가 이슈타르와 비슷하기 때문에 같은 신으로 여겨지게 되었는지(이 추측
이 좀더 가능성이 있음)는 분명하지 않다. 이난나의 모습은 여러 전승이 서로
결합되어 형상화된 듯하다. 이난나는 하늘의 신 '안' 의 딸로 등장하기도 하
고, 그의 아내로 등장하기도 한다. 다른 신화들에서는 달의 신 난나 혹은
바람의 신 엔릴의 딸이다. 이난나는 처음에 창고와 연관되어 대추야자나
무 · 양털 · 고기 · 곡식의 여신이 되었다. 창고 문이 이난나의 상징이었다.

이난나는 비와 뇌우의 여신이기도 했는데, 그런 이유에서 하늘의 신
'안' 과 연관되어 나타나게 되었다. 때로는 천둥처럼 울부짖는 사자의 모습
을 하기도 했다. 이난나가 전쟁의 여신이 된 것은 폭풍우와 연관되었기 때
문이었을 것이다. 이난나는 또한 다산의 여신이자 창고의 여신이며, 대추
야자나무의 성장과 수확을 상징하는 신 두무지 아마우슘갈라나의 배우자
였다. 이난나는 젊고 아름답고 충동적인 성격으로 등장하며, 결코 조력자
나 어머니의 모습으로 등장하는 일이 없다. 이난나는 대추야자 열매송이
아가씨라고 불리기도 한다

수메르인들의 전승에 의하면 이슈타르의 역할은 다산의 역할이지만, 신
화에서 이슈타르는 죽음과 재난에 둘러싸인 더욱 복잡한 신으로 발전했
다. 이슈타르는 방화와 진화, 기쁨과 눈물, 공정한 경쟁과 적의 등 서로 모
순된 의미와 힘을 가진 여신이었다. 또한 아카드의 이슈타르는 금성과 연
관된 신이기도 하며, 더 나아가 태양신 '샤마시', 달신 '신' 과 함께 제2의
3각항성(三角恒星)을 이룬다. 이슈타르의 상징은 하나의 원에 6, 8개 또는
16개의 광선을 지닌 별이다. 이슈타르는 육체적 사랑을 즐기는 금성의 여
신으로서 매춘부의 수호신이며, 선술집의 후원자였다.

이슈타르 숭배 의식에는 신전 매춘이 포함되었을 것이며, 이슈타르 숭배
중심지인 우르크는 창녀들로 가득한 도시였다. 이슈타르는 고대 중동지역

에서 폭넓은 인기를 누렸으며, 많은 숭배 중심지들에서 여러 지역 여신을 거느렸을 것이다. 후기의 신화에서 이슈타르는 안·엘릴·엔키의 세력을 부리는 우주의 여신으로 등장한다.

● **종교재판(Inquisition)** : 로마 카톨릭 교회에서 이단·연금술·마법·주술 같은 행위를 금지하기 위해 개설한 법정 또는 그 재판. 중세와 근대 초기에 큰 영향력을 행사했다. Inquisition은 라틴어 동사 inquiro('조사하다')에서 나온 말인데, 이는 종교 재판관이 고소를 기다리지 않고 이단자와 다른 범법자를 색출했다는 사실을 강조한다. 중세 초기에 로마 교회가 권력을 공고히 한 뒤 이단자들은 사회의 적으로 여겨지게 되었다. 11, 12세기에 카타리파 또는 발도파 같은 대규모의 이단 집단이 등장하자 교황 그레고리우스 9세는 1231년 이단자를 체포하여 재판하기 위한 교황 직속 종교재판소를 설치했다.

재판 절차는 매우 구체적으로 명시되어 있었지만, 통상적으로 종교재판 절차는 먼저 이단으로 의심받은 사람에게 신앙을 고백하고 사면받을 수 있는 기회를 제공하지만 피고가 이에 따르지 않을 경우 그를 재판관 앞으로 끌고 와 증인들의 증언을 토대로 심문하고 형을 선고하는 순서로 진행되었다. 자백을 얻어내고 다른 이단자의 이름을 자백하도록 고문하는 것은 처음에는 거부되었으나, 1252년 이노켄티우스(이노센트) 4세는 이를 재가했다. 유죄를 인정하거나 유죄로 확증되었을 때 피고는 공개적으로 여러 가지 형벌에 처해졌는데, 형벌의 종류는 단순히 기도하고 금식하는 것으로부터 재산을 몰수하고 옥에 가두는 것, 심지어 종신징역을 살게 하는 것에 이르기까지 범위가 넓었다. 유죄판결을 받고도 자신의 신앙을 철회하지 않는 이단자뿐만 아니라 유죄선고와 참회 이후에 다시 죄를 범한 사람은 세속재판소로 이송되었다. 왜냐하면 세속재판소만이 사형을 언도할 수 있었기 때문이다.

중세의 종교재판은 북유럽의 경우에는 제한적으로 행해졌고, 주로 이탈리아와 남프랑스에서 성행했다. 스페인 재정복(Reconquista) 기간에 카톨릭 세력은 간혹 종교재판을 했지만, 이슬람교도가 추방된 뒤 아라곤과 카스티야의 카톨릭 군주들은 종교와 정치의 통일을 강화하기 위해 알룸브라도스파 같은 이단자뿐만 아니라 유대교도와 이슬람교도였다가 배교한 사람들을 퇴치할 특별한 제도를 요청했다. 그리하여 1478년 교황 식스투스

4세는 스페인 종교 재판소를 인가해주었다. 세비야에서 활동한 최초의 스페인 종교 재판관들은 너무나도 가혹한 재판을 하여 식스투스 4세가 개입하지 않으면 안 되었다. 그러나 스페인 왕실은 이 기막힌 무기를 포기하지 않았고, 종교재판소의 권한을 제한하려는 교황의 노력은 무위로 끝나고 말았다.

1483년 스페인 정부는 교황을 설득하여 카스티야의 종교재판 소장의 지명권을 얻어냈고, 같은 해 아라곤 · 발렌시아 · 카탈루냐를 종교재판소의 권한 아래 두었다. 최초의 종교재판 소장은 도미니쿠스 수도회의 토마스데 토르케마다였는데 그는 피고인에게 공포감을 주기 위해 고문과 재산몰수를 일삼는 종교재판관의 상징이 되었다. 그가 종교재판 소장으로 재직할 동안 화형에 처해진 사람 수는 과장되긴 했지만 2,000명 정도는 될 것이다.

대체로 스페인 종교재판소의 절차는 중세의 종교재판소와 매우 비슷했다. 종교재판소의 판결선고식(auto-da-fe)은 정교한 의식이 되었다. 재판소장과 최고 재판소 아래에 있는 지방 재판소는 스페인에 14개, 멕시코와 페루를 포함한 식민지에 여러 개가 있었다. 스페인식 종교재판소는 1517년 시칠리아에 도입되었으나, 나폴리와 밀라노에 종교재판소를 세우려는 노력은 실패했다. 황제 카를 5세는 1522년 네덜란드에 이 제도를 도입했으나, 이곳에서 프로테스탄트교도를 척결하려는 노력은 실패했다. 스페인의 종교재판소는 1808년 J. 보나파르트에 의해 폐지되었다가 1814년 페르디난도 7세에 의해 부활되었고, 1820년 다시 폐지되었다가 1823년에 부활되었으며, 1834년 마침내 폐지되었다.

종교재판소의 3번째 형태는 1542년 교황 파울루스 3세가 프로테스탄트교도들에 대응하기 위해 만든 로마 종교재판소이다. 이 재판소는 6인 추기경위원회, 즉 종교 재판성성(聖省)이 관할했는데, 이 기관은 완전히 독립적이었으며 중세의 종교재판소보다 주교들의 통제로부터 훨씬 자유로웠다. 어떤 사람들은 이탈리아 대부분이 스페인의 지배를 받는 상황에서 가혹한 스페인 종교재판소의 힘을 약화시키기 위해 이 재판소가 설치되었다고 본다. 파울루스 3세(1534~1549)와 율리우스 3세(1550~1555) 재위 기간에, 로마 종교재판소의 활동은 가혹하지 않았고, 율리우스는 로마 종교재판소가 전반적인 권위를 갖더라도 그 활동 범위를 이탈리아에 특별히 한정시켰다. 교황들의 온건정책은 파울루스 4세(1555~1559)와 피우스 5세

(1566~1572)를 제외한 후임 교황들에 의해 계승되었다. 파울루스 4세 때 종교재판소는 거의 모든 파벌을 소외시키는 방식으로 운영되었다. 피우스 5세(도미니쿠스 수도회 출신으로 이전에 종교재판 소장이었음)는 파울루스 4세의 극단적인 노선을 피했지만, 재위 초기에 신앙 문제가 다른 모든 일에 우선한다고 천명하고, 자신의 일차적 과업은 이단, 거짓 교리, 오류가 기승을 부리지 못하도록 감독하는 것임을 분명히 했다. 그는 종교재판소의 여러 활동에 참여했다.

프로테스탄티즘을 이탈리아 신앙 공동체에 대한 심각한 위협으로 여겨 제거한 뒤, 로마 종교재판소는 점차 카톨릭교도의 신앙적 순수성뿐만 아니라 질서와 관습을 유지하는 데에도 관심을 기울이는 교황청의 평범한 기관으로 변해갔다. 1908년 피우스 10세는 로마 교황청을 개편하면서 종교재판이라는 말을 없애버렸다. 그뒤 신앙의 순수성 유지를 관장하는 성성은 공식적으로 검사성성(檢邪聖省)으로 불리게 되었다.

1965년 교황 파울루스 6세는 검사성성을 보다 민주적인 방향으로 개편하고 이름을 신앙교리성성으로 바꾸었다.

● **트렌트 공회(Council of Trient)** : 로마 카톨릭 교회의 제19차 에큐메니컬 공의회(1545~1563). 철저한 자기 개혁을 선언하고, 프로테스탄트교도들이 공격한 교리들을 하나하나 분명하게 규명한 매우 중요한 공의회이다. 내적인 분쟁과 외적인 위협이 겹치고, 회기 중 2차례에 걸쳐 오랫동안 회의가 중단되었지만 유럽 지역의 로마 카톨릭 교회에 활력을 불어넣는 중요한 역할을 했다. 종교개혁 지도자 마틴 루터가 파문당한 뒤 얼마 지나지 않아 독일이 전체 공의회 소집을 요구했지만, 교황 클레멘스 7세는 교황 수위권에 대한 공격이 재개되는 것이 두려워 망설였다.

프랑스도 점점 커지는 독일 세력이 두려워 반응을 보이지 않았다. 그러나 교황 파울루스 3세는 공의회를 통해서만 그리스도교의 통일과 효과적인 교회 개혁을 이룩할 수 있다고 굳게 믿었다. 최초의 몇 가지 시도가 실패로 끝난 뒤 그는 트리엔트(이탈리아 북부)에서 공의회를 소집하여, 1545년 12월 13일 회의가 시작되었다.

공의회가 열린 직후 위기감이 커지자 어떤 사람들은 즉각적인 개혁을 요구했고, 다른 사람들은 카톨릭 교리를 분명히 할 것을 요구했는데, 절충안이 나와 두 의제를 동시에 다루게 되었다. 카톨릭의 입장을 전하기 위해 기초 작업을 시작하여 니케아 신조와 콘스탄티노플 신조를 카톨릭 신앙의 기초로 받아들이고, 『구약성서』와 『신약성서』를 정경으로 확정했다. 전승을 신앙의 원천으로 받아들이고, 라틴어 성서 『불가타 Vulgate』가 교리를 증명하기에 적절하다고 선언했다. 성사(聖事)의 수를 7개로 확정하고, 원죄의 본질과 결과를 규명했다. 공의회는 여러 달 동안 열띤 논쟁을 벌인 끝에 오직 믿음으로 의롭게 된다는 루터의 교리를 오류로 판정하고, 사람은 하나님이 무상으로 주는 은총과 협력하여 내적으로 의로움을 얻는다고 규정했다. 주교들에게 각기 자기 교구에 머물라고 명령하여 중복된 주교구들을 효과적으로 정리했다. 그러나 정치적인 문제들이 생겨 트리엔트 공의회는 장소를 볼로냐로 옮겼고 의제를 다 처리하지 못한 채 결국 중단되었다.

킹제임스 흠정역 성경

1. 『킹제임스 흠정역 성경』, 한글 및 한영 대역, 그리스도예수안에(www.InChristJesus.net).
2. 『전도자를 위한 신약 성경』, 그리스도예수안에
3. 『성경의 뿌리와 역사』, S. 길 저, 정동수 역, 두루마리.
4. 『킹제임스 성경에 관한 100가지 질문과 대답』, S. 길 저, 정동수 역, 말씀과만남.
5. 『개역성경과 킹제임스 성경 비교 분석』, 정동수 저, 말씀과만남.
6. 『킹제임스 성경 길라잡이』, 배리 버튼 저, 정동수 역, 말씀과만남.
7. 『개역성경과 헬라어 표준 원문 비교 연구』, 한종수 저, 기독교문서선교회.
8. 『우리말 성경 연구』, 나채운 저, 기독교문사.
9. 『교회와 성경 무오성』, 해롤드 린셀 저, 김덕연 역, 기독교문서선교회.

천주교

1. 『마틴 로이드 존스의 천주교 사상 평가』, 마틴 로이드 존스 외 저, 정동수 역, 말씀과만남.
2. 『무엇이 다른가?』, 프릿츠 리데나워 저, 생명의말씀사.
3. 『천주교가 기독교와 다른 37가지 이유』, 릭 존스 저, 정동수 · 박노찬 역, 말씀과만남.
4. 『천주교의 유래』, 우드로우 저, 정동수 역, 말씀과만남.
5. 『교황 대신 예수를 선택한 49인의 신부들』, 리처드 베닛, 마틴 버킹엄 저, 이길상 역, 아가페
   출판사.
6. 『종교에 매이지 않은 그리스도인』, 프릿츠 리데나워 저, 정창영 역, 생명의말씀사.
7. 『무모한 신앙과 영적 분별력』, 맥아더 저, 안보헌 역, 생명의말씀사.
8. 『천주교는 과연?』 허버트 카아슨 저, 박우석 역, 생명의말씀사.
9. 『로마 카톨릭 사상 평가』, 로레인 뵈트너 저, 이송훈 역, 기독교문서선교회.
10. 『천주교의 마리아 교리는 성경적인가?』, 로레인 뵈트너 저, 신복윤 역, 성광문화사.
11. 『천주교도 기독교인가?』 유선호 저, 하늘기획.

뉴에이지 운동

1. 『뉴에이지 이단 운동(뉴에이지운동비판시리즈)』, 월터 마틴 저, 기독교문서선교회.
2. 『뉴에이지 운동 평가』, 박영호 저, 기독교문서선교회.
3. 『뉴에이지 운동(IVP소책자 57)』, 더글라스 룻하이스 저, 김기영 역, 한국기독학생회출판부(IVP).
4. 『뉴에이지 운동의 정체(작은책 묶음 1)』, 김웅광 저, 국민일보사.
5. 『뉴에이지 운동(비교종교시리즈 7)』, 론 로우즈 저, 은성.
6. 『뉴에이지 운동 정체(뉴에이지운동비판시리즈 2)』, 더글라스 R. 그루두이스 저, 기독교문서선교회.
7. 『전쟁을 위하여 준비하라』, 레베카 브라운 저, 정동수 역, 말씀과만남.
8. 『사탄은 마침내 대중 문화를 선택했습니다』, 신상언 저, 낮은울타리.

창조와 진화

1. 『창세기 연구(상,하)』, 헨리 M. 모리스 저, 전도출판사.
2. 『진화론의 붕괴』, 스콧 휴스 저, 정동수 · 유상수 역, 말씀과만남.
3. 『진화론은 새빨간 거짓말』, 켄 A. 햄 저, 정동수 · 유상수 역, 두루마리.
4. 『기원 과학』, 한국창조과학회, 두란노.
5. 『놀라운 창조 이야기』, 듀얀 기쉬 저, 국민일보사.
6. 『밝혀진 만물 기원과 창조 신비(창조과학시리즈 1)』, 데니스 피터슨, 나침반.
7. 『한자에 담긴 창세기의 발견』, C. H. 강 · E. R. 넬슨 저, 미션하우스.
8. 『창세기 주석』, H.C. 류폴드 저, 크리스챤서적.
9. 『성경에 나타난 과학적 사실들』, 몰튼 저, 양승훈 역, 나침반.
10. 『창조와 진화/신앙 대 신념』, 켄 함 · 폴 테일러 저, 국민일보사.
11. 『궁금해? 궁금해!』, 한국창조과학회 편, 두란노.
12. 『과학으로 하는 성경공부』, 과학으로 하는 전도, 세계로 선교연구원편, 두루마리.
13. 『하늘 나라의 과학자들(1, 2)』, 조덕영 저, 두루마리.
14. 『진화론에 세뇌 당한 것은 아닙니까?』(만화전도책자), 그리스도예수안에.

오순절 은사운동

1. 『은사(I), (II)』, 맥아더 저, 생명의샘.
2. 『사단은 성도를 어떻게 속이는가?』, 제시 펜 루이스 저, 전의우 역, 기독교문서선교회.
3. 『오순절 표적 부흥의 실체』, 정동수 편역, 두루마리.
4. 『은사운동 이대로 좋은가?』, 정동수 편역, 예향.
5. 『오순절 운동의 피리 부는 사나이』, 어윈 윌슨 저, 정동수 역, 예향.
6. 『성령님을 오해해서는 안 됩니다』, 윤명길 저, 로고스서원.
7. 『방언의 실체』, 윤명길 저, 로고스서원.

기타

1. 『종말은 있다』, 헨리 모리스 저, 정동수 역, 말씀과만남.
2. 『천국은 있다』, 알 레이시 저, 정동수 역, 말씀과만남.
3. 『천사는 있다』, 알 레이시 저, 정동수 역, 말씀과만남.
4. 『지옥은 있다』, 알 레이시 저, 정동수 역, 말씀과만남.
5. 『아이들의 천국』, 알 레이시 저, 정동수 역, 말씀과만남.
6. 『윌밍턴 종합성경연구 1, 2, 3』, H. L. 윌밍턴 저, 박광철 역, 생명의말씀사.
7. 『세대주의 종말론』, 드와이트 펜테코스트 저, 대한기독교서회.
8. 『하나님의 과학』, 리차드 디한 저, 정동수 · 서현정 역, 말씀과만남.
9. 『하나님의 열심』, 박영선 저, 새순출판사.
10. 『다시 보는 성경』, 라킨 저, 정동수 역, 두루마리.
11. 『교회당 문화가 남긴 유산 I, II』, 조성범 저, 기픈산.
12. 『기독교 순교사화』, 폭스 저, 양은순 역, 생명의말씀사.
13. 『재침례교도의 역사』, 에스텝 저, 정수영 역, 요단출판사.
14. 『성경은 해답을 가지고 있다』, 헨리 모리스 저, 전도출판사.
15. 『미혹을 뛰어 넘어서』, 데이브 헌트 저, 포도원.
16. 『기독교 속의 미혹』, 데이브 헌트 저, 포도원.
17. 『하나님의 예언의 달력』, 정동수 편역, 예향.
18. 『순례하는 교회』, E. H. 브로우드벤트 저, 전도출판사.
19. 『세대주의의 바른 이해』, 찰스 C. 라이리, 정병은 역, 전도출판사.
20. 『UFO는 있다』, 정동수 편역, 두루마리.